LAODONGFA YU SHEHUI BAOZHANGFA XINLUN

劳动法与社会保障法新论

杨遂全　何　霞　王　蓓　吕海涛　甘　露　等著

四川大学出版社

责任编辑:李勇军
责任校对:王　平
封面设计:墨创文化
责任印制:王　炜

图书在版编目(CIP)数据

劳动法与社会保障法新论 / 杨遂全等著. —成都:
四川大学出版社, 2015.1
ISBN 978-7-5614-8297-1

Ⅰ.①劳… Ⅱ.①杨… Ⅲ.①劳动法-研究-中国②
社会保险-行政法-研究-中国 Ⅳ.①D922.504

中国版本图书馆 CIP 数据核字（2015）第 007790 号

书名　**劳动法与社会保障法新论**

著　者	杨遂全　何　霞　王　蓓　吕海涛　甘　露
出　版	四川大学出版社
地　址	成都市一环路南一段 24 号 (610065)
发　行	四川大学出版社
书　号	ISBN 978-7-5614-8297-1
印　刷	郫县犀浦印刷厂
成品尺寸	185 mm×260 mm
印　张	15
字　数	365 千字
版　次	2015 年 3 月第 1 版
印　次	2015 年 3 月第 1 次印刷
定　价	36.00 元

◆读者邮购本书,请与本社发行科联系。
电话:(028)85408408/(028)85401670/
(028)85408023　邮政编码:610065
◆本社图书如有印装质量问题,请
寄回出版社调换。
◆网址:http://www.scup.cn

序　言

目前，我国处在经济和社会转型时期，与市场要素相关的社会和法律机制在急剧变革。物和资金的市场化，在我国已经初步形成社会的市场运行机制。在我国的市场要素中，人力资源的市场化运行机制还在开始建设过程中。人们对直接关乎人身行为的劳动行为的机制观念正在逐步由计划经济体制向市场机制转变；体制外和体制内的劳动与社会保障法律规范仍在艰难的转轨进程中。在这一转轨时期，改革更加突出地在以法律法规的形式进行着。为了全面、深入地探讨我国这一转型时期不断改革中的劳动人事制度和社会保障制度，我们组织了几所四川高校讲授劳动与社会保障法的教师撰写了这本《劳动法与社会保障法新论》。书稿力图站在历史和经济全球化的高度认识和分析介绍我国劳动人事制度的现状和未来。

本书较为全面地反映了国内外最新的有关劳动与社会保障法的法律法规和最新研究成果。例如，关于劳动人事制度改革的分析吸收了 2014 年 8 月 2 日国务院颁布的关于《事业单位劳动人事管理条例》；关于反就业歧视的章节将农民工社保和工资特殊保护等有重大参考价值的行政法规纳入研究视野；有关家政工的规定以及相关国际公约的介绍属国内高校教程的最新内容；职业场所性骚扰处置法律制度的归纳属国际先进做法；"企业惩戒员工权"的制度变迁的分析对计划经济劳动人事制度的彻底改革有着自己独立的见解；保护单位商业秘密和知识产权的竞业限制制度和过错责任的探索非常实用；最新修改《劳动合同法》形成的劳务派遣和国际劳务派遣制度的最新规定也纳入其中。

该书在 2014 年下半年定稿，作为学术专著，同时用于四川大学和西南财经大学的法律本科和法律硕士生的必修课教材。全书内容实用、系统简练，适合高等学校法学、经济学、管理学等专业学生学习劳动与社会保障法时使用，也可作为国家机关、企事业单位、社会团体中从事劳动与社会保障工作的人员的参考书。

本书分为劳动法与社会保障法总论（杨遂全撰写）、劳动关系协调法探究（何霞撰写）、劳动基准法探究（王蓓撰写）、劳动力市场及其管理法探究（吕海涛撰写）、劳动保障与社会保障法探究（甘露撰写）、劳动与社会保障纠纷处置法探究（张晓远撰写），共计 6 编 20 章；各位作者对自己撰写的部分实行文责自负。本书全面、系统地论述了劳动与社会保障法的基础理论、劳动与社会保障法的产生和发展、劳动法主体、促进就业和职业培训、劳动合同、集体合同、劳务派遣和非全日制用工、工作时间和休息休假、工资、劳动安全卫生、职工民主管理、社会保障法的主体、社会保险、社会救助、社会福利、社会优抚、劳动争议处理、劳动保障监督、劳动保障行政复议和行政诉讼等。随着《劳动合同法》、《就业促进法》、《劳动争议调解仲裁法》的颁布和实施，以及社会保险等方面的法律法规的相继出台，我国的劳动与社会保障立法不断完善。本书力求使学生掌握劳动与社会保障方面的基本法律问题，全面反映我国劳动与社会保障方面的立法现状和最新发展，并紧密结合社会实践，对现行相关法律法规进行阐述与分析。这些分析探寻主要代表各位作者自己的观点，如有不妥，敬请读者原谅或直接与作者联系提出。

杨遂全

2014 年 11 月

作者简介

杨遂全：四川大学法学院教授、民商法博士生导师、法经济学博士生导师，中国社会科学院民商法博士；曾获国家教委优秀青年教师、有突出贡献的专家和全国首届杰出青年法学家提名奖；发表学术论文150多篇（其中30多篇涉劳动法和社会保障法），16项成果获司法部“七·五”优秀论文奖等全国和省部级奖；在法国孟德斯鸠大学劳动与社会保障法研究中心合作研究1年，在法国发表法语劳动法论文6篇；主持国家社科重点项目“房地产城乡间流转与继承”“正确处理小产权房与农村地制创新”等被评为国家级社科优秀成果；主编《民商法争鸣》等丛书；独撰或参与主撰全国统编教材多本。1998年后负责四川大学劳动法硕士生研究方向的指导。

何霞：四川大学法学院1994级本科推荐免试攻读硕士、四川大学法学院民商法学硕士，日本九州大学法学博士，西南财经大学法学院副教授，劳动与社会保障法方向硕士生导师，曾任联合国国际劳工组织（ILO）和我国人力资源与社会保障部“促进国际劳工组织111号（就业与职业歧视）公约在中国的实施”项目组专家，四川省妇女发展与权益保障研究中心执行主任，曾经获“四川省三八红旗手”称号。

王蓓：四川大学法学院1997级法学本科保研、四川大学法学院民商法学硕士，四川大学经济学院法经济学博士毕业，四川大学法学院劳动法主讲副教授，劳动与社会保障法方向硕士生导师。四川省总工会法律顾问委员会委员，四川省总工会女职工委员会委员，都江堰市人民检察院专家咨询委员会委员。

吕海涛：四川大学法学院第一届法律硕士，四川大学法学院民商法学博士研究生，四川大学工会办公室主任兼劳动人事调解委员会委员。

甘露：中国政法大学学士，四川大学法学院经济法学硕士，四川师范大学法学院经济法、劳动法与社会保障法讲师。

张晓远：四川大学法学本科、民商法学硕士毕业、博士生，四川大学法学院副教授，四川蜀鼎律师事务所主任。四川省房地产法学会（筹备）委员会副会长兼秘书长。

目录

第一编　劳动法与社会保障法总论

第一章　劳动法和社会保障法及相关学科定义

法律的重要功能之一是通过明确的概念为人们提供明确的行为模式和分配各种权益。而在我国现实，作为研究定型社会机制的法律法规制度的法学，既担负着用理论解释劳动和社会保障法律法规的任务，又担负着探索如何创新劳动关系法、劳动就业管理调控和社会保障法制的历史任务。

法学是以名称概念作为代表事物的符号进行思维的。我们在司法实践和法学研究中就要首先对法律概念用语进行准确的定性和将其相互界限区分清楚。学科的划分，乃至法律的名称命名亦如此。

基于上述，就劳动和社会保障法律体系的安排和法学学科体系的安排而言，我们须首先在开篇简要地探讨劳动法与社会保障法学的学科基本概念和主要研究对象。与此同时，我们更需要从已有的最新相关研究成果和社会实践中吸取营养，探寻更能适应我国未来人力资源市场化的法律观念。本书力图站在历史和经济全球化的高度认识和分析介绍评述我国劳动人事法律制度改革的现状和未来，以适应劳动力市场化、国际化、全球化的趋势。

第一节　劳动法的定义及其本质特征探析

一、以《劳动法》命名的法律文件

劳动法首先在形式意义上是指国家最高立法机构制定颁布的，直接以“劳动法”命名的法律文件，即法典式的劳动法。如《法国劳动法典》《苏俄劳动法典》。也有一些国家将此形式意义上的“劳动法”称之为“劳工法”，例如，美国的《国家劳工关系法》、[①]《土耳其劳工法》等。这种法典式的劳动法又称之为狭义的劳动法。

---

① ［美］道格拉斯．L．莱斯利：《劳动法概要》，张强等译，中国社会科学出版社 1997 年版，第 3 页。

我国现行有效的形式意义上的劳动法，是 1994 年 7 月 5 日第八届全国人民代表大会常务委员会第八次会议通过的《中华人民共和国劳动法》。该法于 1995 年 1 月 1 日开始实施。它共有 13 章：第一章总则；第二章促进就业；第三章劳动合同和集体合同；第四章工作时间和休息休假；第五章工资；第六章劳动安全卫生；第七章女职工和未成年工特殊保护；第八章职业培训；第九章社会保险和福利；第十章劳动争议；第十一章监督检查；第十二章法律责任；第十三章附则。该法共有 107 条。本书研究的劳动法和相关的劳动保障法即以此为纲要，且以此安排研究的体系。

形式意义上的劳动法事实上只是劳动法的基本法。它规定了劳动法的主要原则和最重要的内容。我国概念意义上的劳动法的其他内容，则由《劳动合同法》《促进就业法》[①] 和诸多相关法律法规构成。而人们通常所说的劳动法，以及本书所要研讨的劳动法，不只是形式意义上的劳动法，而更多地是指实质意义上的劳动法。

二、实质意义上的劳动法

实质意义上的劳动法，又称广义的劳动法。我国多数学者认为，实质意义的劳动法是指调整劳动关系以及与劳动关系有密切联系的其他社会关系的法律规范总和。[②]

如我国一些学者所说，劳动关系，甚或劳资分离的劳动关系事实上由来已久；[③] 调整这种劳动关系的法律也产生的比较早。而人们普遍认为最初可以称之为劳动法的是英国 1802 年开始实行的《学徒健康和道德法》。笔者赞同我国一些学者的说法，即“劳动法是为了维护劳动者合法权益，而由国家制定的调整劳动关系以及与劳动关系有密切联系的其他社会关系的法律规范的总称”[④]。通过进一步深究，我们认为，劳动法，特别是现代劳动法，不仅仅是“为了维护劳动者合法权益”，同时也是为了平衡劳资双方劳动关系中的利益而制定的法律。各国现行劳动法中都有专门约束员工辞职和员工职业流动的“竞业限制”以及“企业对员工的惩戒权”等法律制度。

基于上述，我们认为，实质意义的劳动法是为了平衡劳资双方劳动关系中双方利益而制定的调整劳动关系以及与劳动关系有密切联系的其他社会关系的法律规范的总称。

我国台湾学者认为，劳动法乃为规范劳动关系及其附随一切关系的法律制度的全体。[⑤]

美国和韩国学者则认为，劳动法（Labor Law）是以劳动者和劳动使用者为调整对

---

① 以下法律法规名称前凡未注明国家名称的法律均指我国的。

② 参见法学教材编辑部《劳动法学》编写组编写的高等学校法学试用教材：《劳动法学》，法律出版社 1983 版第 3 页；关怀主编：《劳动法学》（司法部高等学校法学教材编辑部编审），法律出版社，1996 年版第 2 页；林嘉主编：《劳动法与社会保障法》，中国人民大学出版社 2014 年版第 1 页。

③ 在我国封建社会，地主与长工的关系形式上也是一种雇佣劳动关系。它不同于租赁性质的地主与佃户的关系。实质上它是一种人身依附关系和劳动力所有权关系。有的地主和长工相当于资本家和工人的关系，区别只在于长工在人身上更大程度地依附于地主，有些长工甚至签有卖身契，带有明显的人格从属性。所以，封建社会的这种劳动关系不是用劳动法调整的。

④ 宓明君：《劳动与社会保障法讲义》，第 4 页，见于 MBA 智库文档网经济类财政管理栏目，2014 年 10 月 11 日访问 http://doc.mbalib.com/view/5045c1ef5b82292808e773fa72a6b5b1.html。

⑤ 史尚宽：《劳动法原论》，台北，正大印书馆，1978 年版，第 1 页。

象，以确保劳动者生存和劳动者集体活动为根本目的的各种法律法规。[①]

英国学者认为："劳动法（Labour Law）是与雇佣劳动相关的全部法律原则和规则。大体和工业法相同。它规定的是雇佣合同和劳动或工业法律方面的问题"[②]。

法国学者认为：劳动法（Droit du travail）是一套通过劳动合同制约雇主与雇员之间的关系的法律规范。劳动法规范，包括劳动培训，实施和终止雇佣关系的规则。它也保证尊重工会自由和劳动安全的标准，并保护弱势的工人。[③] 据笔者了解，在现代，它不仅是工业法，也包括农业劳动者与雇主之间的劳动合同法律规范。在法国，对农业工人，除了对农业劳动需要特殊保护的规则外，其他都要适用统一的劳动法。

德国学者认为："劳动法是关于劳动生活中处于从属地位者（雇员）的雇佣关系的法律规则（从属地位劳动者的特别法）的总和"。[④] 他们更强调劳动法保护对象的特殊性。

在此，我们还必须附带说明劳动法和劳动基准法的区别。国内外所谓的"劳动基准法"是规定劳动条件最低标准的法律规范，要求雇主与劳工所订立的合同中劳动条件均不得低于该法所规定的最低标准。劳动基准法是劳动法的一种，但不等同于劳动法。

三、劳动法及其民事化的本质特征

某事物区别于它事物的特征会有很多，但是，其本质特征决定着事物的根本和发展的基本方向以及其主要内容。所以，在研讨劳动法时必须搞清楚其本质特征。

我们认为，从社会主义市场经济体制看待劳动关系机制应当由在市场起决定性作用的基本理论为前提来分析。劳动力市场调控制度应当是劳动法的根本性质所在，而当事人之间民事性的人格平等地位决定了劳动法的性质。目前，许多人民代表还在呼吁，不能让劳动者流汗又流泪，辛辛苦苦一年却"由于在法律上农民工还处于计划经济体制外，从而使承担社会主要劳动的农民工得不到体制化的工资制度保障和社保"。[⑤] 为了使不同所有制经济主体能平等竞争，劳动大众还在翘首期盼着《劳动法》早日升级为真正能够保障劳资平等的基本法。[⑥] 这种呼声已成为我国建立全面的社会主义市场法律机制的动力。从这一角度观察，我国目前在法律制度上并没有完全建立人力资源市场机制。我们的劳动法还需要在保障我国劳动力市场主力军的基本权益方面努力。由此，我们主张劳动法应进一步朝人力市场化的基本需求靠拢，真正让市场起决定性作用。政府干预和社会救济只有在尊重市场的决定作用的基础上，或者只有在市场失灵时，劳动力市场才需要公法或社会法的介入。

资产阶级革命胜利后，在法律上的人人平等的基本原则被确立。我国《宪法》明确确立了这种法律原则。而在法律地位上独立自主的劳动者在现代社会中毫无疑问是人数

---

① 参见［美］道格拉斯．L．莱斯利：《劳动法概要》，张强等译，中国社会科学出版社，1997年版。

② 《牛津法律大辞典》中译本，光明日报出版社，1988年版，第511页。

③ ［法］Dictionnaire des termes juridiques（《法律词典》），Paris，DE VECCHI POCHE（法国巴黎，维基小词典出版社），1988，P140（1988年法语版第140页）。

④ 【德】W．杜茨：《劳动法》（第5版），张国文译，法律出版社，2005年版，第1页。

⑤ 杨遂全：《中国之路与中国民法典》，法律出版社，2005年版，第19页。

⑥ 报道：人大代表谈劳动法修改，中国劳动保障报，社会法制栏，2004-03-09出版，第3020期。

最多的社会群体，这也应该是不争之论。那么，劳动者与他人发生的平等的劳动社会关系，毫无疑问应当是现代社会中最基本的社会关系。无论如何，在社会主义市场经济社会中，这种关系不能再作为行政关系或仅仅是形式上的平等的雇佣关系，甚至不能仅仅作为社会法来定位。进一步讲，如果不用民商法调整这种最基本的民事平等的社会关系，是很难名副其实地说“我们初步建立了社会主义市场经济法律体系”。[①]

现代民法诞生以后，《法国民法典》等只是将劳动行为以“劳动力的租赁”或“雇佣合同”进行调控。然而，劳动在民商事生活中所占的地位，绝对不会亚于形式上表象的人对物的财产支配或债权债务。只不过在资本主义初期，在现代民法奠基形成时，社会统治者的关注点只在乎资本家自身的利益的法律确认，绝不可能让广大劳动者被统治者在法律上真正与自己地位平等，平起平坐的。所以，即使像《意大利民法典》的制定者那样，明明看到了劳动活动体现着现代社会最基本的民间民事关系，在民法典中专门设立了“劳动编”，但是事实上仍然不会顾及资本家与广大劳动者的平等。不过，该民法典还是明确确立了劳动雇佣关系双方的“对价”交换法律形式。

在各国工人运动的影响下，西方其他国家先后被迫在现代民法颁行百年以后另行颁布《劳动法典》，同时在一些国家仍保持民商合一。笔者认为，这事实上在改变着民法典的性质，因为规范商人这些少数人行为的法律放在民法典中，规范大多数人的平等地位（哪怕是形式上劳资平等）的劳动法却不在民法典中。我国今后实行民商合一立法体例，将劳动关系完全置之度外，就更难在法理逻辑上统一。

以前我国实行的是计划经济，西方实行的是有利于资本家的市场经济体制，劳动关系用公法或弥补后果性、施舍式的“保护劳工”的社会法调整，实有其历史渊源。更何况在世界经济已经全面迈进全球化和国际化的今天，资本与劳动力的博弈已经在跨越国界，市场化和“开放经济中的劳动力市场”[②] 机制必然面临国际劳动力市场竞争的压力。立法必须全面权衡本国资本和劳动力要素的竞争力。在此大局下，科学、全面、最大化保护劳动者的利益，无论如何不能回避劳动力市场形成机制的基础法律关系。

未来，我国以公有制为主导多种所有制并存的市场经济体制必须从生产关系的所有构成要素市场化入手。中国目前已经初步建立了物化的财产方面的市场经济机制。中国还特别需要使几亿农民和一般城市劳动者的劳动力积极自由平等地投入到公平的市场竞争机制中。显然，市场机制靠公法性或仅仅靠社会法性质的劳动法不行。在公法或社会法所能造就的法律机制中只能培养人们的“螺丝钉”意识，绝难形成人人都能最大限度发挥自己积极性的独立主体意识，也就不可能真正使劳动力从根本上市场化。而单纯的社会法将救济和平衡关系完全取代市场本体的主体竞争性关系，肯定也难以建立真正的人力市场机制。当然，在此强调劳动法的平等性，并不能否定为了实现真正的平等而倾向性保护劳动者的利益以及劳动法的平衡作用。

国内外对劳动法的定位都经历了从公法到私法，又从私法到社会法的理论认识。但

---

① 高民权、万一：《中国特色社会主义法律体系的提出和形成》，2014 年 10 月 11 日访问，见于中国人大网 http://www.npc.gov.cn/npc/xinwen/rdlt/fzjs/2010-12/29/content_1613444.htm。

② ［美］大卫. 桑普斯福特等主编：《劳动经济学前沿问题》，卢昌崇等译，中国税务出版社，2000 年版，第 257 页。

是，很多国家即使把劳动法定位为社会法，而最终劳动权利义务的落脚点仍坚持要体现为“私法权利”和“民事权利”。他们认为，无论如何劳动法上的权利义务关系，在根本上仍然是平等法律主体之间的法律关系，特别是“用人单位（包括国家机关）作为民事主体产生的法律关系”。[①]

第二节 社会保障法的一般定义及其社会法特征

目前，各国学者普遍认为，社会保障法是指调整有关社会保险、社会救济、社会优抚和社会福利方面的法律。通常可以简称为社保法。我国不少学者认为：“依据社会政策制定的，用以保护某些特别需要扶助人群的生活安全，或用以促进社会大众福利的立法，便是社会保障法”。[②] 具体的社会保障法的概念和内涵的细究，见下文有关章节。在此只是在宏观上予以定义，以保障劳动法部分的探究过程中相关概念的使用。

事实上的社会保障法可以追溯自英国1531年的救贫法令，登记并允许老弱病残者行乞和领取救济。国际上多数学者认为最初可以称之为实质意义上的现代社会保障法的是德国19世纪80年代开始实行的“社会保险三法”。[③] 它们已经不同于自古以来就有的传统意义上的国家救济法。而传统的救济法自有国家以后就有，是国家职能的体现，且没有普遍的社会组织或个人的参与。现代的保险法和社会保障法的主体是用人单位和劳动者不再单单是国家救济。特别是在国家由计划经济向市场经济转轨以后，越来越大比例的社会保障资金来自于他们。而国家只是给予部分经济帮助，甚至最终完全不帮助。

目前，我国多数学者认为劳动法和社会保障法同属于“社会法”，既不属于公法，也不属于私法。社会法，一般是指为了解决社会问题而制定的、具有普遍社会意义的、以社会利益为本位的法律，其目的是维护社会弱势群体的生存及增进社会整体的福利。而只有社会保障法才是纯粹的社会法。[④] 一些学者认为，劳动法和社会保障法更接近于传统的经济法的经济管理关系的特征。[⑤] 我们认为，社会保障法与劳动法有部分标志性的区别；社会保障法的社会性大于其民事性；两者有互相交叉之处，但不能完全包容。

第三节 劳动法与社会保障法的关系

劳动关系本质上是一种用人单位和劳动者平等主体之间比较单纯的民事关系。而社会保障关系主体上是一种用人单位或国家或社会组织与劳动者和普通公民之间的社会关系。因而，劳动法和社会保障法既有密切联系，又有相对分离的关系。最初的社会保障

① 参见法国最高法院1993年4月23日“关于法国公立机关协会雇佣员工的司法解释”(Cass. soc，23avril 1993，Association Mission laique francaise，RJS 6/97，N647)，转引自伊莎贝拉．道格拉斯《劳动法学导论》，法国孟德斯鸠大学出版社，1998年，法文版第1页。

② 蒋月：《社会保障法概论》，法律出版社，1999年版，第23页。

③ 即疾病、养老、工伤保险立法。参见注②第31页。

④ 林嘉主编：《劳动法与社会保障法》，中国人民大学出版社，2014年版，第1页。

⑤ 杨素霞主编：《劳动法》，现代出版社，2000年1月版，第15页。

主要是针对劳动者本人的各种社会保险，后来逐步扩大到劳动者的亲属和其他社会关系，最终逐步形成新的社会法的领域。

笔者认为，目前还应当注意将劳动者的温饱问题与劳动者富裕作为两个不同的立法目标，以免混淆在一起引起不必要的冲突。这两个问题事实上是既有联系又有分野。农业科技的发展，已经使解决会不会饿死人的事成为社会或政府的责任；而能不能致富则应完全靠个人劳动，在社会平等竞争机制中如何把握自己，如何抓着机会。从人类社会发展的大趋势看，今后世界各国均是如此。

如果靠破坏合理的社会平等竞争机制，用养懒汉、干好干坏一个样的机制来解决个别人的温饱问题，结果会适得其反。当然，政府完全摆脱自己的责任，只靠竞争机制本身，也无法解决弱者或竞争过程中出现意外事故者的生存问题。这就是笔者主张的作为民事性质的劳动法和作为公法或社会法的社会保障法相分离，劳动法纳入民法典，社会保障法形成独立法律部门的社会法的实际意义。

第四节　劳动和社会保障法的作用及其学科定位

我国劳动法和社会保障法在改革开放以后对我国 30 多年的经济腾飞起着关键性作用。学界普遍认为劳动法和社会保障法在我国现实具有以下重大作用：(1) 保障劳动者和公民的基本人权；(2) 建立社会主义劳动组织，支撑我国经济和市场秩序持续健康发展；(3) 合理规范社会劳动，提高整个社会的活力和劳动生产率；(4) 扶弱救困，维护社会和谐安定；(5) 提高社会文明和进步水平。

我国法学界普遍认为：劳动法学是研究劳动法及其发展规律的一个法学的重要分支学科。劳动法学与社会保障法学是研究劳动法和社会保障法及与此相关的法律现象的科学。劳动法和社会保障法在我国现实具有的重大作用，使这门学科逐步成为高等院校法学专业本科的必修课程之一。

对上述这一学科的定义和概念的概括，绝大多数学者和教材沿用，没有疑义。但是，学界对劳动与社会保障法学是否可以归属于民商法学，或归属于社会法学，目前仍有较大争议。这事实上取决于学科本身如何定位于劳动力市场调控，以及政府调控的方向性问题等。

就其学科研究对象而言，学界普遍认为，作为法学的分支学科之一，它至少应当包括下列内容：研究协调劳动关系的法律、劳动基准法、劳动管理和市场调控法、社会保障法、劳动与社会保障程序法，以及与此类法律现象相关的劳动与社会保障法的制定和修改的制度和基本原理等。[①]

基于上述，我国学界多数学者主张劳动法学应当像物权法、合同法学科一样，都应当归之为民商法学的分支。教育部的学科分类亦如此，将劳动法学放在民商法学二级学科中。

---

① 蒋月：《劳动法与社会保障法》，浙江大学出版社，2010 年 1 月版，第 1 页。

第二章 劳动法与社会保障法的调整对象及其特征

第一节 劳动法与社会保障法的调整对象

个体劳动不产生劳动社会关系，也不需要专门的法律调控；劳动与生产资料的分别所有是劳动法产生的前提。劳动法的产生更需要具备社会条件，即人类的法律和现实的平等与自由的追求，以及平衡劳资关系建立社会生产和社会运行秩序的基本需求。

一、劳动法的调整对象和劳动关系的界定

劳动法调整的对象是劳动关系以及与劳动关系密切相关的其他社会关系。劳动是人们使用劳动资料，通过有目的地作用于自然界劳动对象，创造自身生存和发展所必需的物质财富和精神财富的有目的的活动。它既是人的体力和脑力的使用和消耗，又是创造使用价值或提供某种社会服务的过程。劳动法所调整的劳动关系，是指在运用劳动能力、实现劳动过程中，劳动者与用人单位（劳动使用者）之间的社会劳动关系。

劳动部《关于贯彻执行中华人民共和国劳动法若干问题的意见》（以下简称《贯彻劳动法意见》）第2条规定：“中国境内的企业、个体经济组织与劳动者之间，只要形成劳动关系，即劳动者事实上已成为企业、个体经济组织的成员，并为其提供有偿劳动，适用劳动法。”劳动部的该条规定是理解劳动关系的基本要素。根据2014年颁布的《事业单位人事管理条例》，劳动法调整的主体已经扩大适用于包括事业单位等所有的用人单位。

根据劳动部2005年5月20日发布的《关于确立劳动关系有关事项的通知》第1条规定：“用人单位招用劳动者未订立书面劳动合同，但同时具备下列情形的，劳动关系成立。（一）用人单位和劳动者符合法律、法规规定的主体资格；（二）用人单位依法制定的各项劳动规章制度适用于劳动者，劳动者受用人单位的劳动管理，从事用人单位安排的有报酬的劳动；（三）劳动者提供的劳动是用人单位业务的组成部分。”

基于上述这些规定，我国法学界普遍认为，法律上的劳动关系不同于一般的劳动行为产生的其他社会关系，（1）它是社会性的劳动，不同于个人利用自有资料劳动的自由职业者的个体劳动或家务劳动。（2）基于交易，不同于义务劳动。（3）基于从属性或人身支配，不同于临时劳务交易或承揽。也就是说这种劳动是建立在劳动合同或雇佣关系基础上的，是从属于一定的用人单位或雇主的；从事劳动的人须服从用人单位或雇主的管理。（4）一些学者认为劳动关系还应当是职业化的，所以学生实习期再长都不构成劳

动法上的劳动关系，不在《劳动法》的调整范围内。[①]

笔者认为，不能以是否具有职业性来认定是否属于劳动法上的劳动关系，职业性的要求会把许多农民工的劳动关系排除在劳动法之外，因为不少短期进城务工的农民工并不一定要和用人单位形成长期职业性的劳动关系。况且，国际公认的、最初可以称之为劳动法产生的标志的法律，正是英国 1802 年的《学徒健康和道德法》，而学徒劳动关系也并不必然与用人单位形成职业性的就业关系。

此外，根据劳动部《贯彻劳动法意见》第 4 条的规定，依据职业标准，把所有农业劳动者也完全排除在《劳动法》的调整范围之外，我们认为这也存在曲解《劳动法》的问题。在许多发达国家，雇佣农业工人是要纳入劳动法保护范围的，只要是长期雇佣劳动关系，哪怕是非全日制的。况且，在农业机械化条件下，受雇于农业公司的农业劳动者和其他工人没有什么区别。

我们不能再按照计划经济条件下形成的劳动人事管理“体制观念”来判断劳动关系和劳动法的调整对象了。至于其他有关劳动法调整对象的争议及其详细理由见下文。

二、广义的劳动关系与人事关系的归属

最初，我国劳动法学界把劳动法的调整对象从劳动关系中用人单位的所有制性质区分为 6 种：全民所有制、集体所有制、个体经营单位、私营企业、中外合资企业、外商独资企业等用人单位中的劳动关系。[②] 并且，当时的立法也是按照这种所有制形式的分类进行劳动立法的，特别是这些单位是否必须建立工会组织以及实行不同的劳动人事管理办法。

目前，我国一些学者认为，我国劳动与社会保障法的调整对象，除了劳动关系以外，在广义上还包括劳动行政关系、社会保险关系、劳动市场服务关系、劳动团体关系、劳动争议处理关系等。他们把这些社会关系称之为“与劳动相关的其他社会关系”。[③]

根据现行最新的立法，广义的劳动关系当然应当包括法律上的人事关系。国务院颁布并于 2014 年 7 月 1 日起施行的《事业单位人事管理条例》尽管在多处特别使用了“人事关系”的法律概念，尽管该法规还明确规定实行“坚持党管干部、党管人才原则，全面准确贯彻民主、公开、竞争、择优方针”。[④] 但是，实质上该法规正式把事业单位的人事管理纳入了“劳动关系”的范畴，原则上要同时遵循劳动法的基本原则。一方面，该条例第二章明确规定“人事关系”的产生实行“聘用合同”制度。另一方面，第 37 条明确规定：“事业单位工作人员与所在单位发生人事争议的，依照《中华人民共和国劳动争议调解仲裁法》等有关规定处理。”基于这些法律规定，笔者认为在我国现实人事关系已经变为劳动关系的一种，不再是不平等的行政关系或公法上的管理关系。这种转变对于事业单位的劳动者和其他单位的劳动者，特别是与农民工在体制上完全平

① 参见林嘉：《劳动法与社会保障法》，中国人民大学出版社，2014 年 1 月版，第 12 页。

② 关怀主编：《劳动法学》（司法部高等学校法学教材编辑部编审），法律出版社，1996 年版，第 9 页。

③ 林嘉：《劳动法与社会保障法》，中国人民大学出版社，2014 年 1 月版，第 15 页。

④ 见国务院 2014 年颁布的《事业单位人事管理条例》第二条。

等，是非常必要的。

三、农民工、公务员、家政工、实习工与劳动法调整对象

对于劳动法的其他主体作为法律调整对象的问题，主要涉及劳动法的主体适用范围，且直接影响到这些劳动者的劳动和社会保障权益。劳动部《贯彻劳动法意见》第4条规定："公务员和比照实行公务员制度的事业组织和社会团体的工作人员，以及农村劳动者（乡镇企业职工和进城务工、经商的农民除外）、现役军人和家庭保姆等不适用劳动法。"

一些国家确实明确规定选举制或任命制的国家公务员不适用劳动法，但是这些国家的普通公务员同样要适用于劳动法和劳动合同法。军人在世界各国都是排除在劳动法之外的。至于家政工，大部分国家在逐步纳入劳动法调整；国际劳工组织近年颁布的公约是明确将家政工纳入劳动法调整范畴的；[①] 也有一些国家将短期的家政工排除在外。

我国在进行劳动人事制度改革的过程中，在逐步将事业单位的准公务员（即参照公务员管理的事业单位干部）编制纳入劳动法调整范畴，要求签订劳动合同。

由于一些学者认为家政工与雇主没有法律上的从属性，所以，我国目前还没有明确将家政工纳入劳动法调整范围。但是，国际劳工组织已经制定了《家政工体面劳动公约》，[②] 我国是签署国之一。不纳入劳动法保护范围，导致一些家政工受伤或致残得不到救助。笔者认为，绝大多数家政工是农民工的一部分，毫无疑问应当纳入劳动法的保护范围。只是具体操作，应当由雇主还是由劳动服务公司为家政工买工伤和养老保险，还需要进一步探究。

如前所述，很多讲义和学者的论著认为，劳动关系应当是职业化的，所以学生实习劳动不是劳动关系，不能纳入劳动法调整。笔者认为亦不尽然。如果与超过半年以上甚至1年以上的大学生、研究生实习劳动相比，农民工6个月，很多不到1年的劳动即必须视为劳动关系，要签劳动合同，需要支付工资并买工伤意外伤害保险，长期归属于实习单位的实习生的劳动却不作为劳动法保护的对象，就很难在逻辑上统一法律标准。

学者们一般是根据劳动部《贯彻劳动法意见》第12条的规定："在校生利用业余时间勤工助学，不视为就业，未建立劳动关系，可以不签订劳动合同。"进而，在学理上推定确定实习劳动不属于劳动关系。但是，很显然，实习劳动关系不同于课余的勤工俭学，一般都有明确的用人单位，且容易遭受工伤。他们在实习单位劳动，对外在代表实习单位履行职务。所以，笔者和部分学者认为短暂的实习，不直接参与实习单位对外的业务，可以不视为具有从属性的劳动关系，而长期的实习，应当签订实习劳动合同，予以特殊的劳动保护。[③] 据笔者所知，法国就是这样做的，其法律规定要给实习劳动者支付实习工资，并买工伤保险和意外伤害保险；实习生在对外代表实习单位履行职务时致人损害的，要由实习单位负责；实习单位只是可以不缴纳养老和失业保险。如果不把长

---

① 柯倩婷：《家政工体面劳动公约》出台始末，2011年7月15日《中国妇女报》。

② 参见注①。

③ 与笔者主张不同的相关观点，参见林嘉：《劳动法与社会保障法》，中国人民大学出版社，2014年1月版，第13页，以及蒋月：《劳动法与社会保障法》，浙江大学出版社，2010年版，第11页。

期实习劳动作为劳动关系，实习生加班、工伤、基本劳动保护或在履行实习单位的业务时产生纠纷，就很难恰当地找到相应的处理规范。特别是对需要长期在医院等单位实习的实习生而言，纳入劳动关系保护是十分必要的。当然，这并不是说把课余勤工俭学的劳动也纳入劳动法的调整范围。

笔者认为，上述这些有争议的劳动关系要区别对待，特别是要由劳动部明确相关规则，以确定最终是否适用《工伤保险条例》。如果适用保险条例，还涉及学校是否缴纳保险费的问题。在法理上，实习单位帮助学校培养学徒，节省了学校的支出，学校至少应当与实习单位一起适当分担实习生的工伤和意外保险金的缴费。

四、劳动管理行为及其程序规则纳入劳动法

劳动法不仅要调整劳动关系，而且还要调整与劳动关系密切相关的其他社会关系，特别是用人单位和其他社会组织及国家机关直接管理劳动者和调控劳动就业的各种民事和行政行为及社会行为。这些社会关系进入劳动法的调控范围内的，从法律性质看主体仍然是民事实体或民事程序法律关系（如集体劳动合同、单位规章制度、用人单位的惩戒或奖励行为）。当然，还有部分不属于民事的管理行为。不过，在市场经济条件下，这些非民事的管理行为不是劳动法调控的主体或主要内容。它们只是对劳动关系的产生、变更或消灭起辅助作用。部分劳动就业市场调控程序严格说来，在我国劳动力市场由计划经济向市场经济转轨的过程中，绝大多数仍然属于公法或社会法的关系。但是，为了便于用人单位和劳动者知法守法，通常也把这些法律规范视为劳动法的内容。

五、劳动保障及社会救济关系和程序纳入社会保障法

由于劳动法一开始就带有特殊保护和救济弱者生存的性质，所以，最初劳动保障是劳动法的主体内容。劳动保障关系是劳动法的主要调整对象之一。随着对劳动者的保护逐步扩展到劳动者的家属和亲属以及劳动者退出劳动领域之后，社会保障关系开始成为与劳动关系并列且紧密相关的社会关系，社会保障法逐步独立。

根据前述社会保障法的定义，社会保障法的调整对象主要是指社会保险关系、社会救济关系、社会优抚关系和社会福利关系等与社会保障密切相关的各种社会关系。

如今，对劳动者的家属和亲属乃至全社会的弱者的社会保障已经部分脱离了劳动法的范畴。所以，一些学者把最低生活保障法纳入劳动基准法是错误的，因为即使某人祖祖辈辈从来没有做过劳动者，只要他出现生活严重困难，社会保障法就必须给他以保障。一个孤儿，即使从他生下来就没有和劳动或劳动保障关系发生过任何联系，但他仍然是社会保障法的保护对象，必然产生社保关系。这也是为什么我们要把劳动法和社会保障法独立和并列的主要理由之一。

当然，绝大多数的社会保障关系仍然是与劳动关系密切相关的，包括社会保障程序也或多或少地和劳动就业管理相关。其救济资金多来自于用人单位，包括失业救济和保险金的支付和缴纳。

第二节 劳动和社保关系的本质特征

从正面分析劳动关系和社保关系，可以看出他们具有同时兼有人身关系和财产关系性质，兼有平等关系和隶属关系特征的一种社会关系。所谓具有人身关系的性质，是因为劳动力存在于劳动者肌体内不能须臾分离，基于劳动力的使用而产生的社会关系是和劳动者的人身紧密相连的。所谓具有财产关系的属性是因为在现阶段劳动力还是人们谋生的手段，劳动关系从另一个层面上说就是活劳动和物化劳动相交换的关系，在广义上仍属于经济关系的一部分。同时，基于财产关系的属性，劳动关系由劳动者和用人单位按照平等协商的原则建立、延续、变更和终止，这种相互选择的关系是一种平等的关系，又由于人身关系的性质，劳动关系一经建立，劳动者必须把他的劳动力归用人单位支配，用人单位和劳动者之间必须建立一种以指挥和服从为特征的管理关系，这种管理关系又是一种隶属关系。劳动关系正是这种人身和财产属性相统一，平等和隶属特征相互交织而产生的社会关系。① 而理解这种特殊的社会关系，需要从以下几个方面入手。

一、劳资平等与人格从属还是身份从属

前些年，国内外不少学者都认为现代的劳动关系已经由雇用契约关系向公法（社会法）关系过渡②。人们越来越注意到劳动者与雇用方实力的悬殊对比，产生了对劳动者权利倾斜保护的观念，所以，劳动法调整的不再是平等看待的劳资对价关系③。然而，多数学者认为这并不能改变劳动关系固有的本质。

目前，关于劳动关系的本质，大陆法系和英美法系有许多不同的理论。大陆法系关于劳动关系的本质先后有债的给付关系说、人格法上的共同协同关系说、合伙契约说、身份角色说、回归债之给付交换关系说、冲突对立的劳动关系等六种理论。而在英美法系，与大陆法系上述主张不同，英美法系一直将雇佣关系归之于由调整社会普遍存在的社会关系的普通法范畴；在劳动关系方面，制订法相对较少；英美学者把劳动关系看成是债之关系，用契约规则来约束双方当事人，强调双方当事人必须严格遵守合同④。事实上，在绝大多数国家中，劳动关系都并没有脱离法律上平等主体之间的形式平等关系的民商事范畴。

我国早期的高等学校法学教材《劳动法学》认为“作为劳动法调整对象的劳动关系，具体分析起来，有以下特征：（1）这种关系与劳动有着直接的联系，劳动是这种关系的实质与内容。（2）这种关系当事人的一方——公民在企业、机关、集体组织中劳动，并遵守各有关单位的内部劳动规则。（3）这种关系通常与集体劳动有着密切的联系。（4）这种关系的发生、变更、终止，在劳动过程中的权利义务以及劳动条件应按国

---

① 参见董保华编：《劳工神圣的卫士——劳动法》，上海人民出版社，1997年版，第6页。

② 冯彦君：《民法与劳动法：制度的发展与变迁》，载《社会科学战线》2001年第3期。

③ ［日］星野英一：《私法中的人——以民法财产法为中心》，王闯译，载梁慧星主编：《为权利而斗争》；［德］古斯塔夫．拉德布鲁赫著：《法律上的人》，舒国滢译，载方流芳主编：《法大评论》第一卷第一辑，两书均为中国政法大学出版社，2001年版5页。

④ 黎炳成：《是劳务关系还是劳动关系》，载《中国劳动》2001年第5期。

家有关法律、法规办理”。[①] 可见，我国大陆学者主要强调法律调整的劳动关系的集体性特性。

我国台湾学者和西方学者更多强调法律调控的劳动关系的从属性，即劳动者对用人单位的人身从属性，并且把这种人身从属性作为区分劳动法上的劳动和其他劳动（也包括劳务关系）不同的根本标志。他们认为：“劳动关系谓以劳动给付为目的之受雇佣人与雇佣人间之关系。劳动关系从来视为纯粹私法上债的关系。然劳动关系于债的经济要素之外，实含有身份的社会的要素。”[②] 由于我国大陆不少民法学者不承认人身权法中的一般的民事身份权，这些大陆学者只有进一步将这种人身从属性解释为“人格的从属性”[③]。

笔者认为，劳动法律调控的劳动关系确实需要以劳动者成为用人单位的雇员为基本标志，但是，劳动者的这种人身从属性并不是“人格上的从属性”，而是“身份上的从属性”。在某种意义上，这种身份的从属性，也不同于民法上通常所说的“成员权”。这种员工的身份从属性，具有“人身权法”[④] 上的身份权某种同质的内容。身份上的从属是身份法的基本权利义务表现形式之一，比如可以是某个家庭的成员的从属关系，也可以是组织雇员从属关系，但是，也可以是完全没有任何从属性的著作权作者的身份。而且，即使身份不同，在人格上仍然是平等的。“人格上的从属性”则和“人格完全平等”有逻辑上的冲突。

笔者主张，在“人格”上，劳动者和用人单位是完全平等的，不能是从属的。只有奴隶或封建社会的奴隶或农奴才具有人格上的从属性。国外许多劳动法的讲义所说的劳动者对用人单位的从属性肯定不是指人格的从属性，而是指单位与员工身份上的人身从属性。人格平等的人与人或法律主体之间是可以有不同的身份关系的。而改变劳动者的“人格从属性”是法律的进步。

基于上述，笔者基本赞同劳动关系是一种“身份契约关系”的说法，也主张劳动合同和集体劳动合同同时成为劳动关系的主要组成部分。基于这种特殊的身份契约关系，用人单位应当为劳动者担负更多的社会责任，而劳动者在履行其用人单位交给的合法职务行为时也应当担负对用人单位信誉的忠诚义务。

当然，无论如何从理论上解释，如果一个在法律上完全平等的关系出现了不对价的交易，那一定是民商事的制度本身出现了问题，而不是其他公法上的制度出了问题，也不可能用其他法律制度来实际解决。市场机制主要靠民商法构成，经济法或行政法都不能取而代之。越早将社会的劳动关系归之为平等的民商事关系，除去行政关系的“螺丝钉”观念，用劳动者独立且与资方（乃至国家机关）平等、对价的法律制度来处理和解决劳动关系纠纷，就会越早形成劳资双方人格平等、相对文明的用工理念和劳资关系，

---

① 关怀主编：《劳动法学》，法律出版社 1996 年版，第 6 页。

② 史尚宽：《劳动法原论》，中国台北正大印书馆，1978 年版，第 2 页。

③ 林嘉：《劳动法与社会保障法》，中国人民大学出版社，2014 年 1 月版，第 13 页。

④ 我国《民法通则》规定的“人身权利”一节，事实上包括了人格权和身份权两大类。而其中的荣誉权，多数或者说至少可以产生于对这种用人单位的从属性，由其授予或者作为荣誉权的主体。其他民事资格权，例如医生、律师、教师等执业资格权，事实上也属于身份权。应当说执业资格身份权最终落实即体现为具有成为相关用人单位的员工的资格，可以成为从属于某类用人单位的员工。

对社会进步和增加高质量的经济活力的促进作用就越大。

二、社保关系与公法关系和社会连带关系

基于是否有对价或等价有偿，社保与商业保险等市场保障机制明显不同。目前，国内外法学界和经济学界在对民商法主体，特别是企业有没有社会责任的问题在进行讨论。绝大多数人已经看到现代企业和其他经济组织必须承担相应的社会责任。我们认为，这种社会责任正是劳动保障和社会保障关系产生的法理基础。

用人单位的社会责任，客观上来自于用人单位与劳动者是一种社会连带关系，而不再是公法关系，特别是在政企分开以后。在人力资源市场化的今天，即使是国有公司也不能再代行政府的职能。所以，我国在2008年明确废除了实施了二十多年的《企业职工奖惩条例》。但是，并不能因此否定用人单位的社会责任，只是用人单位的管理手段由行政行为转化为一种由集体契约让渡了劳动者的部分权利来实现对员工的奖惩权力。这种让渡同样是基于一种社会连带关系的必然。

毋庸置疑，即使在人力资源市场化的体制中，社保关系肯定仍然还有部分公法和社会法的特征，国家仍然担负有管理和调控人力资源市场的职责，政府还必须担负市场失灵领域里的社会调控以及特殊保护劳动者、救济弱者的职责。社保仍然是任何市场经济体制的必要补充，缺此仍然不可能建立稳定的社会运转机制。

三、劳动关系的市场化特征与劳动者的全覆盖

在国外，意大利等国已把劳动关系纳入民法典，作为一编，试图以此把各种生产要素完全市场化。欧盟甚至专门在他们的欧盟宪章中规定要实行人力市场化制度，使劳动力能够在欧盟各国之间和不同用人单位之间自由流动。但是，由于他们根本目的仍然是为了保护资本家利益的需要，实质上意大利民法的这一编基本上是空壳化的劳动制度，更多的是公司制度。

笔者认为，随着法律文化的发展，没有人力资源关系这一生产关系的一大基本要素的私法化，平等主体之间的市场经济法律体系的建立就是一句空话。

毫无疑问，我国未来的劳动人事制度的改革，必须是进一步把社会各界所有劳动者（包括公务劳动者[①]）统一、平等、全面纳入社会主义人力市场机制中。那种将农民工和公务员分割为“体制外”和“体制内”的做法迟早必须改革。

第三节　多样化的劳动和社保关系及其调整

如前所述，劳动法的调整对象问题涉及劳动关系或类似于劳动关系的劳动者的劳动和社会保障权益，在法律上必须准确定位。目前，相关问题除了前述劳动部的意见直接指明不适用《劳动法》的一些劳动关系以外，还有一些在司法实践中处理起来容易模糊的新型劳动关系问题。在此，必须对这些常见的疑难问题进行简析。

---

① 法定选举制的公务员除外。

一、企业高管雇佣关系的定位与劳动法的调整对象

目前，我国国有公司的劳动人事制度的改革正在朝着高管聘用制的方向发展，国有公司高管任命制正在逐步缩小其适用范围。这种聘用制的高管通常签订的是定期或无固定期限的劳动合同，在法理上应当适用劳动合同法或劳动人事管理法。

有争议的是股份公司或民营企业的董事长或依照公司法产生的董事兼经理的人员的劳动关系的定位。笔者主张最终依照公司章程确定其是属于公司的资方代表，还是一般的公司雇员。高管如果作为雇员，他们依照公司雇员的身份产生的劳动关系都受劳动法的保护，无论他们另外是否有公司董事或股东身份。当然，单纯靠分红和持股而未领取工资的资方人员与企业是没有劳动关系的；他们像其他利用自有生产资料从事自由职业者一样，是不属于劳动法调整的个体劳动。

对经理与经理经纪公司签订有劳动合同的高管，应当适用劳动派遣法确定其劳动关系。无论其实际用人单位是国有公司还是民营公司，一律按照劳动合同法关于劳动派遣的规定和经纪公司与用人单位签订的合同规范其劳动关系。

二、非全日制用工与兼职劳动关系

绝大多数国家的法律开始承认，非全日制用工，即通常所称的“半日工”或“小时工”，甚至有人认为还包括“周末工”等定期雇工形式，是一种灵活的就业方式。一些劳动者为了能够维持家庭的最低生活和自己的生存，有时可能需要同时兼职几份非全日制工作。

1997 年《欧盟各会员国劳工部长决议之部分工时指令》明确规定，“非全日制劳动者”是指以周或年为基数，在此雇佣期间内平均工作时间低于类似的全日制劳动者的劳动者。[①] 我国《劳动合同法》第 68 条规定：“非全日制用工，是指以小时计酬为主，劳动者在同一用人单位一般平均每日工作时间不超过四小时，每周工作时间累计不超过二十四小时的用工形式。”对这一用工形式，目前在法律和法学上尚未完全统一认识。这不仅涉及大量的农民工，而且还涉及学生周末定期兼职的工伤和劳动保护待遇问题。突出的是存在对劳动部《贯彻劳动法意见》第 12 条规定：“在校生利用业余时间勤工助学，不视为就业，未建立劳动关系，可以不签订劳动合同”，[②] 与《劳动合同法》关于非全日制用工的相关规定的不同理解问题。据悉，不少外企至今仍未按照法律规定执行。

从市场机制来看，服务业在产业结构中的比例在持续上升，非全日制用工就业日益成为一种不可缺少的人力市场的必要补充形式。用人单位为了追求利润最大化，要尽可能地降低人工成本，而非全日制用工的人工成本明显低于全日制用工。而在劳动力市场供过于求的矛盾十分尖锐、下岗职工和失业人员的就业竞争压力日益增大的情况下，非全日制的用工形式有助于促进下岗职工和失业人员再就业，以缓解劳动力市场供求失衡

① 参见邵芬：《我国劳动法适用对象的扩大及其思考》，载《现代法学》2004 年第 3 期。

② 注意笔者此处再次提起该条规定，与前述侧重点不同。前述强调实习劳动关系，此处强调的是课余兼职劳动关系。笔者认为，劳动部的此规定明显与《劳动合同法》第 68 条相互矛盾应当废除。

的矛盾。而不容忽视的是，非全日制用工作为一种新兴的、非主流的就业形势，由于就业方式灵活、劳动关系不稳定、劳资力量不均衡，其各项合法权益难以得到有效保护，特别是其工伤救济问题，已成为保护非全日制用工合法利益的重大难题，需要劳动法发挥不可推卸的调节作用。

由于各国对劳动力需求的市场供需不同，对非全日制劳动关系的法律调控有很大差别。例如，德国的非全日制劳动法律制度已形成了比较完整的体系，专门针对非全日制用工就业形式进行单独的立法。德国《非全日制用工和附期限法》对非全日制用工进行了分类，即正常的非全日制劳动、基于召唤从事劳动和职位分享的非全日制用工[①]。德国《非全日制用工和附期限法》第4条第1款明确规定："非全日制劳动关系原则上适用一般的劳动法规定，用人单位不得歧视非全日制劳动者，对于非全日制劳动者不能做出和全日制劳动者相比不利的对待，除非有实质性理由证明区别对待是公正的。"也就是说，德国的工伤保险覆盖了所有雇员，即只要存在雇佣关系，不论其年龄、种族、性别、收入以及是否具有一个临时或者长期的工作，都被强制成为工伤保险制度的法定被保险人。[②]

《劳动合同法》第五章第三节具体规定了非全日制用工的定义、特征、合同订立、工资、试用期以及劳动关系的终止。但是，该法并没有将这种非全日制劳动关系与一般的劳动关系同等看待。特别是该法第71条明确规定非全日制用工的，"终止用工，用人单位不向劳动者支付经济补偿"。笔者认为，判断劳动关系是否成立有必要借鉴德国法的经验，全面适用"从属性"标准，不能任由一些企业长期雇用学生兼职（甚至出现一个用人单位大多数用工是学生兼职）而不给予员工待遇。所以应在确立此类劳动关系和工资支付的标准、加班以及社会保险、争议的处理等方面与其他劳动者基本劳动待遇一致，至少明确要求用人单位为此类非全日制的员工购买工伤保险和部分养老保险（特别是在多个用人单位兼职从事非全日制工作的农民工更需要养老保险），以保护所有非全日制用工者的合法权益。

三、临时工和劳务承揽的区别与劳动法的调整对象

某一事实上的劳务活动，认定为一般的劳务合同关系，还是认定为劳动法上的劳动关系，对用人单位尤其对劳动者的意义更大，因为它不仅涉及劳保待遇，还涉及社保待遇，以及税收待遇的差别。

《企业所得税税前扣除办法》（国税发［2000］84号）第19条规定："在本企业任职或与其有雇佣关系的员工包括固定职工、合同工、临时工。"由此可见，在计算企业所得税时，也将临时工作为计算计税工资职工人数的范围。企业不用交营业税。临时工本人只按照工资收入纳税，而不是按照单笔收入超过800元缴纳劳务报酬税。

企业根据生产经营的需要雇佣一些临时工。这些临时人员，主要有两种形式：一种是具有雇佣关系的临时人员，通常是指企业在较长期或季节性聘用的一些从事生产经营

---

① 以约定方式采取不固定工作时间形成的劳动关系称为基于召唤从事劳动，雇主同时与多个劳动者对同一职位上分配的工作时间进行约定称为职位分享。

② 参见王倩：《非全日制用工规定的缺陷及其完善》，载《法学》2007年第7期。

或服务（如保洁员）的临时人员。另一种属于非雇佣关系的临时劳务人员，通常是属于企业接受企业以外的人员提供劳务。准确地说，非雇佣关系人员不能称之为临时工，但习惯上，人们将两类人员统称为“临时人员”。两类临时人员在税收上具有不同的待遇。一些企业由于操作上的失误，往往被税务机关将雇员认定为非雇员，而招致税收上的损失，且让临时工缴纳额外的劳务报酬税。而非雇佣关系的人员为企业临时提供劳务，属于营业税的纳税人，在提供劳务后，应到税务机关开具发票，并按规定缴纳营业税、城市维护建设税和教育费附加。企业凭税务机关开具的正式发票，作为原始凭证据以入账，并支付劳务费。如果每次收入在800元以上的，企业应将“劳务报酬所得项目代扣代缴”其应纳的个人所得税。在计算企业所得税时，这部分劳务支出，按规定可以获得税前扣除。与企业具有雇佣关系的临时人员，按照《营业税暂行条例实施细则》第4条的规定，单位或个体经营者聘用的员工为本单位或雇主提供应税劳务，不属于营业税提供应税劳务的范畴，不征营业税。由于存在雇佣关系，企业对临时人员的工资支出，可以凭自制凭证（工资表）作为合法的原始凭证据以入账。当临时工的月工资超过了税法规定的免征额（月收入3000元）时，企业应按工资薪金所得项目代扣代缴个人所得税。

如何界定具有劳动关系的雇佣关系与非雇佣关系呢？从形式上来说，确立雇佣关系必须通过用人单位与劳动者个人协议确定口头（非全日制用工的方可口头协议）或书面的劳动合同。反之，未签订劳动合同的雇佣，则被认定为非雇佣的劳动关系。从实质上来讲，具有雇佣关系性质的临时人员的劳动所得，属于非独立个人劳务所得，其取得的收入在性质上属于工资，而非雇佣关系人员的劳动所得，属于独立个人从事自由职业取得的所得，其取得的收入纯粹是一种劳务报酬。从时间上看，雇佣更具有长期性或至少是一段时间，而非雇佣则具有暂时性、一次性。从提供劳务的方式上来讲，雇佣人员提供劳务往往在受雇企业进行，有时也根据受雇企业的要求，在指定的地点和空间进行，而非雇佣的劳务承揽则不一定，根据劳务人员自己的意愿，可以在受雇企业进行，也可以不在受雇企业进行。

目前，在事业单位人事管理的改革过程中，“与其有雇佣关系的员工，包括固定职工、合同工、临时工”，即同时存在。毫无疑问，这些劳动关系都在劳动法的调整范围内，这些劳动者（包括临时工）都应当受劳动法的保护，其劳保待遇和社保待遇应当逐步统一。

四、劳动关系认定的形式与工程承包劳动关系

根据劳动部2005年《关于确立劳动关系有关事项的通知》第2条规定：“用人单位未与劳动者签订劳动合同，认定双方存在劳动关系时可参照下列凭证：（一）工资支付凭证或记录（职工工资发放花名册）、缴纳各项社会保险费的记录；（二）用人单位向劳动者发放的‘工作证’、‘服务证’等能够证明身份的证件；（三）劳动者填写的用人单位招工招聘‘登记表’、‘报名表’等招用记录；（四）考勤记录；（五）其他劳动者的证言等”。其中，（一）、（三）、（四）项的有关凭证由用人单位负举证责任。在司法实践中，盖有用人单位公章的工牌或工友的证言即可作为劳动关系成立的证据。劳动仲裁委员会应当为作为证人的劳动者保密。

上述通知第四条规定：“建筑施工、矿山企业等用人单位将工程（业务）或经营权

发包给不具备用工主体资格的组织或自然人，对该组织或自然人招用的劳动者，由具备用工主体资格的发包方承担用工主体责任。”也就是说，推定确认发包方为劳动关系的主体，即用人单位。注意，在这种情况下，包工头不能认定为劳动关系的主体。

目前，我国许多拖欠农民工工资的案件与这种转包或层层分包的劳动关系相关。所以，劳动部发布此项推定确认发包方为劳动关系主体的规定对保障农民工是有意义的。立法机关应当将这种劳动关系的认定规则进一步细化和提高立法层次。

第三章 劳动法与社保法的历史与现状

第一节 劳动法与社保法的产生及发展

劳动是人类社会产生与存在的基本条件。在人类社会发展的不同历史时期，人们在劳动中必然形成一定形式的社会劳动关系，即人们在劳动过程中的人与人之间的关系。人类的存在离不开劳动，但并不是有了劳动就有了劳动法。只有社会劳动关系发展到一定阶段，才产生了劳动法。

从全世界范围看，目前人们公认 1802 年英国的《学徒健康及道德法》是第一部现代劳动法；它标志着现代劳动法的产生。德国 1883 年至 1889 年颁布了《疾病保险法》、《工伤保险法》、《老年和残疾保险法》，这是历史上最早的社会保险立法。1907 年的《法国劳动法典》是世界上第一部完整的形式意义上的劳动法。

19 世纪初期，一些资本主义国家陆续颁布了劳动法规（工厂立法）。这一时期劳动法产生的原因，有以下几方面的因素：(1) 劳动法产生于大工业时期是“人类理性”的体现；(2) 劳动法的产生也是资本主义大工业生产的客观要求；(3) 劳动法的产生，是因为在资本主义制度的发展过程中，劳工劳动条件不断恶化，资产阶级国家为协调劳资双方的利益关系，稳定社会经济秩序，而颁布某些改善劳工条件的法律。这个因素是劳动法产生的主要因素。

初期劳动法主要表现出以下几方面特点：(1) 多数是从改善学徒工、重体力劳工、女工和童工的立法开始。(2) 初期的劳动立法，适用范围很小。有的国家的法律只限于适用较大的工厂，并未普遍适用。(3) 初期的劳动立法，虽然法律规定了对某些劳动条件的改善，但一般缺少监督条款、责任条款。

进入 20 世纪以后，各国劳动立法的主要内容包括：(1) 工时立法；(2) 带薪年休假立法；(3) 职业安全与卫生立法；(4) 最低工资立法；(5) 社会保险法；(6) 劳动合同立法；(7) 关于调整劳资关系，处理劳动争议的立法。

俄国在 1918 年由苏维埃政府颁布的《苏俄劳动法典》被称之为人类历史上第一部真正保护工人阶级利益的劳动法。苏联及东欧一些社会主义国家劳动立法及 20 世纪 90 年代以后的变化经历了从全面发展到逐步退化的过程。

我国历史上第一部劳动立法见于北洋军政府时期，即 1914 年 3 月的《矿业条例》及其实施细则。孙中山先生就任广东政府大元帅后，于 1924 年发布了《国民政府工会条例》。这是我国历史上第一部承认和保障劳工结社权利的法律。在旧中国体系中最完备的劳动卫生法是国民政府 1928 年拟定的《劳动法典草案》，但该草案并未正式颁行。

我国历史上第一部真正代表中国劳动者利益的劳动法，是中国共产党成立后的1923年由中国劳工组合书记部拟定并发布的《劳动法大纲》。1931年在瑞金召开的中华苏维埃第一次全国代表大会上通过的《中华苏维埃共和国劳动法》则是第一部由中国共产党领导制定而正式颁布施行的劳动法。

1950年6月颁布的《中华人民共和国工会法》是第一部中国共产党掌握全国政权后颁行的劳动立法。1954年诞生了《中华人民共和国宪法》，原则性规定了劳动者的有关权益。这是新中国第一次也是中国历史上第一次在国家的根本大法中对劳动者的主要权利作出规定，使我国劳动者的权益得到了国家最高权力的法律保障。

中华人民共和国成立以后，劳动立法大体可以分为三个阶段：1949年至1966年为调整这一时期的劳动关系，颁布了关于劳动保护和确立计划经济体制的劳动人事管理的一些劳动人事法令；1966年至1976年“文化大革命”时期劳动立法工作停顿，法制工作被破坏；1978年以后，劳动法制建设取得重大进展，最为突出的是1994年颁布施行了《中华人民共和国劳动法》，2007年以后颁布实施了《中华人民共和国劳动合同法》等一系列劳动与社会保障法律法规。

第二节 当代主要国家的劳动法与社保法借鉴

目前，各国劳动立法的发展趋势从总体来讲，可以体现出以下发展趋势：(1) 世界各国均已颁布适合本国特点的劳动法律法规；(2) 劳动法适用范围不断扩大；(3) 劳动法已成为完整而系统的法律体系；(4) 当代各国劳动法加强了责任条款及处理劳动纠纷的机构；(5) 为保障劳动者的最基本权利，各国劳动法一般均规定了各项主要劳动条件的最低标准；(6) 国际劳动立法的发展，对各国劳动法的影响在不断加大。随着经济全球化和劳动力市场的国际化，各国制定颁布劳动法时，经常要参考国际劳工公约和国际劳工建议书。在此，我们无法一一介绍这些劳动法和社会保障法。出于借鉴和启迪劳动制度创新需要的考虑，我们选取了当代几个主要国家的劳动法和社会保障法对我们有参考价值的规定进行简介和侧重点不同的评析。

一、英美国家的劳动法和社会保障法简析

(一) 英国的劳动法和社会保障法

为促进就业，解决长期存在的失业问题，英国国会于1909年制定了《劳工交换法》(Labor Exchanges Act 1909)，该法被一些学者认为是世界第一部实质意义的劳动法，现在仍然实行。

英国对劳动关系采用的分别立法的形式和普通法（判例法）调整的办法，没有综合性的劳动法典或雇佣劳动合同法。综合这些单行的法律法规可以看出，英国将劳动活动的主体区分为雇员和独立承包人。独立的劳务承包人是承担服务的合同的一方当事人，属于自我雇佣。两者在劳动和社会福利方面是完全不同的。例如，1996年的《雇佣权利法》即明确规定对独立承包人可以不承担解雇补偿或遣散费。

在英国，确定签订雇佣劳动合同，需要由一方明确提出希望签订雇佣而不是单项工作的承包合同。用人单位可以依法提出要应聘者提供相关证明、健康检查、从业资格证

书等；如果是移民劳工，则应当要求应聘者提供政府授予的工作许可等。

英国的劳动法突出的主要内容有：(1) 不直接承认集体劳动合同的法律效力。如果要将该集体协议引入双方的劳动合同中，则需要在个人的劳动合同中明确注明；借以防止用人单位隐瞒对劳动者不利的单位规章制度。(2) 法定合同默示一些规则。对雇员而言，签订劳动合同，即意味着自愿为雇主工作、运用自己对应对价的技能、谨慎忠诚操作、服从合法的指令、看顾雇主财产、保守雇主的秘密等当然默示义务。雇主则法定要承担支付对价工资、保障雇员能安全工作、尊重雇员尊严、提供带薪休假等。这些法定强制性规定不用在合同中另外用条款写明。(3) 连续雇佣规则。一旦同一雇主连续雇佣某员工 2 年以上，在法律上该雇员即享有“不被无特殊理由解雇的权利”，而无论双方签订的每年一签还是多年一签的合同。[①] (4) 雇员手册。应当由雇主根据双方协议提供。该手册必须写明法定的各项工作内容和雇员相应的权利义务。(5) 辞职和解雇。除正常的合同终止以外，非常的终止可以因雇员辞职或雇主依法即时解雇而产生。法定的雇主解除雇员合同可以因严重失职或故意损害雇主重大利益、故意不服从合法命令、因不诚信致雇主受到严重伤害几种缘由。

尽管英国算不上福利国家，但其劳动保障和社会保障体系还是比较完善的。英国是最早建立工厂法、同工同酬法和反歧视法的国家之一。其反歧视法囊括了反性别歧视法、反种族歧视法和反残疾人歧视法等。社会保险法的种类也日趋全面，典型的是其失业救济法不仅采用缴纳保险费的办法，还特别采取了减少大龄解雇以及给雇主减少失业的一些法律责任。

英国 1993 年颁布的《工会改革与职业权利法》是目前英国主要劳动法律之一。它承袭和发展了英国劳动立法中制约集体权利、扩大个人权利的趋势。一方面，它对工会集体行动权设置了更多的障碍，如罢工行动前的雇员全面投票；另一方面，对个人权利的范围充分扩张和程序性的保护。

(二) 美国的劳动法和社会保障法可借鉴之处概述

19 世纪初，美国的“许多法院认为诸如罢工、进行纠察以及拒绝与某些雇主合作等工人协同行动是普通法上的刑事合谋罪”。直到 1842 年才将“刑事责任转变为民事责任”。[②] 1935 年颁布《国家劳工关系法》以及《铁路劳工法》。依照《国家劳工关系法》第 8 条规定，“个别的雇员不能以同雇主达成接受较少的工资的协议，而放弃集体谈判协议的好处”。“雇主和工会始终有权在（集体）谈判协议中设定最低条件，但不禁止个别雇员议定更优惠的条件”。这些缔结劳动合同的最基本的原则至今未变。[③]

目前，美国法院或劳动管理部门在处理劳动法问题时，对于雇员的界定直接决定着各种劳动法律的执行。他们一般会参考美国国税局的相关规定。尽管法院并不需要遵循这些规定。在确定某人是一名雇员还是一名独立合同人时，美国国税局会考虑企业对该工作者的控制程度，至于企业是如何描述工作者的则不起任何作用，企业可以称某人为合伙人、联合投资者、代理人或者独立合同人，然而一旦在法律上某人符合雇员的资

---

① 参见英国《雇佣权利法》第 14 节。

② [美] 道格拉斯. L. 莱斯利：《劳动法概要》，张强等译，中国社会科学出版社，1997 年版，第 1 页。

③ 同①注第 13 页。

格，美国国税局坚持认为企业应该扣所得税并缴纳社会保险和医疗保险中雇员和雇主的份额。

美国国税局的相关规则中有一些要素是用来判定独立合同人地位的。对于一个个体的工作者而言，这些要素符合得越多，企业就越可能雇用了美国国税局所认同的独立合同人地位，而非雇佣劳动的雇员：(1) 控制。如果由工作者而非企业决定何时、何地及如何工作。(2) 雇佣助手。如果由工作者而非企业雇佣、管理并支付报酬给其自己的助手。(3) 工作的地点。如果工作者在其自己的办公室或商店工作，而并非在企业的工作或经营场所内工作。(4) 经济因素。如果工作者按工作获得报酬，或者获得连续的佣金；如果工作者自己支付用于完成工作的设施的费用，比如租办公室；如果工作者可能由于自己的工作获利或遭受损失，比如其有义务支付薪水给自己的雇员。(5) 为其他企业工作。如果工作者有权在其选择的时间内为其所选择的对象工作；如果工作者面向普通公众提供自己的服务；如果某工作者可以同时向几家企业提供服务。(6) 解雇的限制。如果除非工作者满足合同所指明的条款，否则其不能被解雇。在通过对以上这些要素的分析仍然难以明确断定工作者地位的情形下，美国国税局通常会将该工作者视为雇员。这是由于美国国税局认为如果一名工作者被认定为雇员而非独立合同人会有更多的税收。

美国各州关于独立合同人的相关规定美国大多数州都有关于区分雇员与独立合同人标准的相关规定。这些标准主要是为州的税收和失业补偿而制定的，基本上与上面提到的美国国税局区分雇员与独立合同人的要素相同。

二、印度等英美法系国家的劳动与社保法管窥

(一) 印度劳动法简析

目前，印度根据国家劳工组织（ILO）的核心劳工标准，制定了相关法律保护工人的福利和权益。印度在改革的过程中修改制定了一系列旨在解决与劳动相关的各个方面的法规，如劳资纠纷、工作环境、劳动报酬、保险、童工及同工同酬等。在印度宪法对联邦和各邦职权的划分中，劳动属于“联邦与各邦兼有之职权”，因此联邦和各邦对其都有管辖权。中央和各邦都就劳动问题制定了法律。联邦法律将某些与劳动有关的领域交由中央政府下属的部门处理，而另外一些领域则由各邦下属的部门处理。

印度劳动法融合英美普通法和判例法，加上本土宗教伦理以及政治国情因素，在当代很有特色。[①] 一些劳动法条款非常具体详细，例如其劳工赔偿法规定：家属，意为本法中所规定的雇员的亲属，包括：①寡妇、未成年儿子、未出嫁女儿及独自生活的母亲。②作为唯一劳动来源的父亲死亡后，身体衰弱的已满 18 岁子女。③作为唯一或部分劳动来源的劳动力死亡的：A. 寡居者。B. 鳏居者。C. 非婚生未成年儿子，未出嫁非婚生女儿，出嫁未成年女儿，寡居未成年女儿。D. 未成年兄弟或未出嫁姐妹，或是未成年寡居姐妹。E. 寡居养女。F. 病危儿子的未成年儿子。G. 病危的女儿的未成年儿子，且其父母无一在世的。

---

① 关于印度的劳动法的介绍综合参考印度政府劳工部网站和印度驻华大使馆网站。2014 年 11 月 3 日登访 http://www.indianembassy.org.cn/Chinese/DynamicContentChinese.aspx?MenuId=25&SubMenuId=0。

印度现行有效的主要劳工劳动法律法规有：（1）劳动争议法（Industrial Dispute Act，1947年），规范有关对劳工停职、解雇、资遣，及企业关闭、出售时应循事项等事宜；未遵守规定者处6个月有期徒刑并处1000卢比罚金。（2）女工产假法（Maternity Benefit Act，1961年），女性劳工不论是正式或契约工，只要过去12个月内工作满80天以上者，不论在怀孕、生产、流产或因以上情形引起的疾病时均适用；未遵守规定者处3个月有期徒刑并处500卢比罚金。（3）员工红利法（Payment of Bonus Act，1965年），劳工法规定最低红利为劳工薪资的8．33%（即一个月所得），最高为20%，唯公司设立的前5年发生亏损时可不发红利；未遵守规定者处6个月有期徒刑并处1000卢比罚金。（4）离退休金法（Payment of Grutuity Act，1972年），雇用劳工10人以上的企业，其各级劳工包括职员工作满5年以上因死亡、退休或离职时，每1年可获相当于最后期间半个月月薪（乘以15天除以26个工作日）薪资，最高限额为35万卢比，该法亦明文规定雇主在符合特定条件下可拒付离职金。（5）劳工补偿法（Workmen's Compensation Act，1923年），规范各劳工因工作造成伤害或死亡之补偿事宜，但不包括公司办公室职员。（6）招聘雇用法（Industrial Employment Act，1946年），凡雇用劳工人数在50—100人以上的企业（包括在中央及州政府决定下可适用至100人以下的企业）均适用本法；本法规定雇主应明确规定劳工的假期、分班、薪资、请假、离职等各项雇用条件。（7）最低工资法（Minimum Wages. Act，1948年），该法附表定有部分产业最低劳动工资由中央政府及州政府负责修订，另外中央政府还规定了无技术劳工的最低工资。（8）工资支付法（Payment of Wages Act，1936年），规范雇主在限定时间内应支付某些劳工工资，不得扣减；（9）劳工退休基金及他项规定法（Employees Provident Fund and Miscellaneous Provisions Act，1952年），提供强制性的劳工储蓄规定，以保障劳工退休；雇用员工50人以下，员工需提出其基本薪资及津贴的10%，50人以上提12%，员工因特定理由可提领部分基金；未遵守规定者得处1年有期徒刑并处5000卢比罚金。（10）休假。员工在工作满240日后，每20日可有1日支薪之年假（annual leave）。（11）劳工保险。依职工保险计划（Employees State Insurance Scheme），雇主负担额依员工薪资水平而不同，平均为5%。（12）女工照顾。女工原来禁止上夜班，迟至2005年始方开放，软件公司、电话中心及BPO需为上夜班女性劳工提供交通车等安全措施。

（二）澳大利亚劳动法要义

目前，根据2009年7月1日公布的澳大利亚劳动立法《2009年公平工作法》，澳大利亚建立了新的劳动与社会保障机制。其主要规定了：（1）全国雇佣标准（NES）。一个新的安全网（或称最低雇佣标准）。（2）现代劳资裁定。重整和重新修订劳资法完成的新内容。（3）工会的作用。（4）集体谈判——集体合同的一种新的形成形式。（5）工人运动（individual action）。（6）最低工资。（7）对不公平解雇的处理。（8）劳动权利保护。

劳资纠纷解决机制也依照上述此法进行了重大改革。劳资关系解决机制包括了公平工作监察机构的监察员（inspector）、辅助自愿解决小组（assisted voluntary ）。在澳大利亚，主管劳工事务的是"公平工作局（Fair Work Ombudsman）"。

根据该法的规定，所有的澳大利亚雇工分为：全职（full time）、半职（part time）、临时工（casual）和合同工（contract）4种。任何付报酬雇用他人劳动的雇主必须在付给员工工资的一个工作日内，把工资单以电子文档或打印文档的形势给雇员，并且雇主自己要备份。工资单上必须有以下信息：雇主公司的名字、雇主的澳洲商业号(Australian Business Number － ABN)；雇员的名字、付工资的日期；所付工资对应的日期段；总共付的钱（gross and net amount of pay）；任何的补贴，奖金和该员工已积累年假；如果雇员是小时工，要注明每小时的工资，工作时间和计算的总共金额；如果雇员是年薪的，要注明这个日期段所付的总金额。任何的扣除，譬如说养老金；雇主为雇员在这个日期段所付的养老金．要注明雇员养老金的公司名。临时工是没有年假和病假的，但是你的雇主需要付给你15%到20%的额外的钱以作补偿。如果家庭成员或直系亲属有人过世可以享受一年最多3天的丧假。产假是没有工资的，除非劳动合同有特殊条款。如果是拿年薪的，加班是没有额外的报酬的。如果周末需要加班可以以后补休一天或二天。如果是小时工，正常时间外的加班前3个小时的工资是平时的1.5倍，之后的是2倍。全职或半职的雇员在合约解除时补偿包括未用完的年假、附条件的解雇费(redundancy payment)（有条件）、长期服务假（至少为同一雇主连续工作7年）以及合同里注明的其他费用。雇员犯严重错误的可以不需要提前通知即可解雇，即是指偷东西、欺骗、不听从雇主合理的符合雇用合同的指令（消极怠工），故意的和不符合雇佣合约的某些行为而使工作环境变得不安全或使雇主的信誉、竞争力、收入受到损失。

（三）新西兰劳动法概要

新西兰的劳动法大的框架和澳大利亚的劳动法有相似之处。新西兰有关劳动关系的立法主要有三部：1894年颁布的《工业调整及仲裁法》、1991年颁布的《雇佣合约法》以及2000年颁布，2004年修订的《劳资关系法》。这三部立法都有着不同的社会、经济、政治背景，因此有着明显的区别。

新西兰的《工业调整及仲裁法》与当时的凯恩斯主义思想的社会经济学的思想相符。凯恩斯对传统的自由经营论进行了革命，摒弃了“供给会创造它自身的需求”以及“普遍意义的生产过剩危机不会发生”这种传统观点，明确承认经济危机和严重失业这种经济现实，提出“有效需求原理”：认为总就业量取决于“有效需求”，市场经济无法自律，并不会自动产生一个和谐的市场经济的一般均衡倾向，在没有政府干预的情况下容易产生有效需求不足，不能达到充分就业[①]。《工业调整及仲裁法》作为新西兰贸易保护主义的产物，便在这样的社会和经济环境下应运而生，这是一部鼓励构建产业联盟、通过调解和仲裁方式解决劳资纠纷的法律，规定了高度集权化和正式化的工资固定制度：第一，具体的工人的管辖权由经政府注册的公会享有，工会会员资格强制，消除工会会员间的竞争，以便政府更好地管理；第二，劳资薪酬实行“地毯式”覆盖，工会一旦与一家雇主（或者一群雇主）就某一纠纷达成协议，就自动延伸到全国该特定领域或者职业领域所有的劳资之间——基本上消除了雇工之间的薪酬竞争[②]；第三，通过全面的最低工资和工作条件要求给予工人极大的保护并且对劳资薪金纠纷实行强制仲裁，大大促进了劳动关系中关于薪酬纠纷的公平解决；第四，严格限制工人的罢工和停工，

① ［英］凯恩斯：《自由放任主义的终结》，载《凯恩斯全集》，第4卷，2005年，第118页。

② Hinton，James，Law－Breaker and the Coming of the Law，Biblio Life，2009，p58。

最大程度减少社会中的不安定因素；第五，通过工薪阶层福利的国家再分配效应使全社会实现了高水平的平等、公平和平均主义，同时也使新西兰经济上取得了高速发展，成为当时全球 GDP 增长率最高的国家之一。[①]

新西兰的《雇佣合同法》与《工业调整及仲裁法》相比，第一，实现了从集体雇佣关系到个人雇佣关系的转变，雇佣关系是雇主和雇员之间的私人合约关系，雇主分权地确立以企业为基础的工资方式，从而增加了雇主的权力，雇主能够弹性地处理自己的企业工资管理制度，提高了雇主的生产热情，大大促进了生产力[②]。第二，雇主和雇员自主抉择和制定关于劳资关系的契约，政府不应该有太多的限制，因此雇主和雇员之间权力即使不平衡也是无关紧要的。第三，强调劳资关系是一种纯粹的私人行为，无论雇主还是雇员都可以自由地接受这种关系。并通过契约完善这种关系，当一方违背契约时，雇员可以拒绝工作，而雇主可以解雇雇员，工会是无关紧要、不需要的第三方。第四，雇佣关系纠纷以及不公平的财富再分配纠纷不再沿用国家劳资仲裁制度，取而代之的是包含个人申诉程序的个人合约法例，并引入企业商讨的方式，令劳资关系纠纷解决方式变得更有弹性。

新西兰的《劳资关系法》首先强调，劳资关系调整建立在劳资双方自我协商基础之上，无论是劳资关系的建立、劳资关系的维护还是劳资关系的终结，大多是劳资关系双方自主确定和协调，但是在严密的法律框架下，劳资关系双方的各项活动又都在法律规定的范围和轨道上进行[③]。其次，强调雇主与雇员和解的过程，靠这种和解，双方能够相互适应、相互合作与相互协调，能够形成以维护和谐关系为主要目的的工作共同体。第三，提倡工会进行合并，把那些想要寻求共存的、互补的关系的工会联系在一起，建立起以行业为主的工会组织。并积极协助企业提高工人的技能水平，为经济的高速增长，劳动生产率的提高而努力，最后形成同企业走向社会伙伴关系的工会结构[④]；第四，在诚信制度方面作了许多规定，例如规定了一些诚信义务，要求劳资双方应该本着诚信的原则。在劳资关系之间建立起建设性的雇佣关系，不直接或者间接地误导或欺骗对方或采取容易误导或欺骗对方的任何行动，承认之前劳资双方权利和地位的不平等。以立法的方式提出了通过集体协商的方式解决劳资关系这一内在的不平等；第五，接受习惯、风俗、传统、政策的执行以及行政和司法机构在必要时调节劳资关系，不排斥政府提出的规则、协定和奖惩制度的干预导向措施，特别是对有可能影响社会公众利益的劳动争议，基本上需要政府调解解决。

加拿大的劳动法和美国有更多相似之处，这里不多赘述。

三、法国劳动法的发展及其最新修订法典评介

《法国劳动法典》在 19 世纪初颁布以后进行了几次大的修改，特别是在第二次世界大战以后几乎每 2 年都要修订或颁布一些新的劳动法律条款。法国劳动法的渊源有三大

---

① 关于新西兰劳动法的介绍部分参见田卫国：《新西兰劳动法的诚实信用原则及我国劳动法的借鉴》，载《中国物价》，2011 年第 1 期和四川大学法学院民商法学硕士 2011 级曾庆渝的毕业论文。

② Laurence Claus，Law's Evolution and Human Understanding，Oxford University Press，2012，p126

③ Brentano Lujo，Relation of Labor to the Law of Today，Biblio Life，2009，p53

④ Hinton，James，Law-Breaker and the Coming of the Law，Biblio Life，2009，p145.

类：第一类是国际劳动立法和欧盟立法，这类立法是国内法必须遵循的。第二类是国内法，包括宪法、劳动法律法规和最高法院的司法判例以及刑法有关规定。第三类是行业性规范，主要是行业集体合同、行业或企业惯例。这些不同形式的规范，制定主体是不同的，有的是公共权力机构制定的，如国内劳动立法、欧盟立法，以及法国批准或者参加的国际性和地区性公约；有的则是非公共权力机构制定的，包括双方性规则，如集体合同或者集体协议，也包括单方性规则，如企业惯例。①

现行有效的《法国劳动法典》在2014年5月和8月又进行了重大修改。根据法国政府官方法律网站公布的最新条文归纳，其主要有以下8个主体部分内容：②

总则和第一部分个人劳动合同法的一般原则性规定，包括社会对话、企业与劳动者的劳动权利和自由、各种反歧视、男女职业平等、残疾人特殊保护、解雇与社会责任等法律基本要求。

第一部分为个人劳动合同法。主体内容包括：劳动合同的构成和履行、招聘与求职、职业选择自由；招聘方式、招聘行为和招聘对象；劳动合同的界定标准；界定标准的实际应用；劳动合同的种类和效力；劳动合同的有效条件和后果；固定期限劳动合同；固定期限劳动合同订立次数、续订和期限届满的限制；固定期限劳动合同的订立和内容；固定期限劳动合同的解除和终止；雇主违反固定期限劳动合同规范的法律责任；临时工作下的劳动合同（劳务派遣）；劳动力派遣中三方主体之间的法律关系；非全日制的劳动合同；无固定期限劳动合同的订立和内容；劳动合同约定条款的合法性；劳动合同的履行；劳动合同当事人的主要义务；雇主的权利与内部规章制度；企业转让下的劳动合同；劳动合同的中止；引起劳动合同中止的主要原因；无固定期限劳动合同的变更；内部规章与纪律处分；无固定期限劳动合同的解除、因个人理由的解雇、解雇的种类、解雇程序及其违法责任、解雇的实质要件和违法责任、禁止解雇的情形及其违法责任；因经济理由的解雇、企业经济性裁员、因经济理由解雇的含义和种类、因经济理由解雇的程序、维持岗位计划、对因经济理由解雇的实质要件的监督、解雇通知和被解雇雇员的权利；解雇中的共同规范、预告期、补偿金、善后事宜；合同终止、辞职；双方协商解除劳动合同；雇员退休；不可抗力和司法解除；劳动合同争议的解决与劳动仲裁。

第二部分为集体劳动合同。主要包括：职业工会、企业委员会、政府等社团代表、工会代表的权利义务、工会的宪法和民事法律地位、工会权利的行使、资方代表与工会代表的关系；集体协商与集体劳动合同、集体劳动合同的法定权利内容和目的、集体协商和集体协议的条件。

第三部分为工作时间、工资、分红与员工持股和储蓄账户。主要包括：工作期限、休息、休假、法定带薪和非带薪休假、假期积累、青年特殊假期、工作休息和休假期间

---

① ［法］杰拉德·里昂·卡昂，让·贝雷思耶：《劳动法学》，法国德洛兹出版社，1992年法文版，第11页－51页（Gerard Lyon－Caen，Jean Pelissier：Droit du travail，Edition Dalloz，1992，p11）。

② 参见法国政府官方法律网站的现行最新立法栏目的“劳动法典”的目录。最后访问于2014年11月2日。http：//www. legifrance. gouv. fr/affichCode. do；jsessionid＝5EA22229DE00FFD1630CF1A7FE69CE7E. tpdjo13v _ 1？ idSectionTA ＝ LEGISCTA000018764573&cidTexte ＝ LEGITEXT000006072050&dateTexte ＝ 20140814

的控制；工资和各类福利酬金、男女同工同酬、工资的确定、工资的支付、工资保护、交通费、职工就餐、假期旅行支票的用人单位责任；劳动成果的分享、单位法定分红制度、员工持股、员工储蓄计划、统一分享体系；海外省相关劳动基准制度。

第四部分为劳动卫生健康与劳动安全。主要包括：劳动保护的一般规则；预防职业病和相关的离岗退休制度；劳动者的身体锻炼和健康状况知情权；各类劳动者的特殊保护原则；准许参加职业劳动的年龄；女工怀孕、产期、哺乳保护；禁止开工的各种要求；工作地点和环境条件；用人单位对工作地点的各种义务；工作场所健康卫生和生产设备的提供；爆炸、化学、生物危险、噪音、机械伤害、辐射等危险的预防；单位内部和外部预防劳动危险联系机制、职工居住、食物安全和其他民事活动保障；劳动卫生和安全保护机构及其责任；劳动事故紧急救助机制。

第五部分为就业调控制度。主要包括：就业政策、失业救助、帮助就业的特殊要求、初次就业再就业和政府干预帮助、失业者创业帮助、伤残劳动者就业、外国劳动者就业、就业服务公共机构和服务场所的提供、国家就业信息服务系统、求职者的权利和义务、非自由职业者求职政府补贴、失业保险金政府补贴、国际流动就业者的保护等。

第六部分为职业培训和其他长期职业活动。主要包括：职业培训权平等；职业培训的机构、政府、地区职责；培训合同；职业培训中心、职业培训经费、培训的检查和日常监督、继续教育职业培训、再就业职业培训经费、职业进修合同、全员培训的组织、职业经验认定证书的效力等。

第七部分，特殊行业和职业活动特殊保护规范。主要包括：职业记者的职业许可；表演、模特、广告行业的从业者；物业管理人和保安从业者；家庭服务工；私人服务雇佣；企业经理劳动合同；劳务派遣公司等。

第八部分，劳动法的施行。主要包括：劳动监察、劳动监察的方式和职责、劳动监察体系；与违反劳动法的行为作斗争、违法用工、贩卖劳工、潜在的非法用工、无工卡雇用外国劳工、规避劳动法的经常性雇用临时工等。

最后一部分是附则，规定了有效的劳动法特别法的目录和行政法规目录。

法国劳动法除了作为基本法的法典以外还有《首次就业合同法》《反歧视法》等单行法律法规。而这些新近颁布的单行法是法国独有的，对我们借鉴意义更大。例如，2014 年 4 月 11 日的法案规定，晚上 6 点后到早上 9 点之前的非正常工作时间，公司将不被允许向员工发送电子邮件，也不可以向员工打电话，包括在法国的外国公司。如果用人单位非常紧急或故意无故坚持在这一期间这样做，将视为加班半天到一天，支付双倍加班工资，或计入加班假期累计账户。用人单位长期这样做，违背了加班限时规定的，即使员工自愿，也必须给予行政或司法处罚。这是因为他们认为它对不加班的人构成了不平等。

对反就业歧视而言，法国劳动法部的定义是：反就业歧视“是指所有有关雇员的决定（聘用、优待、惩罚、解雇、培训等），应当根据职业准则的要求；在劳动就业的任何人事安排方面，不应当考虑劳动就业以外的（性别、信仰、体貌、国籍、私生活等）任何因素；否则，即构成歧视，应受到民事或刑事的处罚”。显然，这些都只是一个概略的定义或通俗的反就业歧视行为解释，不是法定的全部反就业歧视行为的界定。法律的界定将“以《刑法典》第 225－1 条到第 225－4 条和《劳动法典》第 L1131－1 到

1134－5条的规定为准”。根据上述法律，法国现行的歧视行为可以归纳为14类，即“因出身、性别、风俗习惯、性取向、年龄、家庭状况或怀孕、真实或推测属于或不属于某人种民族国籍、政治观点、工会或互助活动、宗教信仰、身体外貌、姓氏、健康状况或残疾，而区别对待。”同时，“还包括因起诉歧视行为或为反歧视行为作证而受歧视的”。①

四、德国和日本劳动法及社会保障法简要评析

（一）德国劳动法和劳动社会保障法简析

在德国，现行的调整劳动法律关系的法律，除了《民法典》之外，还制定了几十部专门法规，包括工资待遇类、劳动保护类、雇员参与企业管理类、外籍雇员类等多个领域的单行法，而标准劳动合同则是由《基本法》第9条第3款“结社自由”加以确认的。《基本法》第3条权利平等条款、第11条劳动者流动自由条款、第12条选择职业的自由条款以及第20条和第28条关于主权在民的规定，都是劳动法十分重要的法律渊源。目前，判例法也是德国劳动法的主要法律来源。

单独的成文法突出的有：1949年4月9日颁布的《集体协议法》确立了集体协议的合法地位，1952年颁布的《企业委员会法》规定了工人团体在第二次世界大战后仍能代表工人处理劳资关系。共同决策制度也能适用于所有公营私营企业。两德统一后，西德劳动法除依据《基本法》第30条“统一法令”的规定在退休和养老金等问题上另有安排外，绝大多数为统一劳动法所吸收。在现实，德国事实上采取法律规定、劳资协议、单独约定三者结合的劳动法构成体系。既保证了雇员的基本利益和最低保障标准，又允许通过劳资谈判、单独约定等实现了一定的灵活性。

在德国劳动法被界定为雇佣劳动力的法，是调整有关雇主和雇员及其成员相应组织所订立的集体协议关系的法。作为民法的一个组成部分，劳动法中没有国家直接干预劳资关系的规定，只是简单适用雇佣合同的民法规定。然而，国家也十分重视雇主与雇员间的不平等关系，并加强对雇员的保护，因此，劳动法中有相当多的规定，旨在调整劳资关系的平衡。另外，在原先由民法调整的某些领域也加入了许多公法的内容。但劳动法仍不完全适用某些有关单独规定的雇佣关系和国家公务人员。劳动法的适用范围为占总就业人口一半以上的非独立就业人员，不包括企业法人、公务员、自由职业者。许多别的法律也调整雇佣关系和劳资关系双方的谈判。加上习惯法的适用，使劳资双方有明确的权利义务，调动了双方积极性。

实质意义上的德国劳动法和劳动保护法，涵盖了劳动者的基本权利、就业政策、工作条件、社会保障、工资制度以及劳动关系、劳动监督等方面。

在劳动关系的确立和解除方面。德联邦劳动局及其分支机构和下设的就业信息中心有责任提供各类就业信息；雇主和雇员也可通过媒体或其他渠道获得相关信息。劳资双方通过签订劳动合同，约定工作种类及地点、劳动条件、工资水平、工作时间、带薪假天数、解雇通知期限等。劳动合同可以协商终止、期满终止、解雇终止、判决终止，企

① 原文见法国劳动部网站“反歧视保护”专栏 http：//www. travail. gouv. fr/informations－pratiques，2014年11月4日访问。

业转产、停产倒闭或雇员意外死亡时，也可终止劳动合同。

劳资协议的主要内容包括有效期、不能私自改变的法律强制性规定的必选内容，如工作时间、解雇条件、休假权、调解事宜等。劳资协议往往会规定一系列开放条款，涉及工作时间安排、加班、起步工资、缩减年度特殊津贴、降低基础工资等方面。为保护雇员安全与身体健康，德国制定了工作时间法，对工作、休息时间作出强制规定，同时在工作时间的具体安排上给予灵活性。

在员工解雇的特殊保护方面，为防止企业随意解雇职员，解雇保护法规定，10 名雇员以上的企业适用解雇保护。除因雇员个人原因（如工作态度差、泄露公司机密等）可立即辞退外，雇员依法享受解雇保护。怀孕、生育、服兵役雇员、残疾职工不得解雇。正常辞退必须符合社会公正原则，并提前一定时间通知。因企业经营问题解雇员工，雇员可以要求获得经济补偿。

德国劳动法也有职工共决权。企业应根据雇员人数，建立职工委员会等相应机构，代表雇员参与管理与决策。

德国特殊的劳动保护法要求，雇主有义务定期评估工作条件，采取相应预防措施；针对技术性工作采取相应保护措施；针对孕妇、青少年等弱势群体及服役人员提供特别保护。

（二）日本的劳动法与劳动社会保障法简析

日本当代劳动法应当说产生在第二次世界大战以后。1946 年日本根据盟国命令修改的新《宪法》颁布了劳资关系调整法，规定了集体劳资纠纷的解决途径。次年又颁布了劳动标准法和职业安定法等法律。1949 年颁布了《工会法》，加强了工会的集体谈判地位和集体行动权，并规定设立三方性的劳动委员会。后来，这些法律都经过了多次修改和补充。至 20 世纪 70 年代，日本已形成了比较完整的劳动和社会保障法律体系。

日本劳动法大致有以下几类：（1）劳资关系法。主要调整工会与雇主之间的集体劳资关系事宜，包括《工会法》《劳资关系调整法》《国有企业劳资关系法》等。（2）劳动标准法。它主要规范个人劳动关系中劳动条件的最低标准，包括《劳动标准法》《工资支付保障法》《最低工资法》等。（3）劳动安全卫生法。包括《劳动安全卫生法》《工作环境检测法》等。从概念上讲，它亦属于上述劳动标准法范畴。（4）女工保护法。主要包括《女工平等机会和待遇及女工福利改进法》，亦属于劳动标准法范畴。（5）职业保障法。包括《就业促进法》《职业安定法》《老年人职业稳定法》《残疾人就业促进法》等。（6）人力资源开发法。这方面主要有《人力资源开发促进法》。（7）社会保险法。包括《工伤赔偿保险法》《雇用保险法》等。（8）职工福利法。包括《职工财产积累法》《小企业退休津贴互助法》等。

在日本，如同在其他许多国家一样，劳动法一般适用于所有雇员，而不管雇用者性质如何。它既适用于蓝领、白领雇员，也适用于公共雇员（Public employees），其中包括公务员。适用于公共部门雇员的劳动法与私营部门劳动法有很大的不同，尤其是在集体劳资关系的调整上，这些不同规则是对公共雇员权利的限制，这种限制只有出于他们的特殊身份考虑和避免公共生活混乱所必需时才被认为是正当的。许多学者认为这种划分是有道理的，但更重要的划分应当是个人劳动法和集体劳动法。个人劳动法的基本法律依据是日本宪法第 27 条，它规定有关工资、工时、休息及其他工作条件方面的标准由法律规定。集体劳动法的宪法依据是第 28 条关于保障工人团结权、集体谈判和集体行动权的规定。集体劳动法可以划分为三个部分：有关工会组织的法律规定、有关集体谈判的法律规定、有关劳动争议中产业行动的法律规定。

不公正劳动行为，是日本劳动法中一个重要的概念。根据《日本工会法》，雇主采取下列行为均属不公正：因雇员是工会会员，或因雇员加入工会或按工会决定采取正当行动而解雇雇员；以雇员不加入工会或退出工会为雇用条件；无正当理由拒绝同所雇用的雇员代表举行集体谈判；对工人成立工会或开展工会活动进行控制和干涉；以工人提出控告、申诉或者出庭作证为由而解雇工人或采取其他不利于工人的措施。显然，确定不公正劳动行为，目的是维护工人的结社权、集体谈判权和工会活动权。

第三节　我国劳动法和社保法现状及其存在问题

一、我国现行的劳动法和社会保障法主要法源

我国现行的劳动法与社会保障法在体系上由多层次的法律法规构成。初步了解这些法律法规，可以在宏观上大体把握我国劳动与社保制度的概貌，便于找法和执法。当然，更详细的规范需要在以下各编的具体章节中深入探究。有些学者将这些法律法规分为制定法和非制定法，我们认为不准确。司法解释是授权立法，也是制定法，不能确定为非制定法。①

（一）宪法

我国制定劳动法和社会保障法是以宪法为依据的。《宪法》确立了制定劳动法和社会保障法的原则性规定。《宪法》第 42 条规定了公民劳动的基本权利和义务。《宪法》第 42 条和第 19 条的规定被确定为劳动者有享受职业培训的权利和义务。《宪法》第 6、44、45 条的规定被确定为劳动者享有按劳分配和社会保险的权利。《宪法》第 43、42 条的规定被确定为劳动者享有休息和劳动安全卫生保护的权利。《宪法》第 35、16、17 条的规定被确定为劳动者有组织工会和民主参与的权利。《宪法》第 4、48 条的规定被确定为在劳动方面男女平等、劳动者民族平等的原则。

（二）法律

法律是由全国人大及其常委会制定或修改的规范性立法文件。现行有效的劳动法和社会保障法包括：作为民事和劳动与社保基本法的《民法通则》《劳动法》《社会保险法》；作为单行法的《劳动合同法》《就业促进法》《工会法》和《劳动争议调解仲裁法》等；相关法律有《妇女权益保障法》《残疾人保障法》《公司法》《刑法》《民事诉讼法》等。

（三）行政法规

行政法规是由国务院及其部委制定的规范性文件。目前主要有国务院颁布的《劳动合同法实施条例》《职工带薪年休假条例》《劳动保障监察条例》《城镇居民最低生活保障条例》等相关条例。

---

① 参见林嘉：《劳动法与社会保障法》，中国人民大学出版社，2014 年 1 月版，第 33 页。

同时，还有一些是国务院以规定、决定或办法的形式颁布的行政法规，例如《国务院关于职工工作时间的规定》《企业职工带薪年休假实施办法》《国务院关于职工探亲待遇的规定》《外国人在中国就业管理规定》《全国年节及纪念日放假办法》等。

其他关于劳动和社保的行政法规主要是由国务院各部委报经国务院批准制定的具有法规性质的规范性文件，例如劳动部颁布的《集体合同规定》《就业服务和就业管理规定》《劳动和社会保障部关于对事实劳动关系解除是否应该支经济补偿金问题的规定》《违反和解除劳动合同的经济补偿办法》《企业职工患病或非因工负伤医疗期规定》《工资支付暂行规定》《关于非全日制用工若干问题的意见》《企业经济性裁减人员规定》《关于禁止侵犯商业秘密行为的若干规定》《劳务派遣暂行规定》《职工工伤与职业病致残程度鉴定标准》《企业职工患病或非因工负伤医疗期规定》《违反〈中华人民共和国劳动法〉行政处罚办法》《违反和解除劳动合同的经济补偿办法》以及劳动部《关于贯彻执行〈中华人民共和国劳动法〉若干问题的意见》等。

地方行政法规必须有地方人大授权或符合地方行政法规的构成要件的才具有法律效力。

对于文件本身没有法律效力的部门规章和政策性规定，例如某些部门的通知或意见，必须有法律法规特别授权性规定才能作为执法的具有法律效力的规范。

（四）地方性法规

省、直辖市、自治区和具有立法权限的特别行政区具有制定地方法规的权力，它们颁布的地方条例中有关劳动与社会保障的条例或实施办法等在一定的区域内具有法律效力。例如，《北京市实施中华人民共和国残疾人保障法办法》《上海市贯彻妇女权益保障法实施办法》等。

（五）司法解释

直至 2013 年年底，最高人民法院先后颁布了 4 个《关于审理劳动争议案件适用法律若干问题的解释》。这些司法解释的条款同样具有法规效力。最高人民法院和最高人民检察院明确规定具有执法效力的其他关于劳动与社保的法规性文件，是司法解释的组成部分，应当一体遵行。

（六）国际公约

凡是我国签署承认的国际公约，在我国有一体遵行的法律效力，甚至有高于国内法的法律效力。目前，我国是国际劳工组织的成员国，已经先后批准参加了包括《消除就业和职业歧视公约》《家政工体面劳动公约》等在内的有关公约 27 个。

一些学者还在上述法律渊源之外列举了最高人民法院判例指导、用人单位的规章制度、集体合同等“我国劳动法的非正式渊源”。[①] 我们认为，我国是成文法国家，上述这些不能成为我国的法律渊源。至于最高人民法院以批复或司法解释形式指明的某些劳动争议案件的规范性规定，可以理解为判例法，成为我国法律的渊源之一。而单位规章制度和集体合同，都只能是不同形式的合同约定的内容，不能作为法律渊源。

---

① 参见林嘉：《劳动法与社会保障法》，中国人民大学出版社，2014 年 1 月版，第 36 页。

二、我国的劳动人事制度改革与立法目标

经过多年的努力，中国劳动法制建设基本上建立了适应市场经济体制的法律制度，主要体现在：(1) 基本形成了完整而系统的劳动法律体系；(2) 劳动法的适用范围不断扩大，从原来只适用于国有企业的法规，逐步扩大到一切企业，包括外商投资企业、私营企业、个体经济组织等；(3) 初步建立了最低劳动标准，为维护劳动者的各项基本权利，在最低工资、每日工作时间、休息休假、安全卫生等方面建立了法定最低标准；(4) 为适应市场经济体制的建立，在社会保障改革过程中，建立了法定的多层次的社会统筹与个人账户相结合的社会保险制度；(5) 普遍实行劳动合同与集体合同制度；(6) 不断完善解决劳动争议的程序法。

现阶段我国通过劳动人事制度的改革和先后颁布实施劳动法和劳动合同法等一系列不同层级的劳动与社会保障法律法规。这些法律法规的主要特点表现在：(1) 基本适应我国现阶段市场经济体制对劳动力市场的要求，如劳动合同制的实施，经济性裁员的规定等；(2) 内容体系结构完整，囊括了涉及劳动关系双方权利义务的所有内容，并规范了解决争议的程序、法律责任、监督检查等内容；(3) 原则上规范了最低工资、工时休假、职业安全与卫生、女工与未成年工特殊保护、职工奖惩等重要劳动标准；(4) 为适应现阶段我国劳动就业的总体形势特点，在劳动合同、法律责任等项规定上，突出了对劳动者权利的保护。

根据关于全面深化改革的中共中央决定，我国未来劳动人事制度改革的目标是要建立城乡统筹的人力资源市场机制，建立经济发展和扩大就业的联动机制，健全政府促进就业责任制度。规范招人用人制度，消除城乡、行业、身份、性别等一切影响平等就业的制度障碍和就业歧视。完善扶持创业的优惠政策，形成政府激励创业、社会支持创业、劳动者勇于创业新机制。完善城乡均等的公共就业创业服务体系，构建劳动者终身职业培训体系。增强失业保险制度预防失业、促进就业功能，完善就业失业监测统计制度。创新劳动关系协调机制，畅通职工表达合理诉求渠道。

宏观调控应着重保护劳动所得，努力实现劳动报酬增长和劳动生产率提高同步，提高劳动报酬在初次分配中的比重。健全工资决定和正常增长机制，完善最低工资和工资支付保障制度，完善企业工资集体协商制度。改革机关事业单位工资和津贴补贴制度，完善艰苦边远地区津贴增长机制。健全资本、知识、技术、管理等由要素市场决定的报酬机制。扩展投资和租赁服务等途径，优化上市公司投资者回报机制，保护投资者尤其是中小投资者合法权益，多渠道增加居民财产性收入。

坚持社会统筹和个人账户相结合的基本养老保险制度，完善个人账户制度，健全多缴多得激励机制，确保参保人权益，实现基础养老金全国统筹，坚持精算平衡原则。推进机关事业单位养老保险制度改革。整合城乡居民基本养老保险制度、基本医疗保险制度。推进城乡最低生活保障制度统筹发展。建立健全合理兼顾各类人员的社会保障待遇确定和正常调整机制。完善社会保险关系转移接续政策，扩大参保缴费覆盖面，适时适当降低社会保险费率。研究制定渐进式延迟退休年龄政策。加快健全社会保障管理体制和经办服务体系。健全符合国情的住房保障和供应体系，建立公开规范的住房公积金制度，改进住房公积金提取、使用、监管机制。

三、我国劳动与社会保障立法亟待解决的问题

毫无疑问，我国劳动人事制度的改革还存在诸多体制性的问题。根据前述党中央的深化改革的决定，我们认为，未来我国劳动法和社会保障法需要解决以下重大制度问题：(1) 农民工融入统一劳动力市场体制的障碍和立法清除。(2) 普通公务员纳入劳动合同法的适用范围。(3) 劳动者自由流动的法律保障。(4) 家政工劳动全面保障的法律体制。(5) 招聘法律制度的公正性。(6) 平等提供具体就业信息的国家义务。(7) 教育部门提供中长期大学生就业预警机制的义务。(8) 建立实习劳动保障机制。(9) 国有公司劳动人事法律制度改革的立法目标。(10) 高级管理人员竞业禁止与身份回避义务。(11) 工伤认定制度科学化。(12) 职业病认定程序及其预防制度。(13) 竞业限制中的用人单位过错。(14) 我国罢工权立法的过去、现在与将来。(15) 国有公司高管人事权规制与预防国有资产流失。(16) 利用竞业禁止遏制国企高管跳槽致国有资产流失。(17) 完善职业病防治和检测及赔偿法制。(18) 如何提高我国工会组织的法律权利。(19) 预防过劳死和员工自杀现象的法律体系。(20) 员工自杀诱因责任的侵权认定。(21) 从个人所得税变“工薪税”看劳动者的全面保护。(22) 企业高管劳动人事经理经纪人制度。(23) 执业身份资格制度改革。(24) 高管薪酬制度改革。(25) 员工作证特殊保护制度。这些法律问题应该作为未来我国社会劳动与社会保障的重大课题。

第四节 国际劳动立法

一、国际劳动立法范围及其产生

国际劳动立法范围在广义上主要包括：(1) 国际劳工组织的章程、公约及建议书；(2) 联合国和区域性的公约或协定；(3) 国与国之间的双边协定。[①]

在狭义上，国际劳动立法，一般主要指国际劳工组织章程、各种国际劳工公约、国际劳工组织的建议书。国际劳工组织通过的国际劳工公约和建议书是国际劳动立法最主要的渊源，主要包括以下几个方面：(1) 基本权利方面。包括结社自由、废除强迫劳动、机会均等、待遇平等。(2) 就业政策方面。包括就业服务、职业培训、就业保障、残疾人就业等。(3) 工作条件方面。包括劳动者、工时、休息、安全、防护、卫生、福利等。(4) 社会保障方面。包括各种综合标准，各种劳动津贴等。(5) 工资制度方面。包括最低工资保障、工资支付保障等。(6) 女工、童工、未成年工、老年工以及特殊工人的劳动保护等。(7) 劳动关系方面。包括劳动关系、集体协议、调解仲裁等。(8) 劳动监督管理方面。包括劳动管理、劳动监察、劳动统计等。

国际劳动立法思想产生于19世纪上半叶。当时，以英国的欧文和法国的勒格朗为代表的一些进步知识分子提出制定国际劳动法来改善工人阶级日益恶化的劳动状况，但都未能引起各国统治集团的重视。19世纪后半期，欧洲工人运动高涨，各国对国际劳动立法的必要性都有了重新认识。到19世纪下半叶，国际劳动立法思想才开始被工人

① 本部分资料参见杨素霞主编：《劳动法》，现代出版社，2000年版，第30页。

组织、社会团体所接受，并提出了制定国际标准等主张。

国际劳动立法的开端始于1890年在柏林召开的包括15个国家参加的会议，这是历史上第一次由政府派代表讨论劳工问题的会议。国际劳动立法于19世纪下半叶有了开端，其原因是：(1) 国际工人运动的推动；(2) 为缓和劳资冲突的需要；(3) 国际经济贸易的竞争，为平衡国际工人成本的需要而进行劳动标准的国际约束。但是此次会议的决议内容空泛，又没有国际公约的效力，实际上并未发挥作用。但这次会议是国际劳动立法的一次尝试，对后来国际劳动法的产生仍然具有一定的促进作用。

1890年，国际劳动立法协会在巴黎正式成立。协会于1901年、1902年先后召开了两次代表大会，这两次会议只就专门问题进行了讨论。直到1905年才正式起草了两个公约草案，由伯尔尼国际会议讨论并通过。这两个公约分别是《关于禁止工厂女工做夜工的公约》和《关于使用白磷的公约》。这两个公约经10个国家批准后发生效力，但是对执行情况没有有效的监督和制裁。由于第一次世界大战的爆发，国际劳动立法活动没能取得进一步的成果。

一战结束后，1919年召开的巴黎和会上决定组织一个专门研究国际劳工问题的委员会，并建议成立一个永久性机构，继续从事调查研究。根据这个决定，由15国代表组成的一个委员会拟订了《国际劳工组织章程草案》和一个包括9项原则的宣言，于1919年4月提交巴黎和会讨论通过，编入《凡尔赛和平条约》第13篇，即所谓"国际劳动宪章"。同年6月，国际劳工组织正式宣告成立。这样作为国际联盟的一个附属机构，在国际联盟尚未产生之时就先行成立了。

二、国际劳工组织和国际劳动立法机构

（一）国际劳工组织的产生

1916年6月正式成立了国际劳工组织（International Labor Organization，简称ILO)。1916年至1939年期间是国际联盟的附设机构，1940年至1945年第二次世界大战期间，国际联盟解体，国际劳工组织作为一个独立性的组织继续存在，第二次世界大战以后，国家劳工组织成为联合国的专门机构之一直至现在。

（二）国际劳工组织的性质和特点

国际劳工组织的性质是普遍的、官方的国际劳动立法组织。国际劳工组织与其他国际组织不同的一个突出特点是"三方性原则"。三方性原则主要是指涉及劳动问题上，劳工代表、雇主代表应与政府代表处于平等地位，共同协商做出决定，以协调劳动关系。包括各成员国参加国际劳工大会应有劳工、雇主、政府三方代表出席。

国际劳工组织的主要机构有国际劳工大会、国际劳工组织理事会、国际劳工局。

（三）国际劳工组织的主要任务

国际劳工组织的主要任务是制定和通过国际劳工公约和国际劳工协议书。国际劳工组织制定公约和协议书的主要依据，在第二次世界大战前是《国际劳动宪章》规定的9项原则。第二次世界大战后是1944年通过的《费城宣言》中的原则。

三、国际劳工组织和国际劳动立法与中国的关系

中国是1919年参加巴黎和会的国家，因此，也是国际劳工组织的创始国之一。新

中国成立以后相当长的历史时期，中华人民共和国与国际劳工组织没有关系。直至1971年恢复中华人民共和国在联合国的席位，台湾当局退出国际劳工组织以后，自1983年第69届国际劳工大会开始，我国参加了国际劳工组织的活动并陆续批准了22个国际劳工公约。国际劳工组织制定的国际劳工公约和建议书在国际社会享有很高的权威，是各会员国劳动立法的重要依据。它对各资本主义国家劳动法的发展和一致化起着明显的推动作用。“二战”以后，极大地促进了发展中国家的劳动立法。由于公约和建议书具有良好的指导和示范作用，各国政府、雇主对劳动法更加重视，同时劳动者的自我保护意识也在逐步提高。各国通过完善立法、严格执法，进一步改善了工人阶级的劳动条件和生活待遇，并且加强了对工人经济权利、民主权利的保护，更好地维护了社会公正。①

我国政府有关文件认为，国际劳动法也有其本身无法克服的局限性。首先，由于遵循政府、雇主和工人代表共同参加（比例为2：1：1）的三方性原则，ILO制定公约和建议书的过程中处处贯穿着阶级调和的精神，并且政府和雇主的意志在很大程度上起支配作用，因此公约和建议书也不能真正反映工人阶级的要求。其次，ILO制定的“国际劳工标准”是最低劳动标准，各会员国的劳动法不能低于该标准。由于各国经济发展程度和人民生活水平相差悬殊，有些标准对发达国家来说太低，但对广大发展中国家来说又太高，这使ILO处于两难境地。再次，基于种种原因公约和建议书不能得到会员国的普遍采纳。迄今为止ILO制定的近200个公约中，只有少数几个获得了100多个国家批准，多数公约只有半数左右或更少的国家批准，这实际上对国际劳动法的适用范围造成了很大的限制。最后，公约的实施缺少有效的监督和制约。虽然ILO在章程中对公约的实施和处理程序都作了规定，但事实上很难严格执行，也很少有国家真正依章程办理。正是上述问题的存在使ILO的宗旨和原则无法得以充分实现。

在我国加入世界贸易组织（WTO）以后，不可避免地将对我国现行的劳动法律制度带来全面的冲击，但这只是表面现象，更深刻的冲突将发生在体制层面上。随着国际资本和技术在全球范围内的流动，劳动力的国际化成为不可逆转的趋势，未来的劳动者在一定程度上将成为“国际工人”，这与我国劳动用工的现状将形成更大的冲撞，现实矛盾可能进一步加剧，甚至影响到社会的稳定和经济的发展。因此，在“入世”的大背景下，探讨我国劳动法治的转型无疑具有很强的现实意义。

近几年，由于南亚和东南亚国家劳动力的廉价，我国很多外企将工厂从我国转移到这些国家，就是非常明显的国际劳动力市场一体化的表现。特别是在金融危机之后，我们必须加强对这种国际劳工市场一体化的法律应对之策进行深入研究。

四、关于劳动者性别平等的国际立法

国际劳工标准在性别平等的立法上所采用的四种途径，分别为：对女性进行特别保护，反歧视，积极措施和性别主流化。这四种措施分别是对性别差异与平等对待的法律

① 参见姚岚秋、李凌云：《WTO时代的劳动立法——劳动领域法治化的新努力》，载《走进WTO时代的劳动与工会》，中国工人出版社，2002年5月版，第100—126页。

回答。[①]

对妇女特别保护产生的假设前提是，男女不同，女性在生理上弱于男性（有普遍性的弱和由于怀孕生育的暂时弱）并且在实际生活中，女性同时承担着工作和家庭的双重负担，因此需要对女性进行特别保护。这种途径在世界范围内，最初是采用工作的限制和禁止来实现的。但这种法律调整方式的缺点在于，其一，在法律上限制了女性的平等的就业机会，尤其在科学和技术已经发展的前提下。其二，特别的保护使得企业增加了成本，反而成为女性就业的障碍。其三，更主要的是强化了性别偏见（gender stereotype），加深了女性弱于男性，女性应该独自或更多承担家庭义务的社会偏见。

基于此，世界性的平等对待（反歧视）的途径产生。这种方法的理论依据是男女相同因此应当同等的对待，（sex－blinded treatment）平等是作为一种基本人权。这种途径目前是作为国际劳工组织和欧美平等就业法的主体。但这种途径的弱点是忽视了男女的不同，一是在生理上有所区别，尤其女性的怀孕和生育使得女性在此阶段需要特别的保护；二是作为一个群体，由于过去的歧视，累积的文化和心理的认同，使得女性作为一个群体落后于男性，如果只强调机会均等的平等对待，是无法真正实现男女的平等的。所以，积极措施（positive action）作为对平等对待的矫正而产生。它通过一系列的社会活动（social action）来提升女性的教育、培训和意识，从而为真正的平等就业创造前提。并且还通过配额制，又称为积极歧视，在同等的条件下给予女性更多的机会从而弥补作为群体的女性的弱势地位。但这种方法同样受到批评，因为它仍旧是以男性的标准来塑造女性，使女性和男性一样。

另外一种途径是1995年以后提出的性别主流化（gender mainstreaming），即在任何政策与法律制定、实施、监督、评价的过程中，都必须考虑到它对男性和女性分别会产生什么样的影响。这种途径有一个很重要的进步，那就是肯定女性和男性是不同的，在多元化的前提下通过不完全相同的对待来追求男女平等。但是这种不同的标准到底是什么，如何才能免于有陷入性别偏见的陷阱，这仍在世界范围内摸索之中。因此，它更多地作为政策而非具体的法律规范存在。

中国现阶段仍然是将女性作为一个群体进行保护，并且反歧视的立法很弱；在美国，单独对女性保护是一种歧视，即它没有采取特别保护的途径，但是美国的反歧视法和积极措施是强而有力的。在欧盟以上四种途径都在同时采取。而这些不同是历史、经济和政治制约条件的产物，有各自的合理性存在。

五、关于体面劳动的国际立法

国际劳工组织把“体面劳动”表述为“促进男女劳动者在自由、公平、安全和具备人格尊严的条件下获得体面的、生产性的工作机会”。学者认为，自由是指劳动者可以自己选择工作，而不受任何强迫；劳动者有权加入或退出任何工人组织。有学者认为，公平包括一致性公平和实质性公平。一致性公平主要是指消除性别歧视；实质性公平体现在待遇是否公平、机会是否均等，以及劳动者是否有尊严等方面。有学者认为，安全意味着社会应为劳动者提供经济保障；而且，应该保证劳动者的身体健康，患病的劳动

① 参见何霞2006年在日本九州大学的博士论文中的《反性别歧视的国际立法比较》。

者不应受到歧视，而应受到社会给予的保护。有学者认为，生产性工作是指能给劳动者带来回报的工作，能为劳动者及其家庭提供足够的收入，保障基本生活及人力资本再生产等。

除了对“体面劳动”的定性研究外，西方学者也开始关注“体面劳动”的定量研究，并提出了很多测量指标。提出了“体面劳动赤字”（decent work deficit）概念，“体面劳动赤字”表明了劳动者在基本权利、就业平等、社会保障、社会对话等方面理想与现实存在的差距。还有人提出了“体面劳动指数——（真实值－最小值）/（最大值－最小值）”的测量模型，他们从宏观、中观和微观三个层面进行了体面劳动测量。这些学者对体面劳动的定量和标准评价研究做出了巨大贡献。2008年国际劳工组织在学者们已取得的研究成果基础上，正式提出了体面劳动测量指标体系。根据国际劳工组织颁布的体面劳动测量指标体系，体面劳动测量指标有11大类，每一大类指标还有“主要指标”“附加指标”“未来指标”“供选择的指标”“法律指标”等众多的“分指标”，这些具体的“分指标”构成了一个完整的指标体系。体面劳动的测量指标体系使体面劳动的理念和战略目标进一步具体化，这为世界各国推进体面劳动的实践提供了一个好的衡量标准。

国外学者对体面劳动的研究呈现具体化特征，他们关注残疾人的体面劳动问题，关注妇女的体面劳动问题、关注青年的体面劳动问题，他们也注意到了中小企业的体面劳动问题。多数情况下，中小企业是在进入壁垒低、竞争激烈和利润率低的经济领域中经营。中小企业劳动者的就业环境与体面劳动相去甚远，常常遭遇工作不安全、收入无保障、正当权利被剥夺以及性别歧视等诸多问题。国外的研究表明，应改革劳动法制，营造一个有利于企业发展和优质工作岗位的扶持性经营环境。

六、经济全球化对国际劳动立法和涉外劳动法的影响

今后，在经济全球化、国际资本及各国劳动力将逐渐在世界范围内互动的背景下，国际劳动标准在世界劳工运动以及国际贸易中将更加受到关注。

目前，国际资本看中我国市场的一个重要原因就是劳动力成本低，我国的工资水平与发达国家相比偏低。不过，一些学者认为，我国的低工资只是我国劳动力的显性成本，在工时、休假、劳动安全卫生等方面我国的水平并不低，有些方面甚至比西方发达国家还高；企业还需要负担大量的社会福利职能，这些因素都使劳动力的隐性成本居高不下。随着劳动力市场化程度的提高和社会保障机制的完善，不合理的隐性成本将向显性成本转化，显性成本不断上升，最终能够客观地反映我国劳动力市场的现实，他们认为，在此基础上与国际基准法水平相比较才能得出准确的答案。① 我们认为，国际劳动立法既要控制各国劳动力市场的“不正当竞争”、完全通过剥夺劳动者的正当权益，来吸引国际资本，又要给世界各国劳动立法较大的选择空间。

对于各国建立适合本国国情的劳动立法的评价标准，我们认为应当主要依据各国劳工的自决权来决定。这样，国际劳工组织就有义务督促各国逐步建立较为完善的集体协

① 姚岚秋、李凌云：《WTO时代的劳动立法——劳动领域法治化的新努力》，载《走进WTO时代的劳动与工会》，中国工人出版社，2002年5月版，第122页。

商和集体谈判法制。例如，1997 年 10 月，我国签署了联合国《经济、社会和文化权利国际公约》，但是，我国对第八条关于“工会自由和罢工自由”的条款提出了保留。在我国申请加入世贸组织（WTO）部长会议上关于劳工法社会条款的多次争论，其核心也集中在工会自由与集体谈判以及罢工法的建立上。我们主张用《工会法》的修改加入这些内容，或者单独建立《集体劳动协商和用人单位规章制度法》解决这一问题。

未来，随着国际资本的流动和国际服务贸易的发展，劳动力在世界范围内的流动不断加快，各国要加强涉外劳动立法，以全面保障劳动者在国际范围的就业自由权。目前，我国劳动管理部门已经制定了一些对外劳务输出的法规，但是，总体上我国涉外劳动法还层次很低，劳动合同制度与国际通行惯例还存在诸多不适应的地方。我国亟待加强与国际劳工组织及世界各国的劳动与社会保障立法的合作研究工作。

第四章　劳动法和社保法的基本原则和基本权利

第一节　劳动法和社保法基本原则概述

一、劳动法与社会保障法基本原则的概念

劳动法与社会保障法的基本原则，是指包含在整个劳动与社会保障法体系之中，集中体现劳动与社会保障法的本质和基本精神，贯穿于各项劳动与社会保障法律制度之中，贯穿于劳动与社会保障法的立法、执法、司法的全过程的总的指导思想和根本准则。

劳动法与社会保障法基本原则的主要法律渊源是宪法。但是劳动法与社会保障法的基本原则又不同于宪法原则。劳动法与社会保障法的基本原则是根据宪法原则确定的，它是劳动法与社会保障法区别于其他部门法所特有的原则。劳动法与社会保障法的基本原则又不同于劳动法与社会保障法的具体原则，前者在效力层次上比后者高。

目前，各高等院校的教材和著作对劳动法与社会保障法基本原则的表述也很不统一。不过，主要内容在趋于一致。

二、区分基本原则和一般法律准则的标准

通过对学者的著作及教材的归纳分析，我们认为可以作为劳动法与社会保障法基本原则的，一定要符合以下标准：(1) 劳动法基本原则应该具有高度抽象性和概括性，而不是具体的针对某种行为的直接操作性规定；(2) 劳动法基本原则必须具有相对的稳定性，将能够指导一个相当长时期的立法；(3) 劳动法基本原则必须具有全面的覆盖性和高度的权威性，不是某一方面的原则。对此，学界普遍形成了比较一致的意见。

三、劳动法基本原则的作用

确立劳动法与社会保障法基本原则的目的，是要充分发挥劳动法与社会保障法基本原则的重要的作用。我们认为，劳动法与社会保障法基本原则的主要作用具体表现在：(1) 劳动法基本原则指导着各项劳动法律法规的立、改、废，有助于劳动法制的统一、协调和稳定。(2) 劳动法基本原则有助于理解和解释劳动法律法规，解决各具体劳动法律制度之间的矛盾。(3) 劳动法基本原则可以弥补劳动立法具体规定的不足，用于解决某些实际问题。

四、劳动法基本原则的内容

根据我国《宪法》和《劳动法》有关规定，我们可以将我国劳动法与社会保障法的基本原则归纳为8项：（1）公民有劳动的权利和义务的原则。我国《宪法》第42条规定："中华人民共和国公民有劳动的权利和义务。"这一规定被确立为劳动法的一项基本原则。它表明，有劳动能力的公民从事劳动，既是行使法律赋予的权利，又是履行对国家和社会所承担的义务。劳动权，指的是公民按照法律的规定，享有平等的就业机会权和职业选择权。也有人将其称之为劳动权利义务相统一原则。（2）不断改进劳动组织和提高劳动生产率原则（3）劳动者享有按劳分配和社会保险的权利的原则。（4）劳动者享有休息和劳动安全卫生保护的权利的原则。（5）劳动者享有物质帮助的权利。（6）在劳动方面男女平等、民族平等的原则。（7）劳动者有组织工会和民主参与权利的原则。（8）劳动者有享受职业培训的权利和义务的原则。

基于上述这些原则，一些学者认为可以归纳为特殊保护劳动者合法权益原则和劳动法主体利益平衡原则。劳动法主体主要包括国家、用人单位和劳动者，相应地，劳动法主体利益包括国家的利益、用人单位的利益和劳动者的利益。劳动法主体的利益平衡就是要求尽量实现这三方利益的平衡。同时，还要平衡劳动者之间的权益以及劳动者此时和彼时的不同权益，例如，必须保证在劳动者丧失劳动能力时以及劳动者无劳动能力的家属和亲属都有获得社会保障的权利。

一些学者根据最新的相关研究成果，将我国劳动法和社会保障法的基本原则归纳为：（1）劳动权平等原则；（2）劳动自由原则；（3）倾斜保护原则；（4）按劳分配原则；（5）集体协作原则；（6）社会互助原则；（7）争议对话解决原则等。[①]

第二节　劳动者的基本劳动权利

各国劳动法学者和国际组织认为，基于各国的劳动法与社会保障法的基本原则，劳动者享有劳动和社会保障的基本权利，即指任何具有劳动能力且愿意工作的人都有获得有保障的工作的权利。一些学者认为，劳动与社会保障基本权利不仅指劳动者的，也包括用人单位的用人自由权等基本权利。但是，通常人们理解的劳动权利仅仅是指劳动者的。

广义上理解的劳动权利，是指劳动者依据法律、法规和劳动合同所能够获得的一切权利，包括但不限于工作权、报酬权、休息权、职业安全权、职业培训权、社会保障权、结社权、集体协商的权利、民主管理权、劳动争议权等。

我国学者普遍认为，根据我国《宪法》《工会法》和《劳动法》等法律的规定，劳动者的基本劳动权利主要包括以下几个方面：（1）平等就业和选择职业的权利；（2）获得对价的劳动报酬的权利；（3）获得休息休假的权利；（4）获得劳动安全卫生保护的权利；（5）接受职业培训的权利；（6）享受社会保险和福利的权利；（7）提请劳动争议处

① 参见王蓓、何霞、杨遂全：《论劳动争议处理制度改革与增设劳动法庭》，载杨遂全主编《民商法争鸣》第2辑，法律出版社，2010年版，第95页。

理的权利；(8) 结社权和组织工会权；(9) 集体协商权；(10) 民主管理权。

第三节　劳动者的基本劳动义务

各国劳动法学者和国际组织认为，基于各国的劳动法与社会保障法的基本原则，劳动者不仅具有基本的劳动权利也具有法定的基本劳动义务，即指根据劳动法律规范的要求，劳动者在劳动和工作过程中应当履行和承担的基本劳动义务。

我国学者普遍认为，根据我国《宪法》《劳动法》《劳动合同法》等法律法规的规定，我国劳动者应当履行以下基本劳动义务：(1) 完成用人单位合法指定给劳动者相应的劳动任务；(2) 不断提高职业技能；(3) 执行劳动安全卫生规程；(4) 遵守劳动纪律和职业道德。(5) 有人认为，劳动者依法作为用人单位的员工还有诚信保护用人单位利益的基本义务。

根据我国《宪法》《劳动法》《劳动合同法》等法律法规的规定，尽管劳动者有劳动的义务，但是这种义务只是一般性的职责，所以，劳动者不能被强迫参加劳动。不过，如果有劳动能力的劳动者在行使劳动权的客观条件都具备的情况下，主观拒绝或不参加劳动，就不能获得相应的劳动权利和劳动利益以及社会保障。

第二编 劳动关系协调法律制度

第五章 劳动法

第一节 现行劳动法的主要内容

我国现行有效的劳动法是 1994 年 7 月 5 日第八届全国人民代表大会常务委员会第八次会议通过的《中华人民共和国劳动法》(以下简称《劳动法》)。该法于 1995 年 1 月 1 日开始实施。它共有 13 章：第一章总则；第二章促进就业；第三章劳动合同和集体合同；第四章工作时间和休息休假；第五章工资；第六章劳动安全卫生；第七章女职工和未成年工特殊保护；第八章职业培训；第九章社会保险和福利；第十章劳动争议；第十一章监督检查；第十二章法律责任；第十三章附则。对此，协调这些劳动关系已经逐步为各种具体的法律法规所具体规范化。在此，本书不再作重复性的详细论述。参见以下各具体单行法的分析论述。

如前所述，本书所采用的劳动法是实质意义上的概念，包括了对劳动市场进行规制的法律法规；对具体劳动关系进行调整的法律法规以及对劳动权利受损后救济的法律法规。对市场进行规制的核心价值在于促进公平就业，主要体现为《就业促进法》以及职业培训、介绍、就业服务等相关法规；劳动权利受损后的救济，主要通过行政监察、准司法的调解仲裁和司法诉讼，主要体现为《劳动保障监察条例》《劳动争议调解仲裁法》以及《民事诉讼法》。

对具体劳动关系进行协调的法律法规是本编的重点，它包括了四个层次的法律规范，分别为劳动标准、集体合同、劳动合同和企业内部的劳动人事规章制度。这四个层次的规范效力递减。劳动标准是以强制性法律法规的形式规定，它是劳动条件的底线，关系到劳动者最基本的生存权。用人单位和劳动者协商的劳动条件不能低于劳动标准，否则不仅会导致合同约定无效，用人单位还会因此受到行政处罚。但劳动标准具有刚性，面对主体多元化，利益诉求多元化的劳动者和用人单位，普遍性的劳动标准不仅不能全面反映个体的具体需求，甚至可能因一刀切的立法方式，对小微企业的成长和对人力资本相对较弱就业困难的求职者造成不利。集体劳动合同的意义在于在劳动标准的刚性和个别劳动合同的柔性间，寻求制度的弹性。集体合同的优势为能反映具体企业、区域或者行业的劳资双方的实际需求，通过实力较均等的博弈达到双方利益的平衡。劳动合同，又称为个别劳动合同，其所确定的劳动条件与集体合同相比，更能够体现劳动者个体间的差异，但是由于大部分劳资双方力量对比的悬殊造成劳动者被迫接受雇主的格式合同，而缺乏在合同订立阶段的博弈能力。企业内部的劳动人事规章制度，在符合民主程序制定、公布且内容不违法的规定后，具有法律的效力。

从法律效力层次上，这四种规范从强到弱排序分别为劳动标准、集体合同、劳动合同、企业内部劳动人事规章制度；但在实际的适用中，由于这四种规范的详细、具体程度不同，所以适用则通常为规章制度、劳动合同、集体合同和劳动标准。规章制度在用人单位内部劳动市场的规制中，处于核心地位。

现行劳动法对劳动关系的协调，是以个体劳动合同关系为核心，包括了对劳动合同主体、客体、权利义务的静态规制，及对劳动合同订立、变更、终止和解除过程的动态调整。对劳动关系的调整不仅仅限于全日制直接劳动用工形式，还包括了劳务派遣和非全日制劳动关系；除了个体劳动合同外，还包括集体劳动合同的调整。

狭义上的劳动法，是指 1994 年颁布 1995 年施行的《劳动法》，这部法律类似于广义上劳动法的总则。前述表明，其促进就业部分被《就业促进法》所取代，劳动合同和集体合同部分在《劳动合同法》中得到细化和增强，在劳动争议上，更多的适用《劳动争议调解仲裁法》。因此《劳动法》在今日更多的意义在于劳动标准上，但各地区的法规根据区域发展的特点对劳动标准的规定也不一致。所以在劳动法颁布 20 周年之际，有些学者开始讨论和反思这部法律的现实意义。

第二节　现行劳动法的制度缺失

一、过于刚性

劳动者群体不是铁板一块，其中有人力资本积累较少、就业困难的人群；也有年薪上百万、千万的高级经理人、职业运动员。同样，雇主或者用人单位内部也存在分化，既有如中石油、中国电信等实力雄厚的央企，也有淘宝网上风雨飘摇的小店（假定其进行了合法的工商注册）。主体的多元化，在劳动关系中需求也自然出现多元化，而现行的劳动法在劳动标准的设置上，如最低工资、社保待遇等条件，并没有充分考虑到市场的合理需求，过于刚性。并且当企业以法律规避的形式来对劳动标准提出问题时，立法者考虑到的是加强执法和进一步修改法律增加管制力度。

对于其中的劳务派遣的立法规定，便体现了立法者的这一思维惯式。当用人单位滥用劳务派遣来规避无固定期限劳动合同的规定时，立法者采取的方式是修订劳动合同法，加大对劳务派遣的管制和执法监督力度，而没有给雇主的需求一个可选择的出路。这样立法思路导致了高昂的执法成本和小微企业较为普遍的劳动违法现象。

劳动立法和婚姻立法相似，其影响到每个人的切身生活。因此在法律通过前应当有充分的讨论、博弈，应达到社会共识，通过共识的文化因素降低执法成本。

二、不当劳动行为制度和集体劳动争议制度缺失

集体劳动合同制度是能更好体现具体劳动者和雇主利益诉求的制度，我国法律对此进行了明确规定，并在实践中，人社部、全国总工会通过“彩虹行动”大力推进集体合同的覆盖率。真正富有成效的集体协商是劳资双方充分沟通、博弈的结果，在工资报酬等核心劳动条件上双方会出现矛盾、争议和妥协。以什么样的方式去保障这种协商的有效开展？在我国目前的制度设计中，是通过自上而下的指标化管理方式，由外向内推进的。这种方式很容易导致协商的形式化，而且对企业内生的协商平衡机制产生抑制。还有另外一种选择，通过规定不当劳动行为制度和集体劳动争议制度，规定雇主有应劳动者团体或代表要求集体协商的义务，规定雇主对于工会成员的不利待遇、拒绝集体谈判、控制或干涉工会构成不当劳动行为，应当承担相应的行政、民事责任。我国现行法所规定的集体劳动争议实质为复数的个体争议，法律中缺乏为支持集体协商，开展劳动者享有的“停工”等权利。

第六章 劳动合同法

第一节 劳动合同概述

一、劳动合同的界定

劳动合同又称为劳动协议，我国《劳动法》第16条规定，“劳动合同是劳动者与用人单位确立劳动关系、明确双方权利和义务的协议”。我国法律所指劳动关系，为狭义上的劳动合同关系。公务员与国家机关，虽有提供劳动、接受报酬的关系，但我国法律将其定性为行政关系，不适用《劳动法》和《劳动合同法》。

劳动合同和雇佣合同的区别。雇佣合同是民事合同，虽为无名合同，但在社会生活中广泛的存在。雇佣合同是平等主体间通过自由协商来确定雇佣者和受雇佣者之间的权利义务关系，只要不违反法律、行政法规强制性的规定以及公序良俗原则，对具体的权利义务法律不做过多的干预。而劳动合同的主体是事实上力量不对等的用人单位和劳动者，为了更好地保障处于弱势地位的劳动者的权益，劳动立法对具体的权利义务进行了干预，如对劳动时间、最低工资、休息休假、劳动保护等劳动条件通过立法的方式设定了作为底线的劳动标准。用人单位和劳动者间的自由协商不能低于该标准。这样的规定，是确保劳动者有尊严的劳动，也是从社会公共利益的角度对企业自主权的限制。因此，雇佣合同体现的是平等协商，而劳动合同则体现了社会性。

劳动合同和承揽合同的区别。首先，两者的标的物不同，劳动合同指向的是劳动者提供的劳动，因此，只要劳动者提供了劳动，即便是其劳动成果不符合用人单位的要求，用人单位也不能拒绝发放作为维持劳动者正常生活的工资。不过用人单位可以根据法律的规定和内部的规章制度对劳动者进行培训、调岗、惩戒，以及在合法的前提下解除劳动合同。而承揽合同的标的物则是劳动成果，因此定做人只有在承揽人提供了符合合同约定的劳动成果时才有支付对价的义务。其次，劳动合同和承揽合同中都可能存在着用人单位或定作人对劳动者或承揽人的监督，但劳动合同监督管理的是劳动的过程，因此用人单位有考勤、工作流程操作规范等规定，这种监督管理也体现了劳动者对用人单位的组织从属性。而承揽人和定作人之间则是独立的平等主体，定作人是对劳动的成果进行监督、验收，承揽人工作的过程、具体的时间安排则由承揽人自行决定。

二、劳动合同的法律特征

（一）从属性

劳动合同关系的最大特点为从属性，主要体现为劳动者对用人单位的组织从属性和人身从属性。从用人单位的角度，则体现为对劳动者的管理和支配权，主要为用工指挥权和惩戒权。在原劳动和社会保障部《关于确立劳动关系有关事项的通知》中对事实劳动关系的认定标准也强调了以管理支配和服从为特点的从属性。该通知第1条规定，“用人单位招用劳动者未订立书面劳动合同，但同时具备下列情形的，劳动关系成立：（一）用人单位和劳动者符合法律、法规规定的主体资格；（二）用人单位依法制定的各项劳动规章制度适用于劳动者，劳动者受用人单位的劳动管理，从事用人单位安排的有报酬的劳动；（三）劳动者提供的劳动是用人单位业务的组成部分。”

（二）继续性

劳动合同具有相对的稳定性。用人单位和劳动者间的忠诚义务和对用人单位单方解除劳动合同的限制，都是劳动合同继续性的体现。

（三）诺成性

劳动合同的成立指需要用人单位和劳动者双方意思表示达成一致，不以实际劳动的付出和报酬的给付为要件。

（四）有偿性

劳动者付出劳动是以获得报酬为目的，因此劳动合同是有偿合同。基于我国关于最低工资的立法，劳动合同不仅有偿，并且报酬还是受到立法的干预。现行的工资增长体制的目的，不仅仅是满足劳动者的劳动力的再生产，还涉及公平、劳动者有尊严的体面的工作生活，劳动者分享社会进步的成果的社会民生价值。

三、劳动合同的主体

劳动合同的主体一方是用人单位，另一方为劳动者。在我国司法实践中，对是否构成了劳动关系的判定，是用“双适格原则”，必须既符合用人单位的界定，又符合劳动者的界定。我国劳动法和劳动合同法对用人单位和劳动者采取限制性解释的立法方式，对其进行了规定。

（一）用人单位的界定

《劳动合同法》第2条规定：“中华人民共和国境内的企业、个体经济组织、民办非企业单位等组织（以下称用人单位）与劳动者建立劳动关系，订立、履行、变更、解除或者终止劳动合同，适用本法。国家机关、事业单位、社会团体和与其建立劳动关系的劳动者，订立、履行、变更、解除或者终止劳动合同，依照本法执行。”《劳动合同法实施条例》第4条规定：“依法成立的会计师事务所、律师事务所、基金会等组织，属于《劳动合同法》第2条第1款规定的用人单位。”

企业是以营利为目的的经济组织，中国境内的企业指的是在中国注册的企业，不论其资金是否来自国内。因此中外合作经营企业、中外合资企业和外商独资企业都属于中国企业。而外国企业的中国代表处或者分公司，根据我国法律的规定，不具有独立的用工资格，因此不能成为适格的用人单位，其必须通过劳务派遣的形式用工。

个体经济组织在我国现阶段是指个体工商户。1987年《城乡个体工商户管理暂行条例》第4条第2款规定，“个体工商户可以根据经营情况请一两个帮手；有技术的个体工商户可以带三五个学徒”，总的从业人员不得超过8人。当时立法时还存在着“姓社姓资”的意识形态上的争论，但发展至今，意识形态的桎梏逐渐消除，对商事主体资格的准入规制的价值取向为促进就业创业，关注民生。因此在2011年制定2014年修订后的《个体工商户条例》，不再限制个体工商户的雇工人数。个体工商户作为一种商事主体和企业的区别在于债务承担形式、注册资本要求、税收等方面。

民办非企业单位是指企业、事业单位、社会团体和其他社会力量以及公民个人利用非国有资产举办的，从事非营利性社会服务活动的社会组织。如民办学校、民办医院、非营利性组织（NPO或NGO）等。

国家机关录用的公务员或聘任制公务员，适用《公务员法》而非《劳动合同法》，在招录工勤人员时，可作为用人单位签订劳动合同。

事业单位、社会团体中部分工作人员是参照《公务员法》管理，部分人员是签订聘用合同，部分人员适用《劳动合同法》。

（二）劳动者的界定

1. 家政工是否为劳动者？

在现行法律规定中，不是提供劳动的人就可以构成劳动法和劳动合同法的主体。首先雇佣方需要符合用人单位的条件，个人和非个体工商户的家庭就不能构成用人单位，因此其雇佣的家政工就不能成为劳动合同的主体。劳动部《关于贯彻执行〈中华人民共和国劳动法〉若干问题的意见》（下文简称《意见》）是将家庭保姆、农业劳动者和现役军人排除在劳动者之外的。但这种界定，显然对女性从业者占多数的家政工群体的劳动权利保护不力，因此不少学者和民间组织也在理论上和实践中推行家政工群体的劳动者身份。

2. 在校大学生是否为劳动者？

在校大学生打工或者兼职能否成为劳动合同的主体，在工作中发生伤害时可否享受工伤待遇？这是司法实践中易出现纠纷的一个问题。如果仅从“从属性”这一劳动关系的核心特征来分析，则是否为在校大学生并不构成影响因素，但上述《意见》第12条规定，“在校生利用业余时间勤工助学，不视为就业，未建立劳动关系，可以不签订劳动合同”。因此，在发生争议时，很多用人单位以此为依据，拒绝给付工伤待遇或者是承担用人单位的责任。该《意见》是1995年颁行，当时大学的统招统分还是学生就业的主要形态，而该意见的规定重在保护大学生接受分配的权利，而非限制大学生获得在兼职或勤工俭学中的合法权利。

在最高人民法院公告案例“郭懿诉江苏益丰大药房连锁有限公司劳动争议案（2010）”中，法官判决“即将毕业的大专院校在校学生以就业为目的与用人单位签订劳动合同，且接受用人单位管理，按合同约定付出劳动；用人单位在明知求职者系在校学生的情况下，仍与之订立劳动合同并向其发放劳动报酬的，该劳动合同合法有效，应当认定双方之间形成劳动合同关系”。① 但该判决的指导意义仍限于即将毕业的大学生，

① 中华人民共和国最高人民法院公报［2010］第6期。

对其他大学生的劳动争议纠纷司法认定仍不统一。

3. 退休返聘人员和已经领取养老金仍工作的人员是否构成劳动者?

对退休返聘人员和已经领取养老金的人员是否具有劳动者的资格，最高人民法院《关于审理劳动争议案件适用法律若干问题的解释（三）》第7条规定，“用人单位与其招用的已经依法享受养老保险待遇或领取退休金的人员发生用工争议，向人民法院提起诉讼的，人民法院应当按劳务关系处理”。该规定是不把上述人员作为劳动者对待的。

第二节 劳动合同的种类和形式

一、劳动合同的种类

以合同期限为标准，我国《劳动合同法》将劳动合同分为三类，分别为固定期限劳动合同、无固定期限劳动合同和以完成一定工作任务为期限的劳动合同。

固定期限劳动合同明确规定了合同的有效期，期限届满后如双方没有续订的合意，也没有法定的延长事由，则劳动合同自行终止。这是劳动力市场最为常见的合同形式，双方有着清晰的预期。在《劳动合同法》出台前，劳动合同的短期化非常普遍。立法者出于保障劳动者稳定就业的价值考虑，通过无固定期限合同的制度安排来强化用人单位的义务。在下文会对无固定期限合同的签订条件进行详述，不过该立法是否实现其预期目还有待实践的检验。

无固定期限合同，又称为不定期合同，是指用人单位与劳动者约定无确定终止时间的劳动合同。劳动关系可以在劳动者符合法律规定的年龄和具有劳动能力以及用人单位合法存续的情形下存在，只有符合法定或约定的条件，劳动合同关系才终止。我国现行法律规定三种情形下可缔结无固定期限劳动合同：协商一致订立、法定条件订立和法定条件下视为订立。

以完成一定工作为期限的合同，把约定工作的完成作为合同的有效期。这种形式的劳动合同表面上和承揽合同相似，但两者最大的区别为以完成一定工作为期限的合同劳动者的义务是提供劳动，而承揽合同承揽人的义务是交付劳动成果。因此，用人单位不能以劳动者提供的劳动不符合要求而拒绝发给维系劳动者生存的基本工资，而定作人则可以依据劳动成果不符合要求而拒绝支付报酬。

二、劳动合同的形式

（一）劳动合同书面化的强制性规定

劳动合同关系到劳动者具体权利的明确和保障，所以立法者将劳动合同的书面化做出强制性的规定。《劳动法》第19条规定：“劳动合同应当以书面形式订立”。《劳动合同法》第10条规定：“建立劳动关系，应当订立书面劳动合同”；第82条规定：“用人单位自用工之日起超过一个月不满一年未与劳动者订立书面劳动合同的，应当向劳动者每月支付二倍的工资”；第14条第3款规定：“用人单位自用工之日起满一年不与劳动者订立书面劳动合同的，视为用人单位与劳动者已订立无固定期限劳动合同”。

关于书面形式，应当认定为是对用人单位的强制性的义务，而非劳动合同关系成立的要件。《劳动合同法》第10条第3款规定："用人单位与劳动者在用工前订立劳动合同的，劳动关系自用工之日起建立。"因此即便没有书面合同形式，但却有证据证明劳动者与用人单位间形成了事实上的劳动关系，法律也认定双方存在劳动关系及应当适用《劳动法》和《劳动合同法》中规定的权利义务。不过，用人单位因为没有履行订立书面合同的强制性义务将承担双倍工资、视为订立无固定期限劳动合同等后果。

为了防止用人单位以劳动者拒绝签订等事由为借口规避订立书面合同的义务，《劳动合同法实施条例》规定了在劳动者拒不签订书面劳动合同的情形下，用人单位可以单方解除劳动合同作为救济。《劳动合同法实施条例》第6条规定："劳动者自用工之日起1个月内拒不签订书面劳动合同的，用人单位可以提前3日书面通知劳动者终止劳动关系，无需向劳动者支付经济补偿。劳动者拒不补订书面劳动合同的，用人单位可以终止劳动关系并依照《劳动合同法》第四十七条规定的经济补偿标准向劳动者支付经济补偿。"

（二）事实劳动关系的认定

现行的劳动法规和规章从事实劳动关系的实质特征、劳动者对用人单位的组织从属性上确定了认定标准。具体而言，原劳动和社会保障部《关于确立劳动关系有关事项的通知》第1条规定："用人单位招用劳动者未订立书面劳动合同，但同时具备下列情形的，劳动关系成立：(1) 用人单位和劳动者符合法律、法规规定的主体资格；(2) 用人单位依法制定的各项劳动规章制度适用于劳动者，劳动者受用人单位的劳动管理，从事用人单位安排的有报酬的劳动；(3) 劳动者提供的劳动是用人单位业务的组成部分。"

在劳动者对用人单位组织从属性的证明上，该通知第2条对证据和举证责任进行了规定。用人单位未与劳动者签订劳动合同，认定双方存在劳动关系时可参照下列凭证：(1) 工资支付凭证或记录（职工工资发放花名册）、缴纳各项社会保险费的记录；(2) 用人单位向劳动者发放的"工作证""服务证"等能够证明身份的证件；(3) 劳动者填写的用人单位招工招聘"登记表""报名表"等招用记录；(4) 考勤记录；(5) 其他劳动者的证言等。其中，(1)(3)(4) 项的有关凭证由用人单位负举证责任。

第三节 劳动合同的订立、内容和效力

一、劳动合同的订立

（一）劳动合同订立时遵循的原则

与民事合同相似，劳动合同在订立中也应遵循平等、意思自治、诚实信用等原则，但由于劳动合同的内容如工资报酬、休息休假、安全保障等条款涉及劳动者及其家人的基本生存保障以及体面劳动的价值追求，因此国家对劳动合同的内容干预较多。具体体现为行政法规规定的劳动标准对具体条款作为底线的限制，用人单位和劳动者仅可以约定高于劳动标准的劳动条件。

（二）劳动合同订立的方式

用人单位和劳动者协商一致订立劳动合同，是合同订立的普遍情形。而在无固定期限劳动合同的订立上，除了协商一致订立外，还有法定条件订立和法律上视为订立。根

据《劳动合同法》第14条规定，符合下列情形的，劳动者提出订立或者续订无固定期限劳动合同，用人单位必须与之订立：（1）劳动者在该用人单位连续工作满十年的；（2）用人单位初次实行劳动合同制度或者国有企业改制重新订立劳动合同时，劳动者在该用人单位连续工作满十年且距法定退休年龄不足十年的；（3）连续订立二次固定期限劳动合同，且劳动者没有本法第三十九条和第四十条第一项、第二项规定的情形，续订劳动合同的。

同时该条还规定，用人单位自用工之日起满一年不与劳动者订立书面劳动合同的，视为用人单位与劳动者已订立无固定期限劳动合同。

（三）劳动合同订立时的如实告知义务

劳动合同在订立时，用人单位和劳动者都有如实告知的义务。用人单位应当如实告知劳动者工作内容、工作条件、工作地点、职业危害、安全生产状况、劳动报酬，以及劳动者要求了解的其他情况。而劳动者也有如实说明的义务，但如实说明的范围限于与劳动合同直接相关的基本情况。

二、劳动合同的内容

《劳动合同法》第17条将劳动合同的内容以法定必备条款和选择性约定条款的方式进行规制。

劳动合同的法定必备条款为：（1）用人单位的名称、住所和法定代表人或者主要负责人；（2）劳动者的姓名、住址和居民身份证或者其他有效身份证件号码；（3）劳动合同期限；（4）工作内容和工作地点；（5）工作时间和休息休假；（6）劳动报酬；（7）社会保险；（8）劳动保护、劳动条件和职业危害防护；（9）法律、法规规定应当纳入劳动合同的其他事项。

劳动合同的选择性约定条款为（1）试用期；（2）培训；（3）保守秘密；（4）补充保险和福利待遇等其他事项。

在司法实践中，劳动合同必备条款的欠缺并不必然导致合同的不成立，例如合同中如果没有约定社会保险条款，合同仍然成立，相关的社会保险权利和义务则按照法律规定履行。

关于试用期条款，《劳动法》中规定试用期最长不得超过六个月，《劳动合同法》将其同劳动合同的期限相关联，进行了更加细化的规定。根据后法优于先法、特别法优于普通法的原则，在《劳动合同法》生效后的劳动合同中约定的试用期应当适用《劳动合同法》的规定，具体的试用期期限见下表。

劳动合同期限	试用期最长期限
3个月以上不满1年	不得超过1个月
1年以上不满3年	不得超过2个月
3年以上固定期限和无固定期限	不得超过6个月
以完成一定工作任务为期限的	不得约定试用期
劳动合同期限不满三个月	不得约定试用期

续表

劳动合同期限	试用期最长期限
续订合同	不得约定试用期
非全日制用工	不得约定试用期
试用期即合同期的	试用期不成立

劳动者在试用期的工资，不得低于本单位相同岗位最低档工资的80%或者不得低于劳动合同约定工资的80%，并不得低于用人单位所在地的最低工资标准。

关于劳动报酬，如果用人单位与劳动者约定的劳动报酬不明确的，新招用的劳动者的劳动报酬按照集体合同规定的标准执行；没有集体合同或者集体合同未规定的，实行同工同酬。

三、劳动合同的效力

（一）劳动合同生效

劳动合同生效，是指具备有效要件的劳动合同按其意思表示的内容对用人单位和劳动者产生法律约束力。和民事合同相似，劳动合同的生效必须满足两个要件。第一，劳动合同合法有效；第二，如果劳动合同附条件或者附期限，则需条件成就或者期限截至。

劳动合同有效，需合同主体适格、内容和形式合法以及当事人双方意思表示真实。

（二）劳动合同无效

《劳动合同法》第26条明确规定了劳动合同无效或者部分无效的要件，分别为：(1) 以欺诈、胁迫的手段或者乘人之危，使对方在违背真实意思的情况下订立或者变更劳动合同的；(2) 用人单位免除自己的法定责任、排除劳动者权利的；(3) 违反法律、行政法规强制性规定的。

与《合同法》规定不同，《劳动合同法》将欺诈、胁迫和乘人之危直接规定为无效而非可撤销的情形。

在实践中，有多例用人单位以劳动者隐瞒婚育状况构成欺诈从而主张合同无效，单方解除合同的情形，在下文中我们将对劳动者构成欺诈的条件进行阐述。

在司法判决中，法官主要从四个方面来认定劳动者是否构成欺诈。第一，客观上劳动者是否在订立劳动合同时存在隐瞒或者虚构个人信息的行为；第二，主观上劳动者是否有欺诈的故意；第三，用人单位是否因为受欺诈而违背真实意思与劳动者订立劳动合同；第四，隐瞒或虚构的个人信息是否与劳动合同的内容直接相关。法官认定的这些构成要件也是和法学理论研究的现有成果相一致的。

如在宁波乐卡克服饰有限公司与盛燕燕等劳动派遣合同纠纷上诉案[①]中，法院在判决中指出，劳动者婚姻状况不属于与劳动合同直接相关的基本情况，且婚姻状况属于劳动者的个人隐私。用人单位将是否已婚作为用工的考虑因素，有歧视已婚妇女之嫌。

在该案中劳动者盛燕燕入职时没有如实填写其婚姻状况，因此用工单位乐卡克公司

---

① 上海市第一中级人民法院民事判决书（2009）沪一中民一（民）终字第4939号。

以其违反如实说明义务和严重违反单位的规章制度为由将其退回派遣公司东浦公司，派遣公司随即以相同的原因解除与其的劳动合同。

在一审判决中法院认定盛燕燕入职时填写其婚姻状况为未婚的行为不属于欺诈。首先，乐卡克公司（用工单位）“店柜营业人员服勤规范”规定的是提供虚假资料或报告的情形，根据本案查明之事实，盛燕燕并不存在就其婚姻状况提供虚假资料的行为。

其次，用人单位有权了解劳动者与劳动合同直接相关的基本情况，劳动者应当如实说明，但乐卡克公司未举证证明劳动者婚姻状况属于与劳动合同直接相关的基本情况，且婚姻状况属于劳动者的个人隐私。而盛燕燕及乐卡克公司的陈述证实盛燕燕之所以在已经登记结婚的情况下在相关表格中仍填写婚姻状况为“未”是基于盛燕燕未办酒席不视作结婚的当地风俗而为，故盛燕燕基于习俗作出上述行为，亦不违背常理。

东浦公司（即派遣公司）及乐卡克公司均未举证证明盛燕燕主观上存在欺诈的故意，故法院对乐卡克公司主张盛燕燕的行为属于欺诈，不予采信。因乐卡克公司未举证证明盛燕燕有严重违反用人单位的规章制度等情形，故其作为用工单位将劳动者退回劳务派遣单位，进而东浦公司解除与盛燕燕的劳动合同，均无事实依据，法院不予支持。故盛燕燕要求恢复与东浦公司的劳动关系，法院予以支持。因盛燕燕与东浦公司签订的劳动合同明确将盛燕燕派遣至乐卡克公司工作，故盛燕燕要求恢复与乐卡克公司的用工关系，于法有据，法院予以支持。二审法院对一审法院的判决和理由予以认同，并特别强调，“乐卡克公司以女员工入职时是否已经结婚作为用工的考虑因素，有歧视已婚妇女之嫌，与我国劳动法中要求保护妇女用工权益的精神相违背，故乐卡克公司的上诉，本院不予支持”。

（三）劳动合同无效的法律后果

劳动合同无效是绝对无效、自始无效，但由于劳动付出后不可能返还原物或者恢复原状，所以《劳动合同法》第 28 条规定，劳动合同被确认无效，劳动者已付出劳动的，用人单位应当向劳动者支付劳动报酬。劳动报酬的数额，参照本单位相同或者相近岗位劳动者的劳动报酬确定。

劳动合同部分无效，不影响其他部分效力的，其他部分仍然有效。

第四节 劳动合同的履行和变更

一、劳动合同履行的原则

劳动合同的履行，是指劳动合同双方当事人完成劳动合同所规定的义务，实现劳动过程和合法权益的过程。

劳动合同的履行遵循全面履行和亲自履行的原则。《劳动合同法》第 29 条规定，用人单位与劳动者应当按照劳动合同的约定，全面履行各自的义务。特别在工资的支付这一用人单位的核心义务上，用人单位应遵守货币支付、直接支付、全额支付、定期支付（至少每月）、定地支付、优先支付的原则。因为劳动合同具有较强的人身属性，当事人的信用和实际履约能力比一般民事合同更为重要，因此亲自履行尤其是劳动者的亲自履行更为突出。同时因为劳动合同的较强人身属性，在劳动者不能履行劳动给付义务的时候，不能适用强制履行的责任承担形式，否则将构成强迫劳动，是对劳动者人身自由和尊严的损害。

二、劳动合同的变更

从广义上界定劳动合同的变更，可分为主体变更和内容变更，狭义上的变更则仅限于劳动合同内容的变更。

（一）用人单位的变更

如果用人单位变更名称、法定代表人、主要负责人或者投资人等事项，不影响劳动合同的履行。用人单位发生合并或者分立等情况，原劳动合同继续有效，劳动合同由承继其权利和义务的用人单位继续履行。

（二）劳动合同内容的变更

《劳动合同法》第 35 条规定，用人单位与劳动者协商一致，可以变更劳动合同约定的内容。变更劳动合同，应当采用书面形式。变更后的劳动合同文本由用人单位和劳动者各执一份。

第五节　劳动合同的终止和解除

一、劳动合同的终止

（一）劳动合同终止和劳动合同解除的区别

劳动合同终止和劳动合同的解除都使得劳动合同确立的权利义务消灭。二者的区别在于劳动合同的终止是基于事件，不受当事人主观意志决定，事件一旦发生，劳动合同则归于消灭。而劳动合同的解除，不管是双方协议解除还是单方基于法定条件解除，都是基于劳动合同当事人的主观意志，是在劳动合同期限届满前通过法律行为使劳动合同关系消灭。在这区别后面体现的是，终止是法律的直接干预，而解除则赋予当事人一定程度的意思自治。尽管在单方解除情形下有法定条件的约束，但是否解除仍由用人单位和劳动者决定。

《劳动法》第 23 条规定，劳动合同期满或者当事人约定的劳动合同终止条件出现，劳动合同即行终止。在这条规定里，劳动合同的终止可以为法定也可以通过当事人自行约定，而这样的规定为用人单位规避法律对单方解除权的限制留下了漏洞。用人单位可以在提供给劳动者的格式合同文本中明确约定在何种条件下劳动合同终止，变相行使单方解除权。因此，在《劳动合同法》和《劳动合同法实施条例》中以列举和明确规定的方式严格将终止的事由限制为法定，并且事由的共性是不由当事人主观意志左右的事件。根据后法由于先法、特别法优于普通法的法律适用原则，应当适用劳动合同法的规定。并且从法理上，劳动合同法的规定则更具有逻辑上的内在一致性和更能够保护劳动者的就业安定权。

（二）劳动合同终止的法定事由

《劳动合同法》第 44 条规定，有下列情形之一的，劳动合同终止：（1）劳动合同期满的；（2）劳动者开始依法享受基本养老保险待遇的；（3）劳动者死亡，或者被人民法院宣告死亡或者宣告失踪的；(4) 用人单位被依法宣告破产的；(5) 用人单位被吊销营业执照、责令关闭、撤销或者用人单位决定提前解散的；(6) 法律、行政法规规定的其他情形。

由此，劳动合同终止必须基于法律、行政法规的直接规定。《劳动合同法实施条例》第 13 条进一步明确了该规定，"用人单位与劳动者不得在《劳动合同法》第 44 条规定的劳动合同终止情形之外约定其他的劳动合同终止条件"。所以，《劳动合同法》和《劳动合同法实施条例》对劳动法第 23 条进行了修改。

(三) 劳动合同的延期终止

为了保障劳动者的权益，法律还明确规定即使劳动合同期限届满，如果劳动者有工伤或者处于孕期等情形，劳动合同应当延长至相应情形的结束。根据《劳动合同法》第 42 条、第 45 条的规定，劳动者有下列情形之一的，劳动合同应当延续至相应的情形消失时终止：(1) 从事接触职业病危害作业的劳动者未进行离岗前职业健康检查，或者疑似职业病病人在诊断或者医学观察期间的；(2) 在本单位患职业病或者因工负伤并被确认丧失或者部分丧失劳动能力的；(3) 患病或者非因工负伤，在规定的医疗期内的；(4) 女职工在孕期、产期、哺乳期的；(5) 在本单位连续工作满十五年，且距法定退休年龄不足五年的；(6) 法律、行政法规规定的其他情形。但是，丧失或者部分丧失劳动能力劳动者的劳动合同的终止，按照国家有关工伤保险的规定执行。

二、劳动合同的解除

(一) 劳动合同解除的界定和分类

劳动合同的解除，是指劳动合同当事人在劳动合同约定的终止期限届满之前，提前终止劳动合同法律效力的行为。

对劳动合同的解除，尤其是对用人单位的单方解除权，大陆法系国家出于对劳动者职业安定性的保障，通常予以了较严格的限制。而美国法律实行的是任意雇佣制度 (employment at will)，用人单位和劳动者都可以任意解除劳动合同，但前提是不能违反美国社会的"政治正确"，如因歧视而进行的解雇则违反了 1964 民权法案和州层面上的立法。

我国对单方解除权也进行了严格的限制。根据解除权的行使方式可将解除权分为协议解除和单方解除。协议解除需劳动合同双方意思表示达成一致后方可解除，对协议解除法律干预较少，尊重当事人的意思自治。单方解除，是劳动合同当事人一方在无须对方当事人同意的情形下可解除劳动合同的情形，此为形成权的行使。单方解除权根据行使权利主体的不同，又可分为劳动者的单方解除权，即辞职权，以及用人单位的单方解除权又称为辞退权。因为立法者的本意是为更好保障劳动者的就业安定性，所以对劳动者单方解除劳动合同，法律只规定了程序性的通知要件，使用人单位有相应的准备时间，而不限定实质要件；而对用人单位的单方解除，则严格限制了法定要件，并且排除当事人自行约定合同解除要件，这点和《合同法》的规定有所不同。因为用人单位和劳动者在缔约时谈判能力、信息资源不对等，为防止用人单位滥用格式合同规避法律对单方解除权的限制，所以用人单位的单方解除权必须符合法律明确规定的条件才可以行使。

（二）劳动合同的协议解除

根据《劳动合同法》第 36 条规定，用人单位与劳动者协商一致，可以解除劳动合同。如果由用人单位提出解除请求，用人单位应当向劳动者支付经济补偿金；如果劳动者主动提出解除请求，则用人单位无须支付补偿金。

（三）劳动者单方解除劳动合同（辞职）

1. 劳动者应当提前通知解除劳动合同的情形（预告辞职）

《劳动合同法》第 37 条规定，劳动者提前三十日以书面形式通知用人单位，可以解除劳动合同。劳动者在试用期内提前三日通知用人单位，可以解除劳动合同。解除权是形成权，无须经过用人单位的批准。提前三十天以书面形式通知，是给企业以必要的时间准备和工作交接的需要，是单方辞职的程序性要件。试用期只需提前三天通知，且可以口头或者书面形式。

2. 劳动者可以随时通知解除劳动合同的情形

对劳动者可以随时通知解除劳动合同的条件，《劳动合同法》第 38 条规定了六种情形，其共通处为用人单位有过错，且损害了劳动者基于劳动合同所期待的根本利益，构成了根本违约。这六种情形分别为用人单位：(1) 未按照劳动合同约定提供劳动保护或者劳动条件的；(2) 未及时足额支付劳动报酬的；(3) 未依法为劳动者缴纳社会保险费的；(4) 用人单位的规章制度违反法律、法规的规定，损害劳动者权益的；(5) 因本法第 26 条第 1 款规定的情形致使劳动合同无效的；(6) 法律、行政法规规定劳动者可以解除劳动合同的其他情形。符合上述情形之一，劳动者可以随时通知解除，用人单位应当支付经济补偿金。

3. 劳动者无须通知就可以解除劳动合同的情形

用人单位以暴力、威胁或者非法限制人身自由的手段强迫劳动者劳动的，或者用人单位违章指挥、强令冒险作业危及劳动者人身安全的，劳动者可以立即解除劳动合同，不需事先告知用人单位。在这种情形下，如果法律要求劳动者通知的义务，则劳动者的人身自由和安全将受到损害。劳动者无须通知的单方解除，用人单位也必须支付经济补偿金。

下表是对劳动者单方解除合同的情形、法律依据和用人单位的法律责任的总结。

劳动者单方解除合同的法律依据和用人单位的法律责任

劳动者单方解除合同形式	法律依据	用人单位是否支付经济补偿
预告辞职（提前通知）	一般预告辞职（劳动合同法第 37 条）：提前 30 日通知	不补偿
	试用期预告辞职（劳动合同法第 37 条）：提前 3 天通知	不补偿
即时辞职（不需提前通知）	随时通知：许可性条件（劳动合同法第 38 条第 1 款）	补偿
	无须通知辞职－许可性条件（劳动合同法第 38 条第 2 款）	补偿

（三）用人单位单方解除劳动合同（辞退）

1. 用人单位无须提前通知单方解除劳动合同的情形（即时辞退）

《劳动合同法》第39条以列举的方式明确规定了用人单位即时辞退的六种情形，限于劳动者在试用期不合格和劳动者有重大过错的情形。

（1）劳动者在试用期间被证明不符合录用条件。因为我国对用人单位的单方辞退权予以了严格限制，为了保障企业的人事自主权和活力，法律在试用期给用人单位以较大的自由。但企业不得在劳动者试用期考核结束已开始正式工作后再以试用期被证明不符合录用条件为由进行单方辞退。

（2）劳动者严重违反用人单位的规章制度。劳动者严重违反用人单位规章制度的前提是，规章制度必须符合《劳动合同法》第4条的规定，依据民主程序制定并且满足公告或者通知的要件，并且其内容不得违反法律、行政法规的强制性规定，具有实体的合法性。

关于"严重违反"，法律对其并没有进行进一步的解释，司法实践中，对行为严重性的判断多从行为的性质、造成损害后果的程度等方面，结合规章制度本身的规定进行判决。

（3）劳动者严重失职，营私舞弊，给用人单位造成重大损害。劳动者违反忠诚义务，给企业造成重大损害，即使没有达到刑事制裁的严重程度，用人单位也可以对其行使即时辞退权。

（4）劳动者同时与其他用人单位建立劳动关系，对完成本单位的工作任务造成严重影响，或者经用人单位提出，拒不改正的。

（5）劳动者采用欺诈、胁迫或者乘人之危订立合同，致使劳动合同无效。对这一规定，学者有批评意见。因为解除权行使的前提是合同的有效存在，而合同无效则是自始无效和绝对无效，所以无效的合同不能解除。

（6）劳动者被依法追究刑事责任的。在用人单位单方辞退权的规定中，法律采取明确列举的方式，并没有留下兜底条款，在此也反映了立法者的立法意图，即对用人单位单方辞退权的严格限制。

2. 用人单位提前通知单方解除劳动合同的情形（预告辞退）

《劳动合同法》第40条规定了三种用人单位预告辞退的情形，其共同点为劳动者没有过错，但出现了使用人单位的预期根本利益落空的事由，可能是劳动者的劳动能力的原因，也可能是情势变更导致合同无法履行。在下述三种情形中，用人单位必须提前三十日以书面形式通知劳动者本人或者额外支付劳动者一个月工资后，才可以单方解除劳动合同：（1）劳动者患病或者非因工负伤，在规定的医疗期满后不能从事原工作，也不能从事由用人单位另行安排的工作的；（2）劳动者不能胜任工作，经过培训或者调整工作岗位，仍不能胜任工作的；（3）劳动合同订立时所依据的客观情况发生重大变化，致使劳动合同无法履行，经用人单位与劳动者协商，未能就变更劳动合同内容达成协议的。预告辞退时，用人单位也应当向劳动者支付经济补偿金。

值得注意的是，现实中不少企业为了激励员工，规定了末位淘汰的规章制度。用人单位根据规章制度对完成生产任务但在考核中居末位的员工辞退的情形是否合法？最高人民法院2013年11月8日发布的第18号指导案例①，明确指出“劳动者在用人单位等级考核中居于末位等次，不等同于‘不能胜任工作’，不符合单方解除劳动合同的法定条件，用人单位不能据此单方解除劳动合同”。

3. 用人单位经济性裁员

经济性裁员也是用人单位的即时辞退，但因涉及人数较多，对社会稳定性的可能影响较大，所以《劳动合同法》第41条对其进行了特别规定。

经济性裁员的界定。是指需要裁减人员二十人以上或者裁减不足二十人但占企业职工总数10%以上。

经济性裁员的实质条件。用人单位只有符合下列情形之一，才可以大规模的裁员：(1) 用人单位依照企业破产法规定进行重整的；(2) 用人单位生产经营发生严重困难的；(3) 用人单位转产、重大技术革新或者经营方式调整，经变更劳动合同后，仍需裁减人员的；(4) 其他因劳动合同订立时所依据的客观经济情况发生重大变化，致使劳动合同无法履行的。

经济性裁员的程序要件：用人单位提前三十日向工会或者全体职工说明情况，听取工会或者职工的意见后，裁减人员方案向劳动行政部门报告。但用人单位的义务仅限于向职工说明而无须征得其同意，向劳动行政部门报告而无须经过其批准。

经济性裁员时法定优先留用人员：(1) 与本单位订立较长期限的固定期限劳动合同的；(2) 与本单位订立无固定期限劳动合同的；(3) 家庭无其他就业人员，有需要扶养的老人或者未成年人的。对优先留用人员的规定体现了劳动法对企业社会责任的设置。

裁员企业重新招聘的规定：裁员企业重新招聘时应当通知被裁减的人员，并在同等条件下优先招用被裁减的人员。

4. 用人单位不得单方解除劳动合同的情形

根据《劳动合同法》第42条规定，劳动者有下列情形之一的，用人单位不得依照该法第40条、第41条的规定解除劳动合同：(1) 从事接触职业病危害作业的劳动者未进行离岗前职业健康检查，或者疑似职业病病人在诊断或者医学观察期间的；(2) 在本单位患职业病或者因工负伤并被确认丧失或者部分丧失劳动能力的；(3) 患病或者非因工负伤，在规定的医疗期内的；(4) 女职工在孕期、产期、哺乳期的；(5) 在本单位连续工作满十五年，且距法定退休年龄不足五年的；(6) 法律、行政法规规定的其他情形。

值得注意的是，即使劳动者符合上述情形之一，如用人单位与劳动者达成一致，双方仍然可以协议解除劳动合同。并且，如果劳动者有第三十九条的情形，如试用期内不符合录用条件或者是有严重的过错等，用人单位仍然可以解除合同。

下表是将用人单位单方辞退的条件和法律依据以及法律后果进行的总结。

用人单位单方解除劳动合同的法律依据和法律责任

用人单位单方解除合同（辞退）形式	法律依据	用人单位是否支付经济补偿
即时辞退（不需提前通知）	许可条件（第39条）	不补偿

① 中兴通讯（杭州）有限责任公司诉王鹏劳动合同纠纷案。

续表

用人单位单方解除合同（辞退）形式	法律依据	用人单位是否支付经济补偿
一般预告辞退（提前 30 日通知，或者支付一个月工资代通知金）	许可性条件（第 40 条）	补偿
	禁止性条件（第 42 条）	补偿
经济性裁员	许可性条件（第 41 条）	补偿

三、劳动合同终止和解除的法律后果

（一）用人单位的义务和责任

1. 支付经济补偿

经济补偿，也可称为离职费或者遣散费，其实质为补偿而非赔偿，因此不以用人单位的过错为前提。《劳动合同法》第 46 条规定，下列情形用人单位应当向劳动者支付经济补偿：

用人单位应当向劳动者支付经济补偿的情形	法律依据
劳动者随时通知辞职的情形（用人单位根本违约）	第 38 条第 1 款
劳动者无须通知辞职的情形（用人单位对劳动者安全和自由有损害）	第 38 条第 2 款
用人单位提出解除劳动合同，双方达成一致	第 36 条
用人单位一般预告辞退（提前 30 日通知，或者支付一个月工资代通知金）	第 40 条
用人单位经济性裁员	第 41 条第 1 款
劳动合同期满终止，用人单位不续订	第 44 条第 1 项
用人单位被宣告破产、被吊销营业执照、责令关闭、撤销或者用人单位决定提前解散导致劳动合同终止	第 44 条第 4 项、第 5 项
法律、行政法规规定的其他情形	第 46 条第 7 项

《劳动合同法》第 47 条规定了经济补偿的计算方式，按劳动者在本单位工作的年限，每满一年支付一个月工资的标准向劳动者支付。六个月以上不满一年的，按一年计算；不满六个月的，向劳动者支付半个月工资的经济补偿。如果劳动者月工资高于用人单位所在直辖市、设区的市级人民政府公布的本地区上年度职工月平均工资三倍的，向其支付经济补偿的标准按职工月平均工资三倍的数额支付，向其支付经济补偿的年限最高不超过十二年。月工资是指劳动者在劳动合同解除或者终止前十二个月的平均工资。

2. 继续履行

根据《劳动合同法》第 48 条的规定，用人单位违法解除或者终止劳动合同，劳动者要求继续履行劳动合同的，用人单位应当继续履行。

3. 支付赔偿金

在用人单位违法解除或者终止劳动合同时，如劳动者不要求用人单位继续履行劳动合同或者劳动合同已经不能继续履行的，用人单位应当向劳动者支付赔偿金，赔偿金的支付标准为应付经济补偿的二倍。在支付赔偿金后，用人单位无须再次支付经济补偿。

4. 协作的附随义务

用人单位应当在解除或者终止劳动合同时出具解除或者终止劳动合同的证明，并在十五日内为劳动者办理档案和社会保险关系转移手续。用人单位对已经解除或者终止的劳动合同的文本，至少保存二年备查。

（二）劳动者的义务和责任

（1）办理工作交接，妥善处理在劳动合同解除或终止前的工作业务。

（2）返还、归还因工作需要而使用、占有用人单位财产、资料的义务。如用人单位为其提供使用的房屋、汽车、电脑、图纸等。

（3）保守用人单位的商业秘密。无论是否签署保密协议，劳动者都有法定的义务保守在工作中所获知的用人单位的商业秘密，这是基于合同的附随义务的体现。如果与用人单位签署了竞业限制合同，还应当遵守其约定。

（4）承担违约金责任。《劳动合同法》对可以约定的劳动者违约责任进行了严格的限定，仅限于在约定竞业限制和专项培训的情形下，劳动者才能承担违约责任。

对负有保密义务的劳动者，用人单位可以在劳动合同或者保密协议中与劳动者约定竞业限制条款，并约定在解除或者终止劳动合同后，在竞业限制期限内按月给予劳动者经济补偿。劳动者违反竞业限制约定的，应当按照约定向用人单位支付违约金。竞业限制的人员限于用人单位的高级管理人员、高级技术人员和其他负有保密义务的人员。竞业限制的范围、地域、期限由用人单位与劳动者约定，竞业限制的约定不得违反法律、法规的规定。在解除或者终止劳动合同后，前述人员到与本单位生产或者经营同类产品、从事同类业务的有竞争关系的其他用人单位，或者自己开业生产或者经营同类产品、从事同类业务的竞业限制期限，不得超过二年。

用人单位为劳动者提供专项培训费用，对其进行专业技术培训的，可以与该劳动者订立协议，约定服务期。劳动者违反服务期约定的，应当按照约定向用人单位支付违约金。违约金的数额不得超过用人单位提供的培训费用。用人单位要求劳动者支付的违约金不得超过服务期尚未履行部分所应分摊的培训费用。用人单位与劳动者约定服务期的，不影响按照正常的工资调整机制提高劳动者在服务期期间的劳动报酬。

第六节 劳务派遣和非全日制用工

一、劳务派遣

（一）劳务派遣的界定

劳务派遣又称人才派遣、人才租赁、劳动派遣、劳动力租赁、雇员租赁，是指由劳务派遣公司与派遣劳动者订立劳动合同，然后根据派遣公司和要派企业（实际用工单位）的协议，派遣劳动者到用工单位工作，接受用工单位的指挥和管理，劳动报酬和社会保险费用由用工单位提供给派遣单位，再由派遣单位支付给劳动者的工作形式。

派遣公司和劳动者之间形成了劳动法律关系，派遣公司和实际用工单位间是合作合同关系，而实际用工单位和劳动者间形成的是管理和服从的关系。

在实践中，劳务派遣可以分为登录型派遣和雇佣型派遣。登录型派遣中，派遣机构对劳动者仅进行登记，在受到用工单位委托后才与劳动者订立劳动合同派遣期到用工单位工作。因此，在登录型派遣中，派遣公司和劳动者的关系较为松散，在派遣结束没有接受新的委托前，派遣公司无须为劳动者支付报酬和社保费用。我国的现行立法为了强化对派遣劳动者的保护，是按照雇佣型派遣的模式进行的制度安排。立法要求劳务派遣单位应当与被派遣劳动者订立二年以上的固定期限劳动合同，按月支付劳动报酬；被派遣劳动者在无工作期间，劳务派遣单位应当按照所在地人民政府规定的最低工资标准，向其按月支付报酬。

劳动派遣与一般劳动关系的区别在于，实际的用工者和法律上的用人单位的分离。采用劳务派遣的一个很重要的原因在于具有严格解雇保护的国家，用人单位（雇主）对临时性、替代性和辅助性的工作需要有更大的灵活性安排以减少人力成本。但在我国2008年劳动合同法实施后，出现了劳务派遣被滥用的情形，具体表现为劳务派遣超常规发展，企业超过法律允许的临时性、辅助性和替代性的范围大量使用派遣员工，以此作为规避无固定期限劳动合同的方式；劳务派遣员工劳动权益受损，同工不同酬、社会保险福利待遇低、不受解雇保护；劳务派遣行业经营混乱。因此在2012年我国对《劳动合同法》进行了修改，集中于对劳务派遣立法的完善。

（二）劳务派遣关系的主体和权利义务

1. 派遣单位

根据《劳动合同法》第57条规定，派遣单位经营劳务派遣业务应当具备下列条件：（1）注册资本不得少于人民币二百万元；（2）有与开展业务相适应的固定的经营场所和设施；（3）有符合法律、行政法规规定的劳务派遣管理制度；（4）法律、行政法规规定的其他条件。

并且，经营劳务派遣业务，应当向劳动行政部门依法申请行政许可；经许可的，依法办理相应的公司登记。未经许可，任何单位和个人不得经营劳务派遣业务。用人单位不得设立劳务派遣单位向本单位或者所属单位派遣劳动者。

根据《劳动合同法》第58条、59条、60条和61条规定，劳务派遣单位具有以下义务：（1）与被派遣劳动者订立劳动合同。除应当明确劳动合同的必备条款外，还应当载明被派遣劳动者的用工单位以及派遣期限、工作岗位等情况。（2）劳动合同类型和期限。劳务派遣单位应当与被派遣劳动者订立二年以上的固定期限劳动合同。（3）与用工单位签订劳务派遣协议。劳务派遣协议应当约定派遣岗位和人员数量、派遣期限、劳动报酬和社会保险费的数额与支付方式以及违反协议的责任。用工单位应当根据工作岗位的实际需要与劳务派遣单位确定派遣期限，不得将连续用工期限分割订立数个短期劳务派遣协议。（4）告知义务。劳务派遣单位应当将劳务派遣协议的内容告知被派遣劳动者。（5）劳动报酬支付义务。劳务派遣单位应按月支付劳动者劳动报酬，不得克扣用工单位按照劳务派遣协议支付给被派遣劳动者的劳动报酬；被派遣劳动者在无工作期间，劳务派遣单位应当按照所在地人民政府规定的最低工资标准，向其按月支付报酬。（6）不得收费义务。劳务派遣单位不得向被派遣劳动者收取费用。（7）社会保险登记和缴费义务。（8）管理档案义务。

2. 用工单位

用工单位是接受以劳务派遣形式用工的单位，即实际使用劳动者的主体。

用工单位负有以下法定义务：(1) 限定只能在临时性、辅助性、替代性岗位上使用派遣劳动者，且使用派遣劳动者的比例不超过单位员工人数的10%；(2) 执行国家劳动标准，提供相应的劳动条件和劳动保护；(3) 告知被派遣劳动者的工作要求和劳动报酬，对派遣劳动者实行同工同酬；(4) 支付加班费、绩效奖金，提供与工作岗位相关的福利待遇；(5) 对在岗被派遣劳动者进行工作岗位所必需的培训；(6) 连续用工的，实行正常的工资调整机制；(7) 不得再派遣；(8) 对派遣劳动者的退回受法定辞退要件的约束。

3. 派遣劳动者

派遣劳动者享有平等待遇权和团结权。(1) 平等待遇权，是指被派遣劳动者享有与用工单位的劳动者同工同酬的权利。用工单位应当按照同工同酬原则，对被派遣劳动者与本单位同类岗位的劳动者实行相同的劳动报酬分配办法。用工单位无同类岗位劳动者的，参照用工单位所在地相同或者相近岗位劳动者的劳动报酬确定。(2) 团结权，是指被派遣劳动者有权在劳务派遣单位或者用工单位依法参加或者组织工会，维护自身的合法权益。

（三）派遣单位和用工单位违法的法律责任

1. 派遣单位的责任

(1) 未经许可进行派遣业务的行政责任。派遣单位未经许可，擅自经营劳务派遣业务的，由劳动行政部门责令停止违法行为，没收违法所得，并处违法所得一倍以上五倍以下的罚款；没有违法所得的，可以处五万元以下的罚款。

(2) 违反劳务派遣规定的行政责任。劳务派遣单位违反有关劳务派遣规定的，由劳动行政部门责令限期改正；逾期不改正的，以每人五千元以上一万元以下的标准处以罚款，对劳务派遣单位，吊销其劳务派遣业务经营许可证。

(3) 对劳动者的民事责任。用工单位给被派遣劳动者造成损害的，劳务派遣单位与用工单位承担连带赔偿责任。

2. 用工单位的责任

(1) 违反劳务派遣规定的行政责任。用工单位违反劳动合同法有关劳务派遣规定的，由劳动行政部门和其他有关主管部门责令改正；逾期不改正的，以每人五千元以上一万元以下的标准处以罚款。

(2) 对劳动者的民事责任。劳务派遣单位给被派遣劳动者造成损害的，劳务派遣单位和用工单位承担连带赔偿责任。

二、非全日制用工

（一）非全日制用工（part-time work）的界定

我国对非全日职制用工的界定，是指以小时计酬为主，劳动者在同一用人单位平均每日工作时间不超过四小时，每周工作时间累积不超过二十四小时的用工形式。

非全日制用工是劳动市场多样化的体现，具有灵活性的特点。劳动者在某一特定的用人单位工作时间较短，其劳动合同的缔结和解除具有更强的灵活性，合同缔结时用人单位不受书面形式的强制性规定制约，合同解除时也不受法定解除条件的限制。

（二）非全日制用工的特殊法律规定

1. 非全日制用工合同缔结和内容的特殊规定

非全日制用工双方当事人可以订立口头协议。从事非全日制用工的劳动者可以与一个或者一个以上用人单位订立劳动合同，不需要得到用人单位的同意；但是，后订立的劳动合同不得影响先订立的劳动合同的履行。非全日制用工双方当事人不得约定试用期。非全日制用工小时计酬标准不得低于用人单位所在地人民政府规定的最低小时工资标准，劳动报酬结算支付周期最长不得超过十五日。

2. 非全日制用工合同终止的特殊规定

非全日制用工双方当事人任何一方都可以随时通知对方终止用工，不需要预告，也没有条件的限制。终止用工时，用人单位不向劳动者支付经济补偿。

第七章　集体劳动合同法

第一节　集体合同概述

以强制性的行政法规确定的劳动标准具有刚性，规定了劳动条件的底线。但多元的劳动市场主体及其多元的权利义务需求，需要有更加灵活能反映个体差异的劳动条件的参照和指导。在作为个体的劳动者和以组织体存在的用人单位之间，存在着经济力量对比的悬殊、信息不充分和欠缺专业的谈判能力的弱势，因此大多数的劳动者很难通过个体的力量去博弈获得合理的劳动条件，而只能通过“以脚投票”的方式来选择。从社会层面而言，个体的协商不足以实现公正的工资增长机制以及协调的劳动关系。这是集体协商制度产生的根源，在劳动标准的刚性和个体劳动合同的柔性间，发展出既能有效保障劳动者权益，又能符合企业实际情况的弹性。

一、集体合同的概念

集体合同，又称为团体协议或者集体协议，是工会组织（或劳动者代表）代表劳动者与用人单位（雇主、雇主组织）就各项内部劳动关系问题进行集体协商而缔结的协议。

集体合同和个别劳动合同相比，具有以下特点：

（1）主体特殊性。集体合同的一方为用人单位或者用人单位的联合体，例如在区域性集体合同或者行业性集体合同的订立中，用人单位方为区域性企业联合会或行业性企业联合会；另一方当事人则为劳动者的代表或者工会。

（2）内容特定性。集体合同的内容关系到用人单位内部劳动者共同性的权利和义务，并可以订立如劳动安全卫生、女职工权益保护、工资调整机制等专项集体合同。

（3）效力特殊性。集体合同对签订合同的用人单位和工会代表的全体劳动者都有法律效力，个别劳动合同所约定的涉及劳动者权利的劳动条件不能低于集体劳动合同的约定。

二、集体合同的分类

以集体合同的内容进行分类，可分为综合性集体合同和专项性集体合同。企业职工一方与用人单位通过平等协商，就劳动报酬、工作时间、休息休假、劳动安全卫生、保险福利等事项订立集体合同，这类合同为综合性的集体合同。除此以外，企业职工一方与用人单位还可以订立劳动安全卫生、女职工权益保护、工资调整机制等专项集体合同。在专项合同方面，最为普遍的是工资集体协商合同，作为工资正常增长机制的重要因素。

以集体合同的主体分类，可分为企业性集体合同、区域性集体合同和行业性集体合同。用人单位与企业工会或本单位劳动者代表签订的为企业集体合同；行业企业协会与行业工会订立的是行业集体合同；地区性企业协会与地区性工会组织间签订的为区域性集体合同。因为不同行业间的工资水平、企业盈利能力等差别可能较大，因此行业性集体合同的订立更能反映本行业的具体情况。我国《劳动合同法》第 53 条规定，在县级以下区域内，建筑业、采矿业、餐饮服务业等行业可以由工会与企业方面代表订立行业性集体合同，或者订立区域性集体合同。

第二节 集体合同的内容、形式和期限

一、集体合同的内容

2004 年原劳动和社会保障部颁行的《集体合同规定》列举了以下十五项集体合同的内容，并对各项内容进行了具体的规定。但立法并没有以强制性的必备条款的方式加以规定，而是以授权性的规范规定。

（一）劳动报酬

劳动报酬主要包括：(1) 用人单位工资水平、工资分配制度、工资标准和工资分配形式；(2) 工资支付办法；(3) 加班、加点工资及津贴、补贴标准和奖金分配办法；(4) 工资调整办法；(5) 试用期及病、事假等期间的工资待遇；(6) 特殊情况下职工工资（生活费）支付办法；(7) 其他劳动报酬分配办法。

（二）工作时间

工作时间主要包括：(1) 工时制度；(2) 加班加点办法；(3) 特殊工种的工作时间；(4) 劳动定额标准。

（三）休息休假

休息休假主要包括：(1) 日休息时间、周休息日安排、年休假办法；(2) 不能实行标准工时职工的休息休假；(3) 其他假期。

（四）劳动安全与卫生

劳动安全卫生主要包括：(1) 劳动安全卫生责任制；(2) 劳动条件和安全技术措施；(3) 安全操作规程；(4) 劳保用品发放标准；(5) 定期健康检查和职业健康体检。

（五）补充保险和福利

补充保险和福利主要包括：(1) 补充保险的种类、范围；(2) 基本福利制度和福利设施；(3) 医疗期延长及其待遇；(4) 职工亲属福利制度。

（六）女职工和未成年工特殊保护

女职工和未成年工的特殊保护主要包括：(1) 女职工和未成年工禁忌从事的劳动；(2) 女职工的经期、孕期、产期和哺乳期的劳动保护；(3) 女职工、未成年工定期健康检查；(4) 未成年工的使用和登记制度。

（七）职业技能培训

职业技能培训主要包括：（1）职业技能培训项目规划及年度计划；（2）职业技能培训费用的提取和使用；（3）保障和改善职业技能培训的措施。

（八）劳动合同管理

劳动合同管理主要包括：（1）劳动合同签订时间；（2）确定劳动合同期限的条件；（3）劳动合同变更、解除、续订的一般原则及无固定期限劳动合同的终止条件；（4）试用期的条件和期限。

（九）奖惩

奖惩主要包括：（1）劳动纪律；（2）考核奖惩制度；（3）奖惩程序。

（十）裁员

裁员主要包括：（1）裁员的方案；（2）裁员的程序；（3）裁员的实施办法和补偿标准。

（十一）集体合同期限

（十二）变更、解除集体合同的程序

（十三）履行集体合同发生争议时的协商处理办法

（十四）违反集体合同的责任

（十五）双方认为应当协商的其他内容

《集体合同规定》所列举的十五项集体合同的内容中，第一项至第十项涉及劳动标准（也称为劳动基准），用人单位和劳动者代表所协商的劳动条件不得低于法律以强制性规定所规范的劳动条件。在实践中，很多集体合同照搬劳动法和劳动法对劳动条件的规定，没有进行实质性的协商，所以尽管全国总工会统计的集体合同覆盖率很高，从集体协商的质量来看，仍有进一步完善的必要。

二、集体合同的形式和期限

我国《集体合同规定》明确要求集体合同采用书面形式。集体合同的形式还有主件和附件之分。主件即综合性的集体合同，内容涉及劳动报酬、工作时间、休息休假、劳动安全卫生、保险福利等事项。附件为专项集体合同，主要为工资协议，女职工权益保护等。

集体合同可以分为固定期限集体合同、无固定期限集体合同以及以完成一定任务为期限的集体合同。我国现行立法仅规定了固定期限集体合同，期限一般为 1 至 3 年，具体的期限由双方当事人协商，期满或双方约定的终止条件出现，即行终止。集体合同或专项集体合同期满前 3 个月内，任何一方均可向对方提出重新签订或续订的要求。

第三节　集体合同的订立与效力

一、集体合同的订立

（一）集体合同订立的主体和原则

集体合同的订立，是工会组织（或劳动者代表）与用人单位代表就集体合同的内容进行集体协商达成一致的过程。集体合同的主体为用人单位的全体劳动者和用人单位，但在协商订立中，是通过代理人的方式将劳动者意见聚集形成合意再进行表达和博弈，因此作为代理人的协商代表的产生和监督就对具体意见的表达有着非常关键的作用。工资集体协商代表是指按照法定程序产生，有权代表本方利益进行工资集体协商的人员。

我国《工会法》《劳动合同法》《集体合同规定》都规定，职工一方的协商代表由本单位工会选派。未建立工会的，由本单位职工民主推荐，并经本单位半数以上职工同意。由于我国工会是单一制，如果工会不提起集体协商，将如何救济？因此，有些地方性法规和规范性文件作出尝试，规定除了工会外，“也可以按照职工自荐或民主推荐、竞选演说、群众投票的程序，产生职工协商代表”①。

为保障协商代表能有效地行使其职能，法律对协商代表的权利义务进行了规定。协商代表应履行下列职责：(1) 参加集体协商；(2) 接受本方人员质询，及时向本方人员公布协商情况并征求意见；(3) 提供与集体协商有关的情况和资料；(4) 代表本方参加集体协商争议的处理；(5) 监督集体合同或专项集体合同的履行；(6) 协商代表应当保守在集体协商过程中知悉的用人单位的商业秘密；(7) 法律、法规和规章规定的其他职责。协商代表的权利：(1) 企业内部的协商代表参加集体协商视为提供了正常劳动。(2) 职工协商代表的劳动合同的终止和解除受保护。职工一方协商代表在其履行协商代表职责期间劳动合同期满的，劳动合同期限自动延长至完成履行协商代表职责之时，除出现下列情形之一的，用人单位不得与其解除劳动合同：严重违反劳动纪律或用人单位依法制定的规章制度的；严重失职、营私舞弊，对用人单位利益造成重大损害的；被依法追究刑事责任的。(3) 职工一方协商代表履行协商代表职责期间，用人单位无正当理由不得调整其工作岗位。

集体合同的订立，应当遵循以下五原则：(1) 合法原则；(2) 相互尊重，平等协商；(3) 诚实守信，公平合作；(4) 兼顾双方合法权益；(5) 不得采取过激行为。

(二) 集体合同订立的程序

1. 协商要约

(1) 集体协商要约的发出。集体协商双方均可就签订合同以及相关事宜，以书面形式向对方提出集体协商要求，明确协商的时间、地点和主要事项等。企业行政方未发出要约的，工会应主动承担要约责任，启动协商程序。企业工会提出协商要约有困难的，其上一级工会可代替向企业提出协商要约。

区域工会联合会或行业工会可以向企业代表组织提出协商要约，也可以对所属企业直接发出协商要约。在工资集体协商中，当出现下列情形之一时，工会可以主动提出增加工资的协商要约：政府发布新的最低工资标准和企业工资指导线、城镇居民消费价格指数增长、企业利润增长、劳动生产率提高。当经济形势或企业经营状况发生重大变化时，企业行政方也可主动发出要约。

(2) 要约答复。在工资集体协商的情形下，一方发出书面协商要约后，另一方应在收到之日起 15 日内以书面形式给予回应，并在规定时间内向对方提供本方与工资集体协商有关的情况和资料，无正当理由不得拒绝或拖延。

---

① 成都市企业工资集体协商工作标准（试行），2013 年 6 月 9 日施行。

(3) 暂缓协商处理。企业认为开展工资协商条件不成熟请求暂缓的，应当书面向发起要约的工会说明情况，发起要约的工会将情况说明书存档，并向当地人力资源和社会保障部门、上级工会报告。

(4) 不予回应的处理。企业行政方在收到要约书之日起15日内不予书面回应，企业工会不能通过协商途径解决的，当事人一方或双方可以书面向有管辖权的人力资源和社会保障部门提出协调处理申请，由人力资源和社会保障部门组织同级工会和企业代表组织等三方面人员共同协调处理。

2. 召开协商会议

集体协商应当采用协商会议形式进行，会议由双方首席协商代表轮流主持。首次会议由要约提出方首席代表主持，按照确定的议题议程协商讨论。协商双方应本着互相尊重、互相理解、积极合作的态度，各自发表意见，开展充分讨论，平等协商，求同存异。协商双方首席代表归纳协商意见，达成一致后，由双方共同或委托一方起草集体合同草案，由双方首席代表签字，并提前7日提交职工（代表）大会。协商会议由双方确定的专人记录，经双方协商代表确认和签字后存档备查。

3. 审议通过

经双方协商一致的集体合同草案应提交职工（代表）大会讨论，由职工方首席协商代表就集体合同草案的产生过程及主要内容进行说明，广泛征求职工（代表）意见，并根据职工（代表）的意见进行协商、修改。会议必须有三分之二以上职工（代表）出席，且须经全体职工（代表）半数以上同意方获通过。通过后作出书面决议，并由双方首席代表签字盖章。

区域、行业集体合同草案须经区域、行业职工（代表）大会讨论通过。未建立区域、行业职工（代表）大会的，应当提交区域、行业内各企业职工（代表）大会审议，经全体职工（代表）过半数同意后方获通过。如集体合同草案在职工（代表）大会上没有获得通过，由双方协商代表重新进行协商修改，并在30日内再次提交职工（代表）大会审议。

二、集体合同的效力

集体合同的效力是指集体合同的法律约束力具体适用于何时、何地及何人，主要表现为时间效力、空间效力和对人的效力。

我国集体合同的有效期由合同双方协商确定，通常为1—3年，生效时间为劳动行政部门自收到集体合同文本之日起十五日内未提出异议的，集体合同即行生效。空间效力：如果是企业集体合同，则对企业和该企业的劳动者全体发生效力；如为行业性、区域性集体合同则对当地本行业、本区域的用人单位和劳动者具有约束力。对人的效力：因为我国是一元工会，因此依法订立的集体合同对用人单位和劳动者具有约束力。

集体合同具有债权效力和规范效力。债权效力体现于对合同双方当事人的约束，而规范效力则体现为对在此之后订立的个别劳动合同的效力。用人单位和职工个人订立的劳动合同中约定的劳动条件，不得低于集体合同规定的标准。

第四节 集体合同的履行、变更、解除和终止

一、集体合同的履行

履行集体合同，对集体合同双方当事人而言，既是约定义务，也是法定的义务。集体合同的履行，应当坚持实际履行、适当履行和协作履行原则。用人单位违反集体合同，侵犯职工劳动权益的，工会可以依法要求用人单位承担责任；因履行集体合同发生争议，经协商解决不成的，工会可以依法申请仲裁、提起诉讼。

签约双方根据各自的职责范围，全面履行工资集体合同规定的义务。一方不履行或者不完全履行合同的，应当承担继续履行合同、赔偿损失等违约责任。企业不执行约定的工资及福利待遇标准，对职工造成损害的，应当承担赔偿责任。

在履行的监督检查中，部分地方性规范文件①明确规定，企业工会与企业共同建立联合监督检查小组，制定监督检查制度，将工资集体合同条款进行分解，纳入岗位责任进行考核和奖惩；对工资集体合同履行情况定期和不定期进行检查，对检查中发现的问题，应当以书面形式提交双方首席协商代表共同研究，及时解决。工资集体合同的履行情况每年至少要向企业、区域或行业职工（代表）大会报告一次，接受职工群众的监督。未建立职工（代表）大会的，应当以适当的方式向全体职工、成员企业和职工报告。

二、集体合同的变更和解除

集体合同的变更和解除可分为协商一致变更、解除和法定条件变更、解除。根据《集体合同规定》第 39 条，双方协商代表协商一致，可以变更或解除集体合同或专项集体合同。第 40 条规定，有下列情形之一的，可以变更或解除集体合同或专项集体合同：(1) 用人单位因被兼并、解散、破产等原因，致使集体合同或专项集体合同无法履行的；(2) 因不可抗力等原因致使集体合同或专项集体合同无法履行或部分无法履行的；(3) 集体合同或专项集体合同约定的变更或解除条件出现的；(4) 法律、法规、规章规定的其他情形。

与个别劳动合同相区别的是，集体劳动合同允许双方在合同中约定解除事由，立法者的考量可能在于集体合同双方经过了充分博弈协商，劳动者的权益不至于被侵害，而个别劳动合同由于双方谈判能力不对等，劳动者很可能被迫接受格式合同，因此在解除这个问题上，法律予以集体合同更多的自治权。变更或解除集体合同或专项集体合同适用上述集体协商程序。

三、集体合同的终止

集体合同的终止，在这里限于狭义上的终止，即基于法律规定不随当事人意志转移的事件而终止，有别于作为广义终止的解除。集体合同的终止，包括因期限届满而终止

---

① 成都市企业工资集体协商工作标准（试行），2013 年 6 月 9 日施行。

和因目的实现而终止两种情形。因期限届满而终止，定期集体合同的期限届满时，除依法延长外，其法律效力消灭。因目的实现而终止，当集体合同规定的权利义务得以履行，其目的实现时，合同效力消灭。

第三编 劳动基准法律制度

第八章 工作时间和休息休假制度

劳动者的工作权和休息权是宪法规定的基本权利。《宪法》第43条规定："中华人民共和国劳动者有休息的权利。国家发展劳动者休息和休养的设施，规定职工的工作时间和休假制度。"《劳动法》根据宪法的这一规定，对劳动者的工作权和休息权进行了具体规定。

第一节 工作时间概述

一、工作时间的概念和特征

工作时间，是指法律规定的劳动者在一昼夜或一周内从事劳动或工作的时间限度。法律规定的一昼夜内从事工作的小时数总和称为工作日；一周内从事工作的工作日的总和称为工作周。

工作时间，是劳动者用来创造社会财富的时间，是衡量劳动者贡献大小和获得劳动报酬的重要依据，也是企业管理的重要内容和维持其正常经营秩序的手段之一。因此，各国都通过立法，规定工作时间的种类，限定工作时间的长度，以保障劳动者休息权的实现，督促用人单位依法进行劳动管理。我国《劳动法》不仅对劳动者的工作时间和休息休假作了专章规定，还明确了工作时间条款执行的监督检查和法律责任，为劳动关系双方在工作时间上规范自己的行为提供了法律依据。

作为一个法律范畴，工作时间不仅指劳动者实际进行本职工作的时间，即正常的工作时间，还包括进行与正常工作密切联系的其他工作的时间和法律法规规定的视为提供了正常工作的时间。这些时间主要包括：(1) 辅助工作时间，如必要的工作准备时间和工作结束整理时间、参加与工作有直接联系并有法定义务性质的职业培训和教育时间等；(2) 因用人单位的原因造成的等待工作任务的时间，如停工待料的时间等；(3) 根据法律规定视为工作的时间，如必要的工间休息时间、女职工哺乳的往返途中时间、依据法律法规或用人单位安排离开正常工作岗位从事其他活动的时间等。

工作时间具有如下法律特征：①

（1）法定的工作时间，工作时间的标准长度和最长限度由国家法律规定。

（2）劳动者履行劳动义务和用人单位计发劳动报酬的时间。

（3）实际工作时间与从事相关活动时间的总和。

二、工作时间立法发展概况

（一）工时立法的起源和发展

工作时间立法是在工业文明产生之后起源的。在工业革命以前，农业和手工业是人类社会的主要劳动行业，工作时间的长短可由劳动者自行安排。农民和手工业者一般都以日光工时作为自己的工作时间长度，即“日出而作，日落而息”。

从工业革命开始，企业成为运作劳动者的载体，劳动者需集中在工厂内从事劳动，丧失了自行安排工作时间长度的自由。工业革命初期，资方忽视劳动者的健康，竭力延长工作日，以增加劳动者的剩余劳动，榨取高额剩余价值，很多工人每天工作时间长达14小时至16小时，甚至18小时以上。这种大大超过道德和生理界限的工作日长度，再加上极其恶劣的工作环境，严重损害了工人的身心健康，伤亡事故和职业病日益增多，工人平均寿命日趋缩短，一般在40岁左右就丧失了劳动能力。广大工人为争取缩短工作时间同资本家进行了长期、激烈的斗争。在工人运动的压力和进步社会政治力量的支持下，资产阶级国家开始制定法律以限制工作日的长度。被认为是资产阶级“工厂立法”开端的1802年英国通过的《学徒健康与道德法》就是一部最早的工作时间的立法，该法规定纺织工厂18岁以下的学徒每天工作时间不超过12小时，并禁止学徒在晚上9时至翌日早晨6时从事夜工。其后，欧洲各国纷纷效仿。在最早的工厂立法中，限制童工、女工最高工时是其主要内容之一，随后扩展到对成年男工工时的限制。但当时立法上所限定的工时都在8小时以上，如法国1848年规定为不超过12小时，瑞士1877年、奥地利1885年规定为不得超过11小时。

8小时工作制是工人阶级长期争取的目标。1866年第一届国际日内瓦代表大会，根据马克思的倡议，提出了“8小时工作、8小时自己支配、8小时休息”的口号，要求各国制定法律予以确认。1884年，美国和加拿大的8个国际性和全国性的工人团体在芝加哥城集会，决定举行总同盟罢工，以求实现8小时工作制。1886年5月1日，美国芝加哥20万工人举行大罢工，要求实现8小时工作制。经过流血斗争，终于获得了8小时工作制的权利。关于8小时工作制的立法，最早出现在1908年的新西兰。现在，8小时工作制已成为全球的标准工时制度。

随着科学技术的发展，劳动生产力的提高以及国际劳工组织政策的影响，工时不断缩短已成为世界趋势。欧美等发达国家普遍实行每周工时减至40小时的工作制，甚至将周工时缩短为35小时，北欧挪威等国家周工时只有30小时。

20世纪70年代初，德国率先出现弹性工时制，这种工作制很快风靡世界。实行弹性工时制的积极意义主要在于：（1）弥补传统工时制的不足；（2）有助于人力资源的优

① 参见郑尚元主编：《劳动法学》，中国政法大学出版社，2004年版，第217页。

化配置；(3) 有利于增加就业岗位。继弹性工时制之后，发达国家出现了适应时代需求的多种形式的工作班制，主要有紧缩工作班制、间隔工作班制、分职制、变动工作班制等。[①]

（二）有关工作时间立法的国际公约

在工时立法上，国际劳工组织做出了重大贡献：1919 年巴黎和会通过《国际劳工宪章》，规定工厂的工作时间以每日 8 小时或每周 48 小时为标准，每周至少有一次连续 24 小时休息，并尽量以星期日为公休日。同年举行的第一届国际劳工大会通过第 1 号国际劳工公约《工业工作时间每日限为 8 小时及每周 48 小时公约》。从此 8 小时工作制成为标准工作时间。1921 年的第三届国际劳工组织大会通过第 47 号国际劳工公约《每周工作时间减至 40 小时公约》。1962 年国际劳工大会汲取已有的关于工时的国际劳动标准的成果，通过了缩短工时的第 116 号建议书。建议书的主要内容是：把第 1 号公约规定的 8 小时工作日和 48 小时工作周作为标准工时的最高限度，并把第 47 号公约规定的 40 小时工作周作为要分阶段达到的社会标准；同时提出如何实现逐步缩短工时的实际措施和办法，在采取这些措施和办法时，应当考虑到不同国家的不同经济和社会条件，以及各国在规定工时与其他劳动条件方面具体做法的多样性。[②] 我国目前的工作时间立法已经达到了 1962 年建议书的要求。

（三）我国工作时间立法的状况

民国时期的立法有 1923 年北洋军阀政府颁布的《暂行工厂通则》，1929 年南京国民政府颁布的《工厂法》以及 1932 年南京国民政府颁布的《修正工厂法》。这些立法都有关于每日 8 小时工作制的规定，但由于经常处于战争状态，未能真正实行。

中国共产党领导下的工作时间立法始于革命根据地时期。早在 1922 年的《劳动法大纲》中就提出每天劳动不超过 8 小时，夜班劳动不超过 6 小时。1931 年和 1933 年颁布的《中华苏维埃共和国劳动法》均规定每天工作时间不超过 8 小时。从 1922 年至 1948 年的历届全国劳动大会决议案都提出了 8 小时工作日制度。

新中国成立前夕，中国人民政治协商会议通过的《共同纲领》明确规定："公私企业目前一般实行 8 小时至 10 小时的工作制。"新中国成立后，20 世纪 50 年代初我国未完全实行 8 小时工作制，1952 年 8 月政务院在《关于劳动就业问题的决定》中提出，应有计划、有步骤地坚决贯彻 8 小时至 10 小时工作制，一切较大的公私合营工矿交通运输企业均应尽可能实行 8 小时工作制，有害健康的工作，每日工作时间还应低于 8 小时，一切公私企业的加班加点，均应受到严格限制。20 世纪 60 年代，我国开始严格实行 8 小时工作制。1960 年 12 月 21 日中共中央发布《关于在城市坚持 8 小时工作制的通知》，明确规定：全国各城市的一切单位、一切部门，在一般情况下，无例外地必须严格实行 8 小时工作制。其后 1979 年 10 月纺织工业部、国家劳动总局发布的《关于纺织企业实行"四班三运转"的意见》，1981 年 6 月化工部、国家劳动总局发布《关于在化工有毒有害作业工人中改革工时制度的意见》，对棉纺织企业和有毒有害作业工人采

---

① 参见王全兴著：《劳动法》，法律出版社，2008 年版，第 272 页；盛乐：《弹性工时制的经济理论分析》，载《经济评论》2000 年第 2 期。

② 参见郑尚元主编：《劳动法学》，中国政法大学出版社，2004 年版，第 219 页。

取缩短工时制。1994 年 1 月 24 日国务院第十五次常务会议通过《关于职工工作时间的规定》，规定从 1994 年 3 月 1 日起，在中国境内的国家机关、社会团体、企事业单位以及其他组织的职工，统一实行每日工作 8 小时，平均每周工作 44 小时的工时制度。对于不能实行定时工作制的，1994 年，劳动部发布《关于企业实行不定时工作制和综合计算工时工作制的审批办法》等多项法规。1994 年全国人大常委会第八次会议通过的《劳动法》以法律的形式确认了每周工作 44 小时、每天工作 8 小时的工时制度。1995 年 2 月 17 日国务院第八次会议通过了《关于修改〈国务院关于职工工作时间的规定〉的决定》，规定从 1995 年 5 月 1 日起我国实行每周工作 5 日，每天工作 8 小时的工时制度。国家机关、事业单位实行统一工作时间，星期六、星期日为周休息日。企业单位如不能实行前款规定的统一工作时间，可根据实际情况灵活安排周休息日。为贯彻这一规定，1995 年 3 月劳动部和人事部分别发布了《劳动部关于贯彻〈国务院关于职工工作时间的规定〉的实施办法》《人事部关于贯彻〈国务院关于职工工作时间的规定〉的实施办法》。

为了进一步健全工作时间立法，1999 年 9 月 18 日国务院修订发布了《全国年节及纪念日放假办法》，2007 年 12 月 14 日国务院再次修订了该办法，同日还发布了《职工带薪年休假条例》。2013 年 12 月 11 日，国务院第三次修订发布了《全国年节及纪念日放假办法》，并于 2014 年 1 月 1 日起施行。

第二节　工作时间的种类

工作时间，是指劳动者基于劳动合同关系，在用人单位应该从事劳动或工作的时间，是衡量每个劳动者的劳动贡献和给付报酬的计算单位。工作时间由法律进行限制，用人单位安排劳动者劳动的时间不能突破法律的限制。

工作时间一般包括工作周和工作日两种。

一、工作周

工作周是法律规定的劳动者在 1 周（7 天）内从事劳动的时间。工作周以日历周为计算单位，1 年有 52 个工作周。

工作周的工作天数和工作时间长度由法律规定。新中国成立后，在很长一段时间内，实行职工每周工作 6 天、48 小时的工作周制度。根据国务院《关于职工工作时间的规定》，从 1994 年 3 月 1 日起，在中国境内的国家机关、社会团体、企事业单位以及其他组织的职工，统一实行每周工作 5 天半、不超过 44 小时的工作周制度。《劳动法》也以法律的形式确认了这一制度。根据国务院《关于修改〈国务院关于职工工作时间的规定〉的决定》，从 1995 年 5 月 1 日起，实行职工每周工作 5 天、40 小时的工作周制度；1995 年 5 月 1 日施行有困难的企业、事业单位，可以适当延期；但是，事业单位最迟应当自 1996 年 1 月 1 日起施行，企业最迟应当自 1997 年 5 月 1 日起施行。

一个标准工作周包括 5 个工作日和 2 个休息日。工作周不仅是对劳动者在 1 周（7 天）工作和休息的安排，而且是对劳动者工作和休息周期的制度性安排，合理的工作时间制度应该是保障劳动者工作和休息能够周期性和谐更替的制度。

对于标准工作周，各国一般都有统一的规定。美国1938年的《公平劳动标准法》确认，全国性的标准工时为40小时每工作周；到1979年美国生产工人工作周的平均时数为36.5小时；1980年以来，由于科技的发展，煤矿、化工、石油、冶炼、新闻通信、电气、煤气运输等部门和企业，已试行每两周工作7天，休息7天，平均每周工作28小时的作业计划。日本从1992年5月开始实行5天工作周制，但只适用于中央政府的部分工作人员。邮政、医疗、海关和移民部门仍按6天工作周制工作，私营企业都是各自规定工作时间的。目前日本企业只有约10%实行5天工作周制。在实行市场经济的国家，各企业的工作时间，可在法定标准工作时间限度内，根据企业和职业的具体情况，由劳资双方经集体谈判签订集体协议决定。①

二、工作日

工作日是指法律规定的劳动者在一昼夜内的工作时间长度，是以日为计算单位的工作时间。工作日是计算出勤率、工资标准、工资定额、工作效率的基础。② 根据《劳动法》、《国务院关于职工工作时间的规定》以及《国务院关于修改〈国务院关于职工工作时间的规定〉的决定》，我国实行的工作日的种类主要有以下几种：

（一）标准工作日

标准工作日是法律规定的，在一般情况下，劳动者从事工作或劳动的时间。

《劳动法》第38条规定："用人单位应当保证劳动者每周至少休息一日。"

标准工作日中的标准并不是一成不变的，随着社会的发展和进步，标准也在改变。目前，我国的标准工作日为每日工作8小时，每周工作40小时，其依据是1995年国务院《关于修改〈国务院关于职工工作时间的规定〉的决定》。根据该决定，国家机关、事业单位实行统一的工作时间，星期六和星期日为周休息日。企业和不能实行前款规定的统一工作时间的事业单位，可以根据实际情况灵活安排周休息日。

标准工作日是其他工作日种类的计算依据和参照标准。实行计件工资的劳动者，用人单位应当依据每日工作8小时、每周工作40小时的工作时间制度，合理确定其劳动定额和计件报酬标准；实行综合计算工作时间的用人单位，其平均日工作时间和平均周工作时间应与法定标准工作时间（即每日8小时或每周40小时）基本相同。

由于标准工作日符合人们的正常作息习惯，因而在我国适用范围最为广泛。由于工作性质或职责以及生产经营特点的限制，不能实行标准工作日的，可以实行不定时工作日制或综合计算工作日制，但是必须依法履行相关审批手续。

（二）缩短工作日

缩短工作日是指法律规定的少于标准工作日或者工作周时数的工作日，即每日少于8小时、每周少于40小时的工作日。缩短工作日的设立，主要是基于不同条件和不同情况下劳动者的劳动消耗存在的差别，并且这种差别不能通过劳动报酬或社会重视程度

---

① 参见郑尚元主编：《劳动法学》，中国政法大学出版社，2004年版，第222页。

② 为了保护劳动者的利益，工作时间的计算方法是法定的，用人单位不能随意更改。制度工作时间的计算公式如下：1. 工作日的计算：（1）年工作日：365天/年－104天/年（休息日）－11天/年（法定休假日）＝250天/年。（2）季工作日：250天/年÷4季＝62.5天。（3）月工作日：250天/年÷12月＝20.83天。2. 工作小时数的计算：每周、月、季、年的工作日×8小时/日。

予以充分体现，于是通过立法，采用不等同的工作时间制度来消除这种差别，目的是保护特殊条件下从事劳动和有特殊情况的劳动者的身体健康。

目前，我国适用缩短工作日的劳动者主要有以下几类：

（1）特殊劳动岗位职工，如从事矿山井下、高山、有毒有害、特别繁重体力劳动的劳动者。根据国家有关劳动法规规定：化工行业从事有毒有害作业的工人，根据生产的特点和条件分别实行“三工一休”制、每日工作6小时或7小时工作制和“定期轮流脱离接触”的工时制度；煤矿井下实行四班6时工时制；纺织业实行“四班三运转”制度；建筑、冶炼、地质勘探、森林采伐、装卸搬运等均为繁重体力劳动，依本行业特点实行不同程度的缩短工作日。

（2）从事夜班工作的劳动者。夜班工作一般指实行三班制的企业、单位，当日晚上22点至次日早晨6点的时间。夜班工作改变了人们的正常生活规律，增加了神经系统的负荷，工作起来比较辛苦，为此规定从事夜班工作的时间比白班减少1小时，并按规定发给夜班津贴。还有些连续生产不容间断的工作必须安排夜班，如钢铁冶炼、发电等夜班工作时间可与白班相同，但要给夜班劳动者增发夜班津贴。

（3）在哺乳期工作的女职工和怀孕的女职工。根据2012年国务院《女职工劳动保护特别规定》，用人单位应当在每天的劳动时间内为哺乳期女职工安排1小时哺乳时间；女职工生育多胞胎的，每多哺乳1个婴儿每天增加1小时哺乳时间。对怀孕7个月以上的女职工，用人单位不得延长劳动时间或者安排夜班劳动，并应当在劳动时间内安排一定的休息时间。

（三）不定时工作日

不定时工作日，是指没有固定工作时间限制的工作日。主要适用于一些因工作性质或工作条件不受标准工作时间限制的工作。

《劳动部贯彻〈国务院关于职工工作时间的规定〉的实施办法》第5条规定，因工作性质或生产特点的限制，不能实行每日工作8小时、每周工作40小时标准工时制度的，可以实行不定时工作制，并按照劳动部《关于企业实行不定时工作制和综合计算工时工作制的审批办法》（以下简称《审批办法》）执行。

《审批办法》规定，企业对于符合下列条件之一的职工，可以实行不定时工作制：

（1）企业中的高级管理人员、外勤人员、推销人员、部分值班人员和其他因工作无法按标准工作时间衡量的职工；

（2）企业中的长途运输人员、出租汽车司机和铁路、港口、仓库的部分装卸人员以及因工作性质特殊，需机动作业的职工；

（3）其他因生产特点、工作特殊需要或职责范围的关系，适合实行不定时工作制的职工。

实行不定时工作制的，应当履行审批手续。根据《审批办法》的规定，中央直属企业实行不定时工作制的，经国务院行业主管部门审核，报国务院劳动行政部门批准；地方企业实行不定时工作制的审批办法，由各省、自治区、直辖市人民政府劳动行政部门制定，报国务院劳动行政部门备案。

经批准实行不定时工作制的劳动者，不受《劳动法》第41条规定的日延长工作时间标准和月延长工作时间标准的限制，但这并非意味着用人单位可以无限制地安排劳动者的工作和休息时间。用人单位应根据标准工时制度合理确定劳动者的劳动定额或其他考核标准，以便安排劳动者休息。其工资由用人单位按照本单位的工资制度和工资分配办法，根据劳动者的实际工作时间和完成劳动定额情况计发。

不定时工作制的最大特点就是工作时间不固定，何时工作一律由劳动者根据需要自行安排，用人单位以其工作任务完成情况来考核工作。因此，对于实行不定时工作制的劳动者，不能再以标准工时的管理制度要求其打卡、记考勤，更不能以其未记考勤为由按照旷工作出违纪处理。

（四）综合计算工作日

综合计算工作日，是指用人单位根据生产和工作的特点，分别采取以周、月、季、年等为周期综合计算劳动者工作时间的一种工时形式。

根据《审批办法》的规定，企业对符合下列条件之一的职工，可实行综合计算工时工作制：

（1）交通、铁路、邮电、水运、航空、渔业等行业中因工作性质特殊，需连续作业的职工；

（2）地质及资源勘探、建筑、制盐、制糖、旅游等受季节和自然条件限制的行业的部分职工；

（3）其他适合实行综合计算工时工作制的职工。

用人单位实行综合计算工时工作制的审批办法与实行不定时工作制的审批办法相同。对于实行综合计算工时工作制的职工，企业应根据《劳动法》的有关规定，在保障职工身体健康并充分听取职工意见的基础上，采用集中工作、集中休息、轮休调休、弹性工作时间等适当方式，确保职工的休息休假权利和生产、工作任务的完成。

与不定时工作制不同的是，企业实行综合计算工时工作制，不论以周、月、季、年何种形式为周期综合计算工作时间，职工的平均日工作时间和平均周工作时间应与法定标准工作时间基本相同。超过法定标准工作日部分，应作为延长工作时间计算，并应按照规定支付职工延长工作时间的工资报酬。在法定节日工作的，用人单位应按规定支付法定节日工作的工资报酬。

（五）计件工作日

计件工作日是指以劳动者完成一定劳动定额为标准的工作时间制度。

计件工作日实际上是标准工作日的一种特殊转化形式，具有很大的灵活性。对实行计件工作的劳动者来说，当用人单位合理确定了劳动定额和计件报酬标准，劳动者在完成当日或当月的定额后，既可以把剩余时间作为休息时间，又可以超定额工作以获得额外报酬；未完成当日定额的，则可以在 8 小时的工作时间以外来完成。

劳动定额是指在一定的生产技术和生产组织条件下，为生产一定量合格产品或完成一定量的工作所预先规定的劳动消耗标准，或是在单位时间内预先规定的完成合格产品数量的标准，包括时间定额和产量定额。[①]《劳动法》第 37 条规定："对实行计件工作的劳动者，用人单位应当根据本法第 36 条规定的工时制度合理确定其劳动定额和计件报酬标准。"合理的劳动定额应当是在正常生产情况下，大多数劳动者按照标准工作时

① 林嘉主编：《劳动法和社会保障法》，中国人民大学出版社，2014 年版，第 193 页。

间劳动能够完成的定额量。

（六）非全日制工作日

非全日制工作日，是指每日或每周少于正常规定的工作时数的工作日。即少于标准工作日或缩短工作日工作时间长度的工作日。

非全日制用工是世界各国灵活就业的重要形式之一。国际劳工组织一向对各种灵活就业方式持肯定态度。为了防止劳动者受到歧视和不公平待遇，国际劳动组织通过了《非全日制工作公约》和《非全日制工作建议书》。

非全日制用工形式在我国属于新兴事物，1994 年颁布的《劳动法》对此没有作出专门的规定。2003 年劳动和社会保障部《关于非全日制用工若干问题的意见》第 1 条规定："非全日制用工是指以小时计酬、劳动者在同一用人单位平均每日工作时间不超过 5 小时累计每周工作时间不超过 30 小时的用工形式。"《劳动合同法》第 68 条规定："非全日制用工，是指以小时计酬为主，劳动者在同一用人单位一般平均每日工作时间不超过 4 小时，每周工作时间累计不超过 24 小时的用工形式。"根据法的效力级别及后法优于前法的原则，对于非全日制用工的劳动时间应适用《劳动合同法》的规定。

从世界范围看，非全日制用工主要有两项功能：一是作为灵活就业的重要形式，非全日制用工有利于减轻国家就业压力，促进劳动者就业；二是在一些发达国家，对一些劳动者，特别是女性劳动者而言，非全日制用工是提高生活质量的有效途径。

第三节　延长工作时间的法律规定

工作时间延长制度是工作时间一般制度的重要内容，也是劳动法律制度在劳动安全方面的重要规制性法律制度。限制延长工作时间是劳动者工作环境权利的重要内容，其目的是保护劳动者身体健康，保障劳动者劳动基本权，同时限制延长工作时间也是保证正常工作时间制度有效实施的法律制度基础。只有对延长工作时间进行必要的限制，才能真正保障劳动者的休息权，才能推动企业改善经营管理、提高生产效率。①

一、延长工作时间的概念和形式

我国台湾地区黄越钦教授分析，延长工作时间是"为处理超过预计的工作量，或在业务高峰时赶工或提供服务，或递补缺勤者的服务，以及其他为获取市场利益等经济性目的，而要求员工超出正常工时工作的情形"。② 简言之，延长工作时间是指职工在正常工作时间以外应当休息的时间内进行工作。

延长工作时间有两种形式：（1）加班，是指劳动者在法定节日或周休息日进行工作。（2）加点，是指劳动者在标准工作日以外继续进行工作，即提前上班或推迟下班。

从国家对劳动者休息权加以保护的角度出发，有关工作时间和休息休假的立法应立足于取消加班加点；但从劳动法促进生产的立法目的以及生产经营存在突发事件或紧急任务等客观事实出发，加班加点又在所难免。为了解决这一矛盾，在工时立法中，对加

---

① 郑尚元、李海明、扈春海著：《劳动和社会保障法学》，中国政法大学出版社，2008 年版，第 294 页。

② 黄越钦著：《劳动法新论》，中国政法大学出版社，2003 年版，第 228 页。

班加点既允许又限制，并规定补偿标准，以防止加班加点的滥用，使劳动法在这两方面的目的都得以实现。

二、延长工作时间的限制

（一）延长工作时间的劳动者范围限制

我国立法规定，禁止安排未成年工、怀孕 7 个月以上的女工和哺乳未满周岁婴儿的女工加班加点。[①] 这是出于对特殊劳动者保护而作出的立法限制。

（二）延长工作时间的一般限制

《劳动法》第 41 条规定："用人单位由于生产经营需要，经与工会和劳动者协商后可以延长工作时间，一般每日不得超过 1 小时；因特殊原因需要延长工作时间的，在保障劳动者身体健康的条件下延长工作时间每日不得超过 3 小时，但是每月不得超过 36 小时。"

1．延长工作时间的条件

我国《劳动法》仅要求延长工作时间应当以"生产经营需要"为条件，但未明确规定"生产经营需要"的内涵和具体情形。对"生产经营需要"的不同解释可能直接影响延长工作时间是否被滥用，从而实质上违反工作时间基准制度的强制性和严肃性。在实践中，有必要由集体合同约定，或者由用人单位与工会共同界定"生产经营需要"的具体范围。

2．延长工作时间的程序

根据《劳动法》的规定，用人单位由于生产经营需要而安排延长工作时间的，应当事先与工会和劳动者协商。即用人单位应事先就加班加点的理由、工作量的计算和所需职工人数，向工会和劳动者说明并征得同意。对于用人单位强迫劳动者延长工作时间的，劳动者有权拒绝。由此发生的争议，可以提请劳动争议处理机构处理，工会和劳动者也可以向劳动行政部门举报，由劳动行政部门进行查处。

3．延长工作时间的长度

延长工作时间是用人单位的生产经营需要，但从劳动者的权益出发，必须以保障劳动者身体健康为前提。所以《劳动法》对于延长工作时间的长度作了限制性规定，一般每天不得超过 1 小时，因特殊原因需要延长工作时间的，在保障劳动者身体健康的前提下每天不得超过 3 小时，但是每月不得超过 36 小时。

4．延长工作时间限制的例外

根据《劳动法》《国务院关于职工工作时间的规定》《关于贯彻〈国务院关于职工工作时间的规定〉的实施办法》，延长工作时间不受上述限制的特殊情况有：（1）发生自然灾害、事故或者因其他原因，威胁劳动者生命健康和财产安全，需要紧急处理的；（2）生产设备、交通运输线路、公共设施发生故障，影响生产和公众利益，必须及时抢修的；（3）必须利用法定节日或公休日的停产期间进行设备检修、保养的；（4）国家机关、事业单位为完成国家紧急任务或完成上级安排的其他紧急任务，以及商业、供销企业在旺季完成收购、运输、加工农副产品紧急任务的；（5）为完成国防紧急任务，或者

---

① 具体规定见：《劳动法》《女职工劳动保护特别规定》《未成年人保护法》。

完成上级在国家计划外安排的其他紧急生产任务的；(6) 法律、行政法规规定的其他情形。

只要具备上述情形之一，就可以延长工作时间，而且不经过协商，由用人单位直接决定。这是因为上述法律法规所规定的情形涉及公众利益，如果不能及时解决必将危及人民群众的生产、生活甚至生命安全。加上这些问题具有紧迫性，要求及时解决。如果仍要求用人单位在与工会和劳动者协商后再决定，可能会给人民群众的生命财产带来损失。所以，对上述特殊情况实行法定主义是必要的。

三、延长工作时间的补偿

立法关于延长工作时间补偿的规定，兼有职工利益补偿和限制延长工作时间双重功能。我国现行的补偿方式有两种，即补休和支付报酬。

根据《劳动部关于职工工作时间有关问题给广州市劳动局的复函》，休息日安排劳动者加班工作的，应首先安排补休，不能补休的，则应支付不低于工资的 200％的工资报酬。补休时间应等同于加班时间。法定休假日安排劳动者加班工作的，应支付不低于工资的 300％的工资报酬，一般不再安排补休。

《劳动法》第 44 条规定："有下列情形之一的，用人单位应当按照下列标准支付高于劳动者正常工作时间工资的工资报酬：(一) 安排劳动者延长工作时间的，支付不低于工资的 150％的工资报酬；(二) 休息日安排劳动者工作又不能安排补休的，支付不低于工资的 200％的工资报酬；(三) 法定休假日安排劳动者工作的，支付不低于工资的 300％的工资报酬。"

"劳动者正常工作时间工资"是指与劳动合同规定的劳动者本人所在岗位相对应的工资。休息日是指公休假日，一般指周六和周日，若劳动者的休息日采取轮休制，则以其轮休之日作为休息日。法定休假日包括元旦、春节、劳动节、国庆节等。

从上述规定可以看出，《劳动法》把标准工作日制度下延长工作时间的报酬按延长工作时间的不同情况分为三个档次，目的是为了对加班工资的支付有明确的规定，以更好地维护劳动者的合法权益。其中第一个档次是加点的报酬，第二、第三两个档次的区别主要是加班时间，区分是休息日加班还是法定休假日加班。

在综合计算工作日制度下，某一具体日（或周）的实际工作时间可以超过法定标准工作时间，即 8 小时（或 40 小时），但如果计算周期内劳动者的总实际工作时间超过法定标准工作时间，则超过部分应视为加点，应当按照不低于劳动者工资 150％的标准支付加班工资；在综合计算工时制下，由于工作时间是综合计算，因此不存在休息日加班的问题。但是，劳动者仍然享有法定休假日，如果安排劳动者在法定休假日工作的，视为法定休假日加班，应当按照不低于工资 300％的标准支付加班工资。

在不定时工作制下，劳动者可以自行安排工作时间，因此，原则上不存在加班加点的问题。但是，劳动者在法定休假日工作，是否视为加班，各地规定不一致。实践中，大部分地区规定，不定时工作制下的劳动者在法定休假日工作的，不视为加班。但个别地区有不同的规定，如上海，将不定时工作制下的劳动者在法定休假日工作也视为加班，用人单位应按照不低于劳动者工资 300％的标准支付加班工资。

四、关于工时的法律责任

法律赋予地方政府对用人单位的延长工作时间行为的监督检查权。县级以上（含县级）各级人民政府劳动行政部门对本行政区域内的用人单位组织劳动者加班加点的工作依法监督检查，并对违反劳动法律法规的，分不同的情况予以行政处罚。

根据《劳动法》《违反〈中华人民共和国劳动法〉行政处罚办法》以及《劳动合同法》，用人单位违反延长工作时间的有关规定应承担下列法律责任：

1. 强迫延长工作时间的法律责任

用人单位未与工会和劳动者协商，强迫劳动者延长工作时间的，应给予警告，责令改正，并可按每名劳动者每延长工作时间 1 小时罚款 100 元以下的标准处罚。

2. 超过法定时数延长工作时间的法律责任

用人单位每日延长劳动者工作时间超过 3 小时或每月延长工作时间超过 36 小时的，应给予警告，责令改正，并可按每名劳动者每超过工作时间 1 小时罚款 100 元以下的标准处罚。

3. 安排法定禁止延长工作时间的劳动者延长工作时间的法律责任

用人单位安排哺乳未满一周岁的婴儿期间的女职工和怀孕 7 个月以上的女职工延长工作时间和从事夜班劳动的，应责令改正，并按每侵害一名女职工罚款 3000 元以下的标准处罚。

4. 拖欠、拒付加班加点工资或低于法定标准发放加班加点工资的法律责任

根据《劳动合同法》第 85 条的规定，用人单位安排加班不支付加班费的，即无故拖欠、拒付加班加点工资，或无故扣除而低于法定标准发放加班加点工资的，由劳动行政部门责令限期支付加班费，逾期不支付的，责令用人单位按应付金额 50%以上 100%以下的标准向劳动者加付赔偿金。

第四节 休息休假

从劳动法的演进看，休息首先是基于劳动者劳动力更生与维持的考虑，这是劳资斗争初期的重要内容，主要是让劳动者身体的疲劳得到缓解，并用制度加以保障，旨在规制现实中对劳动者体力的过分透支乃至出现大量过劳死的现象。劳动法律制度进一步发展后出现了休假制度，这已经不再是出于单纯的劳动力更生和维持的考虑，而是考虑劳动者人格的发展以及家庭生活和社会生活的需要。①

休息权是宪法规定的公民的基本权利之一。我国《宪法》第 43 条规定：“中华人民共和国劳动者有休息的权利。国家发展劳动者休息和休养的设施，规定职工的工作时间和休假制度。”《劳动法》第 3 条规定，劳动者享有休息休假的权利。

一、休息时间

休息时间，是指劳动者在国家规定的法定工作时间之外，免于履行劳动义务而自行

---

① 参见郑尚元、李海明、扈春海著：《劳动和社会保障法学》，中国政法大学出版社，2008 年版，第 299 页。

支配的时间。休息时间属于法律范畴，劳动者在国家规定和与用人单位依法约定的休息时间内，有权主张休息权。休息权是在劳动权的基础上产生的，有劳才有逸，劳动消耗了劳动者的体力和脑力，休息使之得以恢复。合理安排工作时间和休息时间，对于保护劳动者身心健康、促进经济发展具有重要作用，同时休息时间的长短也反映出社会进步和文明的程度。

关于我国休息时间的种类，是依据生产经营特点、民族传统习惯、劳动者的基本活动需要等因素，由立法加以规定的，主要有以下几种：

（一）一个工作日内的间歇时间

一个工作日内的间歇时间是指在一个工作日内给予劳动者作为休息和用餐的时间。根据人的生理条件的限制，劳动者经过一定时间的劳动后都会感到疲劳。在工作一段时间后进行休息既是保障劳动者健康的需要，也有利于提高劳动生产率。目前我国对间歇时间的长短尚无法律规定，可由用人单位根据本单位的实际情况自主决定。在实践中，通常劳动者在连续工作 4 小时后应当安排一次工间休息，用餐时间一般不得少于半小时，这种休息时间不计入劳动者的工作时间。对于因生产不能间断而不能实行固定间歇时间的劳动者，用人单位应尽量保证其在工作时间内有用餐时间。

（二）两个工作日之间的休息时间

两个工作日之间的休息时间，是指劳动者在一个工作日结束后至下一个工作日开始前的休息时间。其长度应以保证劳动者的体力和精力能够得到恢复为标准，一般为 15 至 16 个小时。实行轮班制的，其班次必须平均调换，一般可在休息日后调换。在调换班次时，不得让工人连续工作两班。因为这既侵犯了劳动者的休息权，也会导致严重伤害劳动者的后果。现实生产中也发生过劳动者因为连续超时间工作没有得到适当休息而引起精神失常或身体机能严重受损的事例。

（三）休息日

休息日又称为公休假日，是指劳动者工作满一个工作周后的休息时间。《劳动法》第 38 条规定，用人单位应当保证劳动者每周至少休息 1 日。根据 1995 年 3 月 25 日修订的《国务院关于职工工作时间的规定》，职工每日工作 8 小时、每周工作 40 小时。国家机关、事业单位实行统一的工作时间，星期六和星期日为周休息日。企业和不能实行此规定的统一工作时间的事业单位，可以根据实际情况灵活安排周休息日。

因公出差人员的周休息日，应在出差地点享用。凡因工作情况特殊，休息日必须轮流工作的劳动者，用人单位应给予其相等时间的补偿。特殊行业实行缩短工作周，其休息日实行特殊规定。《劳动法》第 39 条规定，企业因生产特点不能实行本法第 36 条、第 38 条规定的，经劳动行政部门批准，可以实行其他工作和休息办法。如接触有毒有害作业的劳动者实行的“三工一休”制度，纺织业实行的“四班三运转”制度等。

二、休假

休假是劳动者广义休息时间的组成部分，主要是为劳动者家庭生活和社会活动提供便利，提高其休息的质量，且有些休假规定体现了国家的公共政策。

我国《劳动法》和有关法规规定的休假，主要有以下几种：

（一）法定休假日

法定休假日，是指国家法律统一规定的用于欢度节日、开展纪念、庆祝活动的休息时间。严格地说，法定休假日并非专为劳动者规定的，但由于它涉及劳动者中断劳动以及用人单位继续依法支付工资，所以，劳动立法对此进行了专门规定。

《劳动法》第40条规定："用人单位在下列节日期间应当依法安排劳动者休假：（一）元旦；（二）春节；（三）国际劳动节；（四）国庆节；（五）法律、法规规定的其他休假节日。"

1999年国务院修订发布了《全国年节及纪念日放假办法》，2007年12月14日国务院再次修订了该办法，2013年12月11日，国务院第三次修订发布了《全国年节及纪念日放假办法》，自2014年1月1日起施行。

目前，我国法定休假日主要有以下几种：

1. 全体公民放假的节日

（1）新年，放假1天（1月1日）；（2）春节，放假3天（农历正月初一、初二、初三）；（3）清明节，放假1天（农历清明当日）；（4）劳动节，放假1天（5月1日）；（5）端午节，放假1天（农历端午当日）；（6）中秋节，放假1天（农历中秋当日）；（7）国庆节，放假3天（10月1日、2日、3日）。

2. 部分公民放假的节日及纪念日

（1）妇女节（3月8日），妇女放假半天；（2）青年节（5月4日），14周岁以上的青年放假半天；（3）儿童节（6月1日），不满14周岁的少年儿童放假1天；（4）中国人民解放军建军纪念日（8月1日），现役军人放假半天。

《全国年节及纪念日放假办法》还规定，少数民族习惯的节日，由各少数民族聚居地区的地方人民政府，按照各该民族习惯，规定放假日期。二七纪念日、五卅纪念日、七七抗战纪念日、九三抗战胜利纪念日、九一八纪念日、教师节、护士节、记者节、植树节等其他节日、纪念日，均不放假。全体公民放假的假日，如果适逢星期六、星期日，应当在工作日补假。部分公民放假的假日，如果适逢星期六、星期日，则不补假。

（二）年休假

年休假是指法律规定的劳动者工作满一定的年限后，每年享有的保留工作、带薪连续休假。

年休假制度在世界各国普遍实行。国际劳工大会早在1936年就通过了第52号《带薪休假公约》，到1971年，又通过了新的第132号《带薪休假公约》。

我国在20世纪50年代初期曾经在部分单位中试行过年休假，后因受国家经济条件的限制而停止。改革开放以来，随着我国国民经济的发展和人民生活水平的提高，年休假制度在许多单位逐渐恢复。《劳动法》正式确立了年休假制度，第45条规定："国家实行带薪年休假制度。劳动者连续工作1年以上的，享受带薪年休假。具体办法由国务院规定。"据此，国务院于2007年12月14日通过了《职工带薪年休假条例》，该条例从2008年1月1日起施行。其主要内容有：

1. 年休假的适用范围和享受条件

机关、团体、企业、事业单位、民办非企业单位、有雇工的个体工商户等单位的职工连续工作1年以上的，享受年休假。

职工累计工作已满1年不满10年的，年休假5天；已满10年不满20年的，年休假10天；已满20年的，年休假15天。

职工有下列情形之一的，不享受当年的年休假：(1) 职工依法享受寒暑假，其休假天数多于年休假天数的；(2) 职工请事假累计20天以上且单位按照规定不扣工资的；(3) 累计工作满1年不满10年的职工，请病假累计2个月以上的；(4) 累计工作满10年不满20年的职工，请病假累计3个月以上的；(5) 累计工作满20年以上的职工，请病假累计4个月以上的。

2. 年休假的安排

单位根据生产、工作的具体情况，并考虑职工本人意愿，统筹安排职工年休假。年休假在1个年度内可以集中安排，也可以分段安排，一般不跨年度安排。单位因生产、工作特点确有必要跨年度安排职工年休假的，可以跨1个年度安排。

3. 年休假的工资待遇和未休补偿

职工在年休假期间享受与正常工作期间相同的工资收入。单位确因工作需要不能安排职工休年休假的，经职工本人同意，可以不安排职工休年休假。对职工应休未休的年休假天数，单位应当按照该职工日工资收入的300%支付年休假工资报酬。

4. 法律责任

单位不安排职工休年休假又不依照本条例规定给予年休假工资报酬的，由县级以上地方人民政府人事部门或者劳动保障部门依据职权责令限期改正；对逾期不改正的，除责令该单位支付年休假工资报酬外，单位还应当按照年休假工资报酬的数额向职工加付赔偿金；对拒不支付年休假工资报酬、赔偿金的，属于公务员和参照公务员法管理的人员所在单位的，对直接负责的主管人员以及其他直接责任人员依法给予处分；属于其他单位的，由劳动保障部门、人事部门或者职工申请人民法院强制执行。

(三) 探亲假

探亲假，是指与父母或配偶分居两地的劳动者，每年享有的与父母或配偶团聚的假期。该制度体现了国家对与父母、配偶分居两地的职工的人文关怀。由于历史等诸多原因，我国目前的探亲假制度尚不能全面适用于社会上的所有劳动者。

1958年2月国务院颁布《关于工人、职员回家探亲的假期和工资待遇的暂行规定》，开始实行职工探亲假制度。1981年3月国务院重新修订发布了《关于职工探亲待遇的规定》，该规定至今仍然有效。其主要内容包括：

1. 劳动者享受探亲假的条件

凡在国家机关、人民团体和全民所有制企业、事业单位工作满1年的固定职工，与配偶不住在一起，又不能在公休假日团聚的，可以享受本规定探望配偶的待遇；与父亲、母亲都不住在一起，又不能在公休假日团聚的，可以享受本规定探望父母的待遇。但是，职工与父亲或与母亲一方能够在公休假日团聚的，不能享受本规定探望父母的待遇。

2. 探亲假的期限

探亲假期是指职工与配偶、父、母团聚的时间，另外，根据实际需要给予路程假。具体规定为：(1) 职工探望配偶的，每年给予一方探亲假一次，假期为30天。(2) 未婚职工探望父母，原则上每年给假一次，假期为20天。如果因为工作需要，本单位当年不能给予假期，或者职工自愿两年探亲一次的，可以两年给假一次，假期为45天。(3) 已婚职工探望父母的，每四年给假一次，假期为20天。上述假期均包括公休假日和法定节日在内。凡实行休假制度的职工（例如学校的教职工），应该在休假期间探亲；如果休假期较短，可由本单位适当安排，补足其探亲假的天数。

3. 探亲假的待遇

职工在规定的探亲假期和路程假期内，按照本人的标准工资发给工资。职工探望配偶和未婚职工探望父母的往返路费，由所在单位负担。已婚职工探望父母的往返路费，在本人月标准工资30%以内的，由本人自理，超过部分由所在单位负担。探亲路费的具体报销方案，参见财政部《关于职工探亲路费的规定》。

由于该规定颁布的时间是在20世纪80年代初，所体现的计划经济体制色彩很浓，与现在的实际情况有一定差距，应当对该规定进行修正。

（四）其他休假

1. 婚假

(1) 正常婚假：

根据《国家劳动总局、财政部关于国营企业职工请婚丧假和路程假问题的通知》，国有企业职工本人结婚时，企业应当根据具体情况，酌情给予1-3天的婚假。实践中，其他企业也都参照上述规定执行，婚假一般为3天。

(2) 晚婚奖励假：

根据各地计划生育条例的规定，职工属于晚婚（男方年满25周岁，女方年满23周岁初婚的），在享受国家规定的正常婚假的基础上，还可以享受晚婚奖励假。比如，《四川省人口与计划生育条例》(2014.3.20) 第32条规定，实行晚婚的，除国家规定的婚假外增加婚假20天。农村人口中晚婚、晚育的，基层人民政府可予以适当奖励。

职工休婚假和路程假期间，用人单位应当照发工资。

2. 丧假

根据《国家劳动总局、财政部关于国营企业职工请婚丧假和路程假问题的通知》，国有企业职工的父母、配偶、子女死亡的，企业应当根据具体情况，酌情给予职工1-3天的丧假。实践中，其他企业也都参照上述规定执行，丧假一般为3天。

如果死亡亲属在外地，企业应当根据路程远近，另外给予职工路程假。

职工休丧假和路程假期间，用人单位应当照发工资。

3. 产假

根据《女职工劳动保护特别规定》第7条规定，女职工生育享受98天产假，其中产前可以休假15天；难产的，增加产假15天；生育多胞胎的，每多生育1个婴儿，增加产假15天。女职工怀孕未满4个月流产的，享受15天产假；怀孕满4个月流产的，享受42天产假。

已婚妇女24周岁以上生育第一个子女的为晚育。《四川省人口与计划生育条例》(2014.3.20) 第32条规定，已婚妇女晚育的，除国家规定的产假外增加产假30天，给予男方护理假15天。

国家规定产假的目的是保障产妇恢复身体健康，产假期间工资照发。

4. 社会活动假

社会活动假，是指劳动者在法定工作时间依法参加社会活动所享有的假期。社会活动主要包括：(1) 行使选举权和被选举权；(2) 当选代表，出席政府、党派、工会、青年团、妇女联合会等组织召开的会议；(3) 担任人民法院的人民陪审员、证明人、辩护人；(4) 出席劳动模范、先进工作者大会；(5)《工会法》规定的不脱产工会基层委员会委员因工会活动占用的生产时间；(6) 其他依法参加的社会活动。

劳动者享受社会活动假期间，用人单位应当依法支付工资。

5. 事假

事假，是劳动者因私事向用人单位请假，并经单位批准的假期。

国家对于劳动者什么情况下可以请事假，以及请事假的工资待遇等均没有作出统一规定，因此，用人单位可以根据具体情况自行制定相关制度。

实务中，用人单位应注意两点：首先，用人单位对于劳动者的事假申请有审批权，但审批理由一定要合理，尤其是对不予批准的事假理由；其次，关于事假期间的待遇，各地一般都规定，用人单位可以不支付事假期间的工资，因此，用人单位可以不支付事假工资，当然也可以按照劳动者工资的一定比例或最低工资标准支付工资。

第五节　我国带薪年休假制度的问题与完善

一、我国带薪年休假制度实施的形式和现状

尊重和保护劳动者的休息休假权是世界各国劳动立法的根本准则之一。带薪年休假作为劳动者一项重要的休息权，自 20 世纪已在世界各国普遍实行，1936 年国际劳工大会 52 号公约[①]就规定了带薪年休假制度。我国 1995 年《劳动法》规定了带薪年休假制度，2008 年 1 月 1 日《职工带薪年休假条例》正式施行，接着又公布了《企业职工带薪年休假实施办法》。

（一）带薪年休假制度实施的形式

《职工带薪年休假条例》规定：机关、团体、企业、事业单位、民办非企业单位、有雇工的个体工商户等单位的职工连续工作 1 年以上的，均可享受带薪年休假。由此可见，带薪休假的对象已经覆盖几乎全体劳动者。职工累计工作已满 1 年不满 10 年的，年休假 5 天；已满 10 年不满 20 年的，年休假 10 天；已满 20 年的，年休假 15 天[②]。目前，我国关于带薪年休假的安排方式有以下几种：

1. 企业根据自身的生产经营状况，主动对劳动者的带薪休假进行安排

这是一种企业主导的休假模式，由企业根据自身的性质、员工数额、岗位及其经营情况等多方面因素，对企业员工的休假进行调控安排。这种企业主动安排年休假的模式从全局出发，统筹安排，有利于充分利用劳动力，同时节约了用人成本。

---

① 国际劳工大会通过的第 52 号公约《1936 年带薪年假公约》规定，职工连续工作 1 年后休假至少应有 6 个工作日，未成年工和学徒为 12 个工作日，放弃或取消年休假的劳动合同一般应视为无效。

② 参见《职工带薪年休假条例》第 3 条。

2. 通过以带薪休假先行替代病假、事假的方式安排

这种方法将年休假与病假、事假合并，避免了劳动者既休病假、事假又休年假的情况，有效防止了劳动者通过休假减少工作时间进而影响企业经济利益的情况；以带薪年休假替代病假、事假，使得劳动者在休假过程中依旧有工资，缓解了经济压力。

3. 通过与法定节假日捆绑的方式安排带薪休假

随着“五一”黄金周的取消将带薪年休假与法定节假日相捆绑的休假模式便应运而生。这种长时间的假期能让劳动者在不舍弃经济利益的同时身心得到放松。

4. 在安排不出带薪年休假的情况下，通过支付相应报酬代替年休假

根据《职工带薪休假条例》的有关规定，单位因工作需要不能安排职工休带薪年休假的，经职工本人同意，可以不安排带薪休假，但应对其支付相应的工资报酬。

（二）带薪年休假制度的实施现状

目前，我国的国家机关、事业单位、企业大多都建立了带薪年休假制度，但实际执行的情况并不是很理想。大多数民营企业或者小型企业没有很好贯彻带薪年休假制度，基本采取拒不执行的态度，作为弱势群体的员工，为了生存，也是无可奈何地接受。对大多数劳动者来说，带薪休假仍然是“水中月，镜中花”，可望而不可即。出现这样的状况，一是因为经济发展没有跟上制度发展的脚步。在我国现有经济发展水平的制约下，带薪年休假制度的实施现状无论对于劳动者自身还是企业而言，都是出于对经济利益的理性选择，薪水减少成了阻碍年休假的一大理由。另一个原因则是缺少惩罚机制，目前对于拒不执行带薪年休假相关规定的企业，只用给付劳动者的3倍工资即可，对用人单位并没有其他惩罚措施。

二、带薪年休假制度实施中存在的问题

（一）带薪年休假制度本身存在漏洞

《劳动法》虽然赋予了劳动者带薪休假的权利，但却因缺乏细化的规定而留下了大片空白及漏洞。

1. 年休假时间短

我国年休假时间最长只有15天，即使加上中间的周休日也不过19～21天。对于一年的辛苦工作而言，实在是不见得有多长。长时间的工作，短时间的休息，根本达不到让职工得以放松的目的。

2. 对年休假的决定权规定得不够明确

依据《职工带薪年休假条例》第2条、第5条，《企业职工带薪年休假实施办法》第9条等的规定，用人单位对于年休假的安排有着很大的决定权，但同时又要求遵循职工的意愿，这样一来，如果用人单位和职工没能达成一致就很容易发生矛盾。

3. 缺少惩罚机制

尽管带薪年休假在制度上已经立法，但对于那些拒不执行带薪年休假的单位，缺乏惩罚的法律和措施。这给了用人单位违规的机会，当违规的成本小于守法的收益时，为了追求利益，用人单位会毫不犹豫地选择违规。

（二）配套政策不完善

推行带薪年休假制度较为成熟的国家，已具备一系列相关配套政策，例如，在巴西

的带薪假期内，不仅工资照发，还要支付至少 1/3 工资额的补贴；在澳大利亚，休假期间除了工资，劳动者在休假前还可以领取相当于平时工资 17.5%的扣税后的奖励金额；在法国，公司职员在带薪休假期间旅行距离超过 200 公里，便可以享受 3/4 的往返车票和周游车票的优惠。[①] 我国的带薪年假不仅起步晚，而且执行效果相当不理想。如果没有配套政策的辅助，将无法让每个人安心去享受这项惠及本该每个人享有的权利。

（三）行政部门的监管力度不够

一项新的政策法规的执行初期，大家的意识普遍比较淡薄，因此执行就需要得到政府的大力支持。《企业职工带薪年休假实施办法》规定了县级以上地方人民政府劳动行政部门为监督检查机关，并对拒不执行带薪休假制度的企业规定了相应的惩罚措施。但事实上，由于没有专门的监督机制，政府监督力度也不够，使得该《企业职工带薪年休假实施办法》实行了这么长时间，广大职工享受带薪年假的实际情况并没有明显好转。

（四）企业忽视执行带薪年休假制度

很多企业，尤其是小型私营企业和个体工商户，根本没有维护员工休息权的意识，甚至还认为职工不工作依然领工资是不合理的，完全没有体会带薪休假制度所表现出来的尊重人权的积极意义。从企业的角度出发，如果严格推行带薪休年假制度，必然会增加人工成本，从而给企业带来一定程度上的经济损失，因此很多企业都设法规避法律法规，这也是带薪休假运行困难的主要原因之一。

（五）劳动者处于弱势地位且维护休息权意识薄弱

目前我国的基本情况是“强资本，弱劳工”，劳动者在劳动关系中处于劣势地位，权利很难得到保障。在竞争激烈的劳动力市场中，求职不容易，保职也不容易。许多人宁愿选择加班挣少许的补贴，也不愿冒着丢工作的危险去休假。即便明知企业的一些做法不合法，一般也会选择容忍。职工的休假观念和发达国家相比而言明显落后。企业职工维护休息权利意识的普遍淡薄，也是我国带薪休假制度运行不力的原因之一。

三、我国带薪年休假制度的完善

（一）加强立法及制度的完善

完善的制度是带薪休假制度长久的存在和实施的保障，才能公平的对待和约束每一个人。劳动者享有法定的带薪年休假权利，必须以法律的形式强制实施，要把带薪年休假写入劳动合同，确保其有效执行。首先，所有用人单位都必须依据国家法律的有关规定，为本单位劳动者安排休假。其次，增加违反带薪年休假制度的惩罚措施。在完善立法及制度的同时，由于我国地域辽阔，地区之间的经济发展水平存在一定的差距，一些少数民族聚居地区还具有特殊的风俗习惯，因此，应当允许不同地区、不同行业根据自己的实际情况实行有差别的带薪年休假制度。[②]

（二）政府推动带薪年休假制度的实施

一项法律制度的出台和实施需要依靠政府的强制推动和执行。在进行休假制度改革的过程中，政府起着提供政策、法律、执行、监督等多方面支持作用。首先，政府应加

① 韩玉灵、黄绍梅、杨育敏：《我国带薪休假制度实施现状及障碍分析》，载《现代商业》2011 年第 17 期。

② 温伯寅：《实施带薪休假制度的思考》，载《合作经济与科技》，2010 年第 17 期。

大宣传力度，增强大众对带薪休假制度的认识，提高企业及劳动者对其重要性的认识，让用人单位意识到带薪休假有利于劳动者更好的投入到工作岗位中，为企业创造更多的价值。其次，应加强监督力度，监督企业执行带薪休假以维护劳动者的合法权益，必要时可以通过联合社会媒体等手段进行监督。另外，可以实施奖励与惩罚制度，对于不执行带薪休假的企业，由人事部门或者劳动保障部门依职权责令改正，必要时处理责任人。① 同时增加企业因拒绝执行带薪年休而承担的成本，劳动者不能休假，那么用人单位就要予以更高额的补偿，以此来引起用人单位对带薪年休的重视。

（三）促使企业认同带薪年休假制度

企业的不乐意是带薪休假制度执行中最大的障碍。中小型的私营企业，维护职工休息权的意识淡薄，担心制度的实施会人为地增加经营成本，降低工作效率，所以设法规避法规，不愿意落实这项制度。要让企业管理者认识到带薪休假不仅不会影响企业的正常经营和营利，反而会对企业吸引人才、营造良好企业文化、增强企业竞争力与凝聚力及企业的可持续发展有利。只有企业的态度转变了，才能让这项福利制度变成真正的福利。

（四）加强劳动者维权意识

带薪休假制度实施的阻力主要来自企业和劳动者双方，劳动者对于物质的追求远甚于对于精神的追求，“主动弃休”成了很多人的选择。应加强对劳动者的宣传教育，让其明白这项制度就是为了给予他们福利，让他们成为该项制度的支持者和拥护者。

① 刘兴元：《带薪年休假制度研究》，载《中国商界（上半月）》，2010年第07期。

第九章　工资制度

工资作为劳动者的劳动报酬和基本生活来源，历来是劳动者最为关注的问题，也是劳动关系中最易爆发矛盾的问题之一。工资对劳动者本人及其家庭的生活质量有重要影响，因而工资立法成为劳动法的重要组成部分。

第一节　工资立法概述

一、工资的概念

工资是指用人单位根据国家有关规定或劳动合同约定，以货币形式直接支付给本单位劳动者的劳动报酬，一般包括计时工资、计件工资、奖金、津贴和补贴、延长工作时间的工资报酬以及特殊情况下支付的工资等。

工资是劳动者劳动报酬的重要组成部分。劳动报酬是劳动者通过劳动获得的报酬。除工资外，还包括劳务费、佣金、稿酬等。但工资与劳务费、佣金、稿酬等相比有许多不同之处。工资属于劳动法范畴，由劳动法调整，遵循按劳分配、同工同酬原则；劳务费、佣金、稿酬则属于民法范畴，由民法调整，遵循自愿、平等、等价有偿原则。

二、工资立法的基本原则

《劳动法》第 46 条规定："工资分配应当遵循按劳分配原则，实行同工同酬。工资水平在经济发展的基础上逐步提高。国家对工资总量实行宏观调控。"这一规定为我国工资法律调整确立了基本原则。

（一）*按劳分配原则*

按劳分配原则是指根据劳动者提供的劳动质量和数量分配个人消费品，等量劳动取得等量报酬，多劳多得，少劳少得，不劳不得。每个劳动者根据自己提供的劳动量，取得与其所提供的劳动量相当的劳动报酬。按劳分配要充分体现脑力劳动和体力劳动、复杂劳动和简单劳动、熟练劳动和非熟练劳动、繁重劳动和非繁重劳动之间的差别，要体现奖勤罚懒、奖优罚劣的原则，既要反对平均主义，也要反对分配不公、收入高低过分悬殊的做法。实行按劳分配，有利于调动劳动者的生产积极性，促使劳动者提高劳动技能，提高劳动生产率，为国家和社会创造更多的财富。[①] 需要注意的是，社会主义市场经济条件下生产资料所有制实行以公有制为主体、多种所有制形式并存，市场机制在资

---

① 参见林嘉主编：《劳动法和社会保障法》，中国人民大学出版社 2014 年版，第 205 页。

源配置中起基础性作用。公有制的主体地位，决定了按劳分配原则的主体地位。多种所有制形式并存，决定了不可能实行单一的按劳分配原则，还存在其他多种分配形式。实行按劳分配，并不排斥利息、红利、风险补偿、雇工收入等分配形式作为按劳分配的补充形式而存在。这些分配形式只要是合法的，就应当允许其存在并予以保护。

（二）同工同酬原则

同工同酬，是指用人单位对所有劳动者同等价值的劳动应付给同等的劳动报酬。在同一分配单位中，从事同种类工作、同样熟练程度的劳动者，不分性别、年龄、民族、种族，只要付出同等劳动，就应当领取同等报酬。国际劳工组织 1919 年在其章程中就提到："男子与女子应对同值的工作领取同等的报酬。"1949 年修改后的章程在序言中也规定"承认同工同酬的原则"。1951 年通过的《男劳动力与女劳动力之间同等价值劳动的报酬平等公约》规定，对于所有劳动力，即男劳动力和女劳动力同等价值的劳动，应付给同等的报酬。我国政府已于 1990 年批准加入了这一公约。为使这一原则得到更好的贯彻，我国将同工同酬写入了《劳动法》，并作为工资分配的一个基本原则。实行同工同酬，才能保证我国公民享有真正平等的劳动报酬权。但需要注意的是，这一原则并不排斥用人单位可以对虽从事同种工作但技能和劳动贡献不同的劳动者支付不等量的报酬。

（三）在经济发展的基础上逐步提高工资水平的原则

工资水平是指一定时期内劳动者平均工资的高低程度。工资水平既是反映经济发展水平和劳动者物质文化生活水平的一个重要指标，也在一定程度上体现着国家、用人单位、劳动者个人三者之间的利益分配关系，以及不同行业、不同地区、不同单位、不同工种之间各类劳动者的工资关系。工资水平的高低，直接关系着劳动者生活的改善程度。工资水平的增长速度，则影响着国民经济的发展。"在经济发展的基础上逐步提高工资水平的原则"要求：（1）要逐步提高工资水平。只有在经济发展的基础上逐步提高劳动者的工资水平，才能不断满足劳动者的日益增长的物质文化生活需要，才能实现劳动者生活从温饱向小康的转化。（2）工资水平只能在经济发展的基础上逐步提高。工资属于分配范畴，分配是由生产所决定的。工资水平的提高只能建立在经济增长和劳动生产率提高的基础上。

三、我国的工资立法概况

新中国成立后，我国开始了社会主义性质的工资立法，包括：1950 年《工资条例（草案）》、1955 年《关于国家机关工作人员全部实行工资制和改行货币工资制的命令》、1956 年《关于工资改革的决定》和《关于工资改革中若干具体问题的规定》。这些规定的发布，废除了新中国成立初期实行的供给制，实行全国统一的货币工资制；在企业工人中实行了八级工资制，在干部中实行了职务等级工资制；企业可以根据生产的需要，实行计时工资、计件工资、奖励工资、津贴等各种工资形式。1958 年起，国家对部分职工的工资标准进行了调整，并对局部工资制度进行了改革。

十一届三中全会以来，随着党的工作重点转移到经济建设上来，我国的工资立法进入了新的发展阶段。主要发布了：1978 年《关于实行奖励和计件工资制度的通知》、1979 年《关于调整工资区类别的几项具体规定》、1982 年《关于严格制止企业滥发加班加点工资的通知》、1984 年《关于国营企业发放奖金有关问题的通知》、1985 年《关于国营企业工资改革问题的规定》以及《关于实施国家机关和事业单位工作人员工资制度改革方案若干问题的规定》等。

1992 年以来，随着我国社会主义市场经济体制的确立，国家提出了市场经济条件下企业工资的新模式，即由市场机制决定、企业自主分配、政府监督调控。与此同时，国家开始了与市场经济相适应的工资立法。如 1993 年《全民所有制企业工资总额管理暂行规定》《国营企业工资总额同经济效益挂钩规定》《企业最低工资规定》，1994 年《关于实施最低工资保障制度的通知》《工资支付暂行规定》等，2000 年《工资集体协商试行办法》，2004 年《最低工资规定》。目前，我国已初步形成与社会主义市场经济相适应的工资法体系。

第二节 工资的宏观调控

《劳动法》第 46 条规定，国家对工资总量实行宏观调控。国家通过工资立法、制订工资增长计划、工资增长指导线等方式，使企业工资增长幅度保持在适度范围内，实现工资总量的增长与经济发展和劳动生产率的增长相适应。

一、工资总额的组成

工资总额是指各单位在一定时期内直接支付给本单位全部职工的劳动报酬总额。工资总额的计算应以直接支付给职工的全部劳动报酬为根据。1990 年 1 月，经国务院批准，国家统计局公布了《关于工资总额组成的规定》。

根据该规定，工资总额由以下部分组成：（1）计时工资；（2）计件工资；（3）奖金；（4）津贴和补贴；（5）加班加点工资；（6）特殊情况下支付的工资。

二、工资总额的管理

要实行国家对工资总额的宏观调控，就需要加强对工资总额的管理。1993 年劳动部发布了《全民所有制企业工资总额管理暂行规定》，规定工资总额管理实行国家宏观调控、分级分类管理、企业自主分配的体制。工资总额管理要坚持“两低于”的原则，即企业工资总额的增长低于经济效益的增长，职工平均工资的增长低于劳动生产率的增长。企业工资总额分别采取工资总额同经济效益挂钩、工资总额包干等办法确定。企业对于按规定所确定的工资总额，有权自主使用、自主分配。所有企业都要实行《工资总额使用手册》管理制度。银行部门实行工资提取登记制度，不予支付未办《工资总额使用手册》企业的工资或超过《工资总额使用手册》核准的工资。国家统一制定企业劳动工资统计报表，并根据实际情况进行调整和补充，各级劳动工资统计部门都要按规定及时、准确地填报。各级劳动、财政、税务、审计、银行等部门，运用经济、法律以及必要的行政手段对企业工资总额的确定和使用情况进行检查和监督。

第三节 工资的形式

工资的形式是指计量劳动和支付工资的方式。目前我国的基本工资形式主要有计时工资和计件工资，辅助工资形式主要有奖金和津贴。

一、计时工资

计时工资是按计时工资标准和工作时间支付给个人的劳动报酬，包括对已做工作按计时工资标准支付的工资、实行结构工资制的单位支付给职工的基础工资和职务（岗位）工资、新参加工作职工的见习工资（学徒的生活费）和运动员体育津贴。根据计算单位的不同，可分为月工资、日工资和小时工资。

计时工资的优点是操作简单易行，适用于任何企业和工种；缺点是以劳动时间作为计算工资报酬的依据，不能完全将工资报酬与劳动的数量和质量挂钩。

二、计件工资

计件工资是指对已做工作按计件单价支付的劳动报酬，包括实行超额累进计件、直接无限计件、限额计件、超定额计件等工资制，按劳动部门或主管部门批准的定额和计件单价支付给个人的工资；按工作任务包干方法支付给个人的工资；按营业额提成或利润提成办法支付给个人的工资。计件工资时按照劳动者生产的合格产品的数量和预先规定的计件工资标准来计算的工资，是计时工资的转化形式。

计件工资的优点是能够使劳动成果与劳动报酬直接联系起来，更好地体现了按劳分配原则；缺点是容易因追求数量而忽视了质量，甚至影响安全生产。

三、奖金

奖金是指支付给劳动者的超额劳动报酬和增收节支的劳动报酬，是计时工资的辅助形式。奖金对于调动劳动者的生产积极性，更好地体现按劳分配原则具有重要意义。奖金的种类包括：（1）生产奖；（2）节约奖；（3）劳动竞赛奖；（4）机关、事业单位的奖励工资；（5）其他奖金。

四、津贴和补贴

津贴是指为了补偿劳动者特殊或额外的劳动消耗和因其他特殊原因而支付给劳动者的报酬。津贴可分为：（1）为补偿劳动者在特殊劳动条件下的劳动消耗和额外劳动消耗而设的津贴，如矿山井下津贴、高位津贴、野外施工津贴等；（2）为补偿劳动者特殊劳动消耗和额外生活支出而设的津贴，如林区津贴、山区津贴、驻岛津贴、艰苦气象站津贴等；（3）为特种保健而设的津贴，如保健津贴、医疗卫生津贴等；（4）为鼓励劳动者钻研技术、努力工作而设的津贴，如科研津贴等。

补贴是指为了保证劳动者工资水平不受物价影响而支付给劳动者的物价补助，目的是保证劳动者的生活水平不会受到较大的冲击。

五、加班加点工资

加班加点工资是指按规定支付的加班工资和加点工资。在我国目前，由于受计划经济体制的影响，此种工资制度还存在非常突出的问题。加班工资制度的完善还需要从综合工时计算以及社会平均工资和行业平均工资的体系建设考虑。一些省市高级法院的指导意见还存在重大缺陷。

六、特殊情况下支付的工资

特殊情况下支付的工资包括根据国家法律、法规和政策规定，因病、工伤、产假、计划生育假、婚丧假、事假、探亲假、定期休假、停工学习、执行国家或社会义务等原因按计时工资标准或计时工资标准的一定比例支付的工资，以及附加工资和保留工资。

七、不列入工资总额的项目

为了保障其他相关政策的执行和保障劳动者的福利，根据 1990 年国家统计局《关于工资总额组成的规定》第 11 条，下列各项不列入工资的范围：

(1) 根据国务院发布的有关规定颁发的创造发明奖、自然科学奖、科学技术进步奖和支付的合理化建议和技术改进奖以及支付给运动员、教练员的奖金；

(2) 有关劳动保险和职工福利方面的各项费用；

(3) 有关离休、退休、退职人员待遇的各项支出；

(4) 劳动保护的各项支出；

(5) 稿费、讲课费及其他专门工作报酬；

(6) 出差伙食补助费、误餐补助、调动工作的旅费和安家费；

(7) 对自带工具、牲畜来企业工作职工所支付的工具、牲畜等的补偿费用；

(8) 实行租赁经营单位的承租人的风险性补偿收入；

(9) 对购买本企业股票和债券的职工所支付的股息（包括股金分红）和利息；

(10) 劳动合同制职工解除劳动合同时由企业支付的医疗补助费、生活补助费等；

(11) 因录用临时工而在工资以外向提供劳动力单位支付的手续费或管理费；

(12) 支付给家庭工人的加工费和按加工订货办法支付给承包单位的发包费用；

(13) 支付给参加企业劳动的在校学生的补贴；

(14) 计划生育独生子女补贴。

需要注意的是，上述《关于工资总额组成的规定》是 1990 年由国家统计局颁布实施的，对于工资的范围，目前实践中有了新的趋势和变化。财政部 2009 年 11 月 25 日下发了《关于企业加强职工福利费财务管理的通知》，明确规定将过去不属于工资总额范围的部分福利费用纳入职工工资总额，从而扩大了职工工资总额的基数。

根据《关于企业加强职工福利费财务管理的通知》，企业为职工提供的交通、住房、通讯待遇，已经实行货币化改革的，按月按标准发放或支付的住房补贴、交通补贴或者车改补贴、通讯补贴，应当纳入职工工资总额，不再纳入职工福利费管理；尚未实行货币化改革的，企业发生的相关支出作为职工福利费管理，但根据国家有关企业住房制度改革政策的统一规定，不得再为职工购建住房。企业给职工发放的节日补助、未统一供餐而按月发放的午餐费补贴，应当纳入工资总额管理。

第四节 最低工资制度

一、最低工资的概念和组成

最低工资是指劳动者在法定工作时间或依法签订的劳动合同约定的工作时间内提供了正常劳动的前提下，用人单位依法应支付的最低劳动报酬。正常劳动，是指劳动者按依法签订的劳动合同约定，在法定工作时间或劳动合同约定的工作时间内从事的劳动。劳动者依法享受带薪年休假、探亲假、婚丧假、生育（产）假、节育手术假等国家规定的假期间，以及法定工作时间内依法参加社会活动期间，视为提供了正常劳动。

根据 2004 年劳动和社会保障部《最低工资规定》，在劳动者提供正常劳动的情况下，用人单位应支付给劳动者的工资在剔除下列各项以后，不得低于当地最低工资标准：(1) 延长工作时间工资；(2) 中班、夜班、高温、低温、井下、有毒有害等特殊工作环境、条件下的津贴；(3) 法律、法规和国家规定的劳动者福利待遇等。实行计件工资或提成工资等工资形式的用人单位，在科学合理的劳动定额基础上，其支付劳动者的工资不得低于相应的最低工资标准。但是，劳动者由于本人原因造成在法定工作时间内或依法签订的劳动合同约定的工作时间内未提供正常劳动的，不适用上述规定。

另外，根据 1994 年劳动部《关于实施最低工资保障制度的通知》，用人单位通过贴补伙食、住房等支付给劳动者的非货币性收入不包括在最低工资内；职工所得的非经常性奖金，如竞赛奖、体育奖、合理化建议奖等也不得纳入企业最低工资的范畴。

二、最低工资的标准的确定

（一）最低工资标准的确定主体

《劳动法》第 48 条规定："国家实行最低工资保障制度。最低工资的具体标准由省、自治区、直辖市人民政府规定，报国务院备案。用人单位支付劳动者的工资不得低于当地最低工资标准。"

（二）确定最低工资标准的依据和参考因素

国际劳工组织 1970 年通过的《特别参照发展中国家情况确定最低工资公约》在确定最低工资标准应参考的因素时规定了两点：一是工人及其家庭的必需品，需考虑该国的一般工资水平、生活费、社会保障津贴以及其他社会阶层的相应生活标准；二是经济因素，包括经济发展的要求、生产力水平、获得和维持高水平就业的需要。上述规定基本为各国最低工资立法所接受，但各国立法关于制约最低工资标准要素的具体规定不尽相同。

根据我国《劳动法》第 49 条，确定和调整最低工资标准应当综合参考下列因素：（一）劳动者本人及平均赡养人口的最低生活费用；（二）社会平均工资水平；（三）劳动生产率；（四）就业状况；（五）地区之间经济发展水平的差异。

按照《最低工资规定》，最低工资标准一般采取月最低工资标准和小时最低工资标准的形式。月最低工资标准适用于全日制就业劳动者，小时最低工资标准适用于非全日制就业劳动者。确定和调整月最低工资标准，应参考当地就业者及其赡养人口的最低生活费用、城镇居民消费价格指数、职工个人缴纳的社会保险费和住房公积金、职工平均工资、经济发展水平、就业状况等因素。确定和调整小时最低工资标准，应在颁布的月最低工资标准的基础上，考虑单位应缴纳的基本养老保险费和基本医疗保险费因素，同时还应适当考虑非全日制劳动者在工作稳定性、劳动条件和劳动强度、福利等方面与全日制就业人员之间的差异。

（三）最低工资标准的调整

最低工资标准发布实施后，当最低工资标准制订时参考的各种因素如当地最低生活费用、职工平均工资、劳动生产率、城镇就业状况和经济发展水平等发生变化，或本地区职工生活费用价格指数累计变动较大时，应适时调整，但每两年至少调整一次。

三、最低工资的保障与监督

（一）最低工资的保障

为了保证用人单位支付给劳动者的工资不低于当地最低工资标准，国家规定了具体的保障措施：

用人单位应当在最低工资标准发布后 10 日内将该标准向本单位全体劳动者公示。用人单位若违反此项义务，由劳动保障行政部门责令其限期改正。

实行计件工资或提成工资等工资形式的用人单位，在科学合理的劳动定额基础上，其支付劳动者的工资不得低于相应的最低工资标准。

劳动者由于本人原因造成在法定工作时间内或依法签订的劳动合同约定的工作时间内未提供正常劳动的，用人单位可以低于最低工资标准支付劳动者工资。

劳动者因探亲、结婚、直系亲属死亡按照规定休假期间，以及依法参加社会活动期间，视为提供了正常劳动，用人单位不得拒付劳动者最低工资。

用人单位违反规定，支付给劳动者的工资低于当地最低工资标准的，由劳动保障行政部门责令其限期补发所欠劳动者工资，并可责令其按所欠工资的 1 至 5 倍支付劳动者赔偿金。

劳动者与用人单位之间就执行最低工资标准发生争议，按劳动争议处理有关规定处理。

（二）执行最低工资标准的监督

《最低工资规定》第 4 条规定：“县级以上地方人民政府劳动保障行政部门负责对本行政区域内用人单位执行本规定情况进行监督检查。各级工会组织依法对本规定执行情况进行监督，发现用人单位支付劳动者工资违反本规定的，有权要求当地劳动保障行政部门处理。”

第五节　特殊情况下的工资

特殊情况下的工资，是指依法或按协议在非正常情况下，由用人单位支付给劳动者的工资。主要有以下几种：

一、依法参加社会活动期间的工资

劳动者在工作时间内依法参加社会活动期间，用人单位应视同其提供了正常劳动而支付工资。依法参加社会活动包括：(1) 依法行使选举权或被选举权；(2) 当选代表出席乡（镇）、区以上政府、党派、工会、青年团、妇女联合会等组织召开的会议；(3) 出任人民法庭证明人；(4) 出席劳动模范、先进工作者大会；(5) 不脱产工会基层委员会委员因工会活动占用的生产或工作时间；(6) 其他依法参加的社会活动。

二、休假期间的工资

《劳动法》第 51 条规定，劳动者在法定休假日和婚丧假期间，用人单位应当依法支付工资。《工资支付暂行条例》第 11 条规定，劳动者依法享受年休假、探亲假、婚假、丧假期间，用人单位应按劳动合同规定的标准支付劳动者工资。

1. 法定休假日期间的工资支付

法定休假日是法律规定的放假节日，在元旦、春节、劳动节、端午节、中秋节、国庆节及其他法定休假日期间，用人单位应当安排劳动者休假，并依法向劳动者支付工资。

2. 婚丧假期间的工资支付

享受婚丧假是劳动者的合法权利，婚丧假（包括路程假）期间用人单位应向劳动者支付工资。

3. 产假期间的工资支付

产假期间工资照付。1994 年人事部《关于机关、事业单位女职工产假期间工资计发问题的通知》对机关、事业单位女职工在国家规定的产假期间的工资计发标准进行了规定。

4. 探亲假期间的工资支付

根据 1981 年国务院《关于职工探亲待遇的规定》，职工在规定的探亲假期间和路程假期内，按照本人的标准工资发给工资。已婚职工探望配偶和未婚职工探望父母的往返路费由所在单位负担；已婚职工探望父母的往返路费，在本人月标准工资 30% 以内的由本人处理，超过部分由所在单位负担。

三、延长工作时间的工资支付

《劳动法》第 44 条规定："有下列情形之一的，用人单位应当按照下列标准支付高于劳动者正常工作时间工资的工资报酬：（一）安排劳动者延长工作时间的，支付不低于工资的 150% 的工资报酬；（二）休息日安排劳动者工作又不能安排补休的，支付不低于工资的 200% 的工资报酬；（三）法定休假日安排劳动者工作的，支付不低于工资的 300% 的工资报酬。"

四、停工期间的工资支付

根据《工资支付暂行规定》第 12 条，非因劳动者原因造成单位停工、停产，在一个工资支付周期内，用人单位应按劳动合同规定的标准支付劳动者工资。超过一个工资支付周期的，若劳动者提供了正常劳动，则支付给劳动者的劳动报酬不得低于当地的最低工资标准；若劳动者没有提供正常劳动，应按国家有关规定办理。

五、企业依法破产时的工资支付

《工资支付暂行规定》第14条规定，用人单位依法破产时，劳动者有权获得其工资。在破产清偿中用人单位应按《企业破产法》规定的清偿顺序，首先支付欠付的本单位劳动者的工资。

2007年6月1日起施行的《企业破产法》确定了工资债权较一般债权的优先性。该法第113条规定，破产财产在优先清偿破产费用和共益债务后，依照下列顺序清偿：(1)破产人所欠职工的工资和医疗、伤残补助、抚恤费用，所欠的应当划入职工个人账户的基本养老保险、基本医疗保险费用，以及法律、行政法规规定应当支付给职工的补偿金；(2)破产人欠缴的除前项规定以外的社会保险费用和破产人所欠税款；(3)普通破产债权。另外，根据《企业破产法》第132条，破产人在2006年8月27日之前所欠职工的工资、社会保险费用、经济补偿金等工资债权优于有担保的债权受偿，8月27日之后所欠职工的工资等工资债权则后于有担保的债权受偿。

第六节　工资支付保障

工资支付保障是为保障劳动者劳动报酬权的实现、防止用人单位滥用工资分配权而制定的有关工资支付的一系列规则。《劳动法》对工资支付保障进行了原则性规定。劳动部1994年《工资支付暂行规定》对用人单位的工资支付行为进行了规范，规定了工资支付项目、工资支付水平、工资支付形式、工资支付对象、工资支付时间以及特殊情况下的工资支付等内容。

一、工资支付形式

《工资支付暂行规定》第5条："工资应当以法定货币支付。不得以实物及有价证券替代货币支付。"

以货币形式支付工资符合国际通行做法。这一做法有三个作用：一是有利于保障劳动者的收入；二是限制甚至取消实物支付，使个人收入货币化、规范化，有利于提高收入分配的透明度，加强对用人单位收入分配的财务监督；三是有利于建立个人收入申报制度，强化个人所得税调节收入分配的功能。

二、工资支付对象

根据《工资支付暂行条例》第6条，用人单位应将工资支付给劳动者本人。劳动者本人因故不能领取工资时，可由其亲属或委托他人代领。用人单位可委托银行代发工资。用人单位必须书面记录支付劳动者工资的数额、时间、领取者的姓名以及签字，并保存两年以上备查。用人单位在支付工资时应向劳动者提供一份其个人的工资清单。

三、工资支付时间

《劳动法》第50条规定，工资应当以货币形式按月支付给劳动者本人。不得无故克扣或者无故拖欠劳动者的工资。《劳动合同法》第30条第1款规定，用人单位应当按照劳动合同约定和国家规定，向劳动者及时足额支付劳动报酬。《工资支付暂行规定》第7条规定，工资必须在用人单位与劳动者约定的日期支付。如遇节假日或休息日，则应提前在最近的工作日支付。工资至少每月支付一次，实行周、日、小时工资制的可按周、日、小时支付工资。第8条规定，对完成一次性临时劳动或某项具体工作的劳动者，用人单位应按有关协议或合同规定在其完成劳动任务后即支付工资。第9条规定，劳动关系双方依法解除或终止劳动合同时，用人单位应在解除或终止劳动合同时一次付清劳动者工资。另外，根据《劳动合同法》第72条，非全日制用工劳动报酬结算支付周期最长不得超过十五日。

四、禁止克扣和无故拖欠劳动者工资

《劳动法》第50条规定，不得无故克扣或者无故拖欠劳动者的工资。克扣是指用人单位无正当理由扣减劳动者应得的工资。无故拖欠是指用人单位无正当理由超过规定时间未付给劳动者工资。法律、法规对克扣或无故拖欠工资的情况进行了规定，具体如下：

(1) 下列情形不属于克扣工资：用人单位不得克扣劳动者工资。有下列情况之一的，用人单位可以代扣劳动者工资：①用人单位代扣代缴的个人所得税；②用人单位代扣代缴的应由劳动者个人负担的各项社会保险费用；③法院判决、裁定中要求代扣的抚养费、赡养费；④法律、法规规定可以从劳动者工资中扣除的其他费用。

(2) 下列情形不属于无故拖欠工资：①用人单位遇到非人力所能抗拒的自然灾害、战争等原因，无法按时支付工资；②用人单位确因生产经营困难、资金周转受到影响，在征得本单位工会同意后，可暂时延期支付劳动者工资，延期时间的最长限制可由各省、自治区、直辖市劳动行政部门根据各地情况确定。

(3) 下列情形下允许用人单位减发劳动者的工资：①国家的法律、法规中有明确规定的；②依法签订的劳动合同中有明确规定的；③用人单位依法制定并经职代会批准的厂规、厂纪中有明确规定的；④企业工资总额与经济效益相联系，经济效益下浮时，工资必须下浮的（但支付给劳动者的工资不得低于当地的最低工资标准）；⑤因劳动者请事假等相应减发工资等。

(4) 扣除数额的限制：因劳动者本人原因给用人单位造成经济损失的，用人单位可按照劳动合同的约定要求其赔偿经济损失。经济损失的赔偿，可从劳动者本人的工资中扣除。但每月扣除的部分不得超过劳动者当月工资的20%。若扣除后的剩余工资部分低于当地月最低工资标准，则按最低工资标准支付。

用人单位如果违反上述规定，就得承担相应的法律责任。

《工资支付暂行规定》第18条规定："各级劳动行政部门有权监察用人单位工资支付的情况。用人单位有下列侵害劳动者合法权益行为的，由劳动行政部门责令其支付劳动者工资和经济补偿，并可责令其支付赔偿金：(1) 克扣或者无故拖欠劳动者工资的；

(2) 拒不支付劳动者延长工作时间工资的;(3) 低于当地最低工资标准支付劳动者工资的。经济补偿和赔偿金的标准,按国家有关规定执行。”

《劳动保障监察条例》第 26 条规定:“用人单位有下列行为之一的,由劳动保障行政部门分别责令限期支付劳动者的工资报酬、劳动者工资低于当地最低工资标准的差额或者解除劳动合同的经济补偿;逾期不支付的,责令用人单位按照应付金额 50%以上 1 倍以下的标准计算,向劳动者加付赔偿金:(1) 克扣或者无故拖欠劳动者工资报酬的;(2) 支付劳动者的工资低于当地最低工资标准的;(3) 解除劳动合同未依法给予劳动者经济补偿的。”

根据《劳动合同法》第 30 条第 2 款,用人单位拖欠或者未足额支付劳动报酬的,劳动者可以依法向当地人民法院申请支付令,人民法院应当依法发出支付令。

在刑事责任方面,比较突出的是 2011 年 5 月 1 日起实施的《刑法修正案(八)》规定了“拒不支付劳动报酬罪”①。2013 年 1 月 23 日施行的最高人民法院《关于审理拒不支付劳动报酬刑事案件适用法律若干问题的解释》(法释 [2013] 3 号),针对拒不支付劳动报酬罪所涉及的术语界定、定罪量刑标准、单位犯罪等问题,进一步明确了相关刑事案件的法律适用标准。

第七节 我国农民工工资支付保障机制的问题与完善

2014 年 7 月 30 日,在国务院新闻办公室举行的新闻发布会上,人力资源和社会保障部杨志明副部长指出,到 2013 年年底,全国农民工总量是 2.69 亿,其中外出农民工是 1.66 亿。截至 2014 年 6 月底,外出农民工已经达到了 1.74 亿,比上年同期增加了 307 万。② 有分析人士指出,目前的劳动力需求状况会使新生代农民工和上一代农民工返乡意愿减弱,该群体总量持续扩大。假设劳动参与率不变的话,可以预测在 2020 年,农民工总数将达到 3.05 亿。未来随着户籍改革的推进,农民工进城务工的倾向会提升,外出农民工比例以每年提升 1%的速度计算,在 2020 年整体比例将占整体农民工的近 70%,外出农民工数量将增长至 2.14 亿,本地农民工数量将为 0.91 亿。③

大量农村剩余劳动力进城务工,增加了城镇劳动力,为所到城镇的发展和建设做出了巨大贡献。然而,农民工在付出艰辛的劳动后,却经常被无故拖欠和克扣工资,可谓“流汗又流泪”。

---

① 《刑法修正案(八)》第 41 条规定:“在刑法第二百七十六条后增加一条,作为第二百七十六条之一:以转移财产、逃匿等方法逃避支付劳动者的劳动报酬或者有能力支付而不支付劳动者的劳动报酬,数额较大,经政府有关部门责令支付仍不支付的,处三年以下有期徒刑或者拘役,并处或者单处罚金;造成严重后果的,处三年以上七年以下有期徒刑,并处罚金。单位犯前款罪的,对单位判处罚金,并对其直接负责的主管人员和其他直接责任人员,依照前款的规定处罚。有前两款行为,尚未造成严重后果,在提起公诉前支付劳动者的劳动报酬,并依法承担相应赔偿责任的,可以减轻或者免除处罚。”

② 《本次户籍制度改革将对农民工逐步融入城市具有重要作用》,中国政府网,http://www.gov.cn/2014-07/30/content_2726913.htm,2014 年 7 月 30 日访问。

③ 欧阳新周:《我国取消农业与非农业户口 外出农民工成主要受益群体》,前瞻网,http://www.qianzhan.com/analyst/detail/220/140731-dec75463.html,2014 年 7 月 31 日访问。

一、我国现行农民工工资支付保障机制及其主要问题

2003年，由于时任总理温家宝对农民工工资问题的亲自过问，全国各地开展了“清欠”运动，为农民工讨回了大量被拖欠和克扣的工资。此后，人力资源和社会保障、工会、住建、公安、工商等部门均出台了一系列工资支付保障措施，大力整治拖欠劳动者特别是农民工工资问题。其中，应用较广泛且专门或主要针对农民工工资支付的保障制度有：(1) 农民工工资支付监控制度，包括农民工实名制、农民工个人工资银行卡、农民工记工考勤卡、农民工工资支付信息公示、农民工工资支付专用账户管理、劳动保障监察“两网化”管理等；(2) 农民工工资保证金制度；(3) 农民工工资应急周转金制度；(4) 农民工工资支付诚信制度；(5) 农民工工资支付监督检查制度；(6) 农民工欠薪救济追责制度。

农民工工资支付保障机制的目的是确保农民工的工资及时、足额得到发放。我国现行农民工工资支付保障机制力图从各个方面对农民工工资支付进行有效的监管，这对治理实践中存在的农民工工资拖欠、克扣问题，遏制欠薪形势恶化起到了一定的作用，同时也在一定程度上解决了部分用人单位拖欠农民工工资引发的应急问题，缓解了社会矛盾。但是，现行农民工工资支付保障机制也存在一些问题和缺陷。

从整体上看，问题主要表现在以下四个方面：

第一，行政措施多于法律手段。目前，我国在保障农民工工资支付问题上经常采用的是行政措施，比如，农民工工资支付监控制度、农民工工资支付保证金制度、农民工工资应急周转金制度等。行政措施虽然见效快，但不能从制度方向上来解决农民工工资支付问题，而且，以行政措施来解决欠薪问题会增加政府职能部门的负担，降低行政效率。

第二，制度的法律位阶低，文件性突出。我国农民工工资拖欠、克扣现象严重的最根本原因就是缺乏权威的工资支付规范。《劳动法》《劳动合同法》《劳动争议调解仲裁法》《刑法修正案（八）》仅仅从不同侧面对工资支付的某个方面建立规范，在工资支付保障制度体系中所占的比例小。现行农民工工资支付保障机制的主要表现形式为部门规章和地方性规章。《工资支付暂行规定》《最低工资规定》和《建设领域农民工工资支付管理暂行办法》这三个部门规章的法律位阶低，且内容简单粗放，已无法满足解决农民工工资支付领域现实问题的需要。地方性规章的法律位阶更低，严重影响到制度的执行效果。此外，大部分的规范是通过政府文件的形式表现出来的。政府文件的权威性、稳定性显然无法与法律法规相比，其实施效果也相对较弱。

第三，制度发展不均衡。尽管建筑业是拖欠农民工工资最多的领域，但民营、私营等企业也存在拖欠农民工工资的问题，有的还比较严重。但是，从目前的情况看，我国农民工工资支付保障制度的发展并不均衡，建筑业色彩浓厚，其他领域则涉及较少。

第四，部分制度不合法。比如，农民工工资保证金的征收依据的仅是地方性规章或规范性文件。按照地方性规章或规范性文件的要求，用人单位在开工前应按照规定缴纳一定金额或比例的工资保证金，存入政府主管部门指定的银行专户，在发生拖欠、克扣农民工工资的情况下，首先用保证金解决农民工工资问题。如果用人单位不缴纳保证

金，则当地建设行政主管部门不向其发放施工许可证。不过，根据《建筑法》第8条①，关于申领施工许可证的条件，并不包含缴纳工资保证金这一项。而且，向用人单位征收工资保证金，属于对非国有资产的征收，根据《立法法》第8条，对非国有资产的征收，只能通过制定法律的方式来实现。因此，仅仅通过地方性规章或规范性文件来规范工资保证金的行为是与法律相抵触的。

二、完善我国农民工工资支付保障机制的建议

“三农”问题的核心在于农民问题，而农民问题的关键又在于收入问题②，而解决农民工收入问题的首要任务便是解决工资拖欠问题。因此，我们必须进一步健全和强化农民工工资支付保障机制。在此，提出如下建议：

（一）提升立法规格

虽然各级政府采取了不少行政措施来解决农民工工资拖欠、克扣问题，也取得了一定成效，但要从根本上解决问题仍然面临很大困难。目前，规范农民工工资支付主要依靠《工资支付暂行规定》《最低工资规定》和《建设领域农民工工资支付管理暂行办法》这三个部门规章和地方性规章，其法律位阶不高，运行效果不佳。因此，需要提升立法规格，这也是提高农民工工资支付保障机制运行效果的基本保障。

2012年，人力资源和社会保障部决定将《企业工资条例》拆分成《工资支付保障条例》和《工资集体协商条例》两部行政法规先后推出，待将来时机成熟后再出台综合性的《企业工资条例》。这一思路无疑是正确的。不过，时至今日，《工资支付保障条例》仍然未见踪影，这不能不说是一件令人遗憾的事。我们认为，要从根本上解决包括农民工在内的劳动者工资拖欠问题，最重要的就是加强立法，尽快制定、出台《工资支付保障条例》，进一步明确各项支付保障措施。

（二）清理和完善各项具体制度

前文提及了应用较广泛且专门或主要针对农民工工资支付的六项保障制度。我们认为，可以把这六项制度划分成需逐步退出的和需进一步完善的两大类。

1. 需逐步退出的制度

因用人单位拖欠、克扣农民工工资而引发的纠纷，本质上属于民事纠纷里债权债务纠纷的范畴。市场经济是一种法治经济，十八大报告提出“全面推进依法治国”，在市场经济条件下，应当采用法律手段而不是行政措施来处理农民工工资问题。

农民工工资支付监控制度和农民工工资保证金制度的建立，是政府利用行政权力介入社会经济生活、干预用人单位劳务用工管理的行为。在经济转型的特定历史时期，这种举措确实能取得较为明显的效果，但因其不符合市场经济条件下的政府职能定位，应

① 《建筑法》第8条规定：“申请领取施工许可证，应当具备下列条件：（一）已经办理该建筑工程用地批准手续；（二）在城市规划区的建筑工程，已经取得规划许可证；（三）需要拆迁的，其拆迁进度符合施工要求；（四）已经确定建筑施工企业；（五）有满足施工需要的施工图纸及技术资料；（六）有保证工程质量和安全的具体措施；（七）建设资金已经落实；（八）法律、行政法规规定的其他条件。建设行政主管部门应当自收到申请之日起十五日内，对符合条件的申请颁发施工许可证。”

② 高仁波：《政府治理农民工工资拖欠问题的路径优化：以重庆市江北区为例》，载《重庆社会科学》，2010年第1期。

在法律制度规范化的同时逐步退出。至于目前在全国多地实行的农民工工资应急周转金制度，其资金来源除广西一地源于工会经费外，其余各地的资金均来源于地方政府。基于欠薪的民事纠纷性质，用政府财政资金垫付私人债务，不符合政府财政支出的原则，因此这一措施也应逐步退出。

2. 需进一步完善的制度

农民工工资支付诚信制度属于企业劳动保障诚信制度[①]的内容之一。市场经济是信用经济，用人单位支付农民工工资的情况理应作为该单位信用评级的重要参考因素。建议建立全国联网的企业征信体系，强化企业失信惩戒和守信受益机制，将诚信评价结果与用人单位的资质认定和市场准入挂钩，用制度使欠薪企业处处碰壁，以激发用人单位诚信守法的内在动力。

对用人单位的工资支付情况进行监督检查是劳动保障行政部门的职责。建议强化劳动保障监察的日常巡视检查、举报专查工作，减少对一年一次的农民工工资集中清欠行动的依赖性。

在农民工欠薪救济追责制度方面，需要完善的制度包括：（1）进一步健全仲裁救济。首先，针对劳动争议案件耗时长、程序复杂、专业化程度高的问题，建议畅通农民工劳动争议仲裁"绿色通道"，提高仲裁效率[②]，引导农民工运用法律手段讨薪。其次，针对实践中"一裁终局"适用不广的问题[③]，建议修改《劳动争议调解仲裁法》第47条关于"不超过当地月最低工资标准十二个月金额"的规定，扩大追索劳动报酬等案件"一裁终局"案件的处理量，尽量避免讨薪的农民工被拖入诉讼程序。此外，由于劳动争议仲裁程序内缺乏财产保全和证据保全的规定，仲裁机构无法实施查封、扣押、冻结等强制措施，客观上为企业主转移财产与逃匿提供了时间，当案件进入执行程序时，企业的财产已经转移完毕，企业主也不知去向，包括农民工在内的劳动者得到的不过是一纸空文。因此，将来修改《劳动争议调解仲裁法》时，建议借鉴《民事诉讼法》的相关规定，在劳动争议仲裁程序中增加关于财产保全和证据保全的规定。（2）进一步健全责任追究机制。首先，要加大欠薪用人单位违法成本，建议修改《劳动合同法》第85条，规定只要用人单位欠薪，即便在劳动行政部门"责令限期支付"的期限内进行了支付，也应加付赔偿金。其次，通过《工资支付保障条例》赋予劳动保障行政部门查封、扣押、冻结、划拨权，避免用人单位恶意逃避工资支付义务。再次，针对司法实践中拒不支付劳动报酬罪适用数量过少的现状[④]，建议通过刑事责任的追究强化对欠薪用人单位

① 2003年9月30日，原劳动和社会保障部办公厅发布《关于推行企业劳动保障诚信制度的指导意见》（劳社厅发［2003］21号），之后绝大多数地区都出台了相应省级规范，建立起企业劳动保障诚信制度。

② 《国务院常务会议部署做好为农民工服务工作等工作》，人力资源和社会保障部官方网站，http://www.mohrss.gov.cn/SYrlzyhshbzb/dongtaixinwen/shizhengyaowen/201407/t20140731_137588.htm，2014年7月31日。

③ 据统计，2010年，全国共处理一裁终局案件3.7万件，仅占裁决案件的13.9%。详见劳动人事争议处理专业委员会课题组：《〈劳动争议调解仲裁法〉实施跟踪研究》，载《中国劳动》，2011年第6期。

④ 截至2012年12月，全国各级人民法院共新收拒不支付劳动报酬刑事案件仅152起，审结仅134起，仅对其中120名犯罪分子依法判处刑罚；辽宁省各级法院两年共受理此类案件35件，已审结案件31件（其中1件系单位犯罪），涉及被告人32名、一家被告单位，共33名被告被判决构成拒不支付劳动报酬罪；江苏省各级法院两年共审结拒不支付劳动报酬犯罪一审案件47件，生效判决人数48人。

及个人的威慑力，从而减少拖欠农民工工资现象的发生。

总之，我们应通过健全和完善上述各项制度，切实保障农民工的劳动报酬权，激励农民工在我国现代化建设中发挥更大作用。

第十章 劳动安全卫生制度

第一节 概述

一、劳动安全卫生的概念

劳动安全卫生是指劳动者在劳动中安全和健康的法律保障，包括劳动安全技术规程、劳动卫生规程、企业安全卫生管理制度等。劳动法中的劳动安全卫生是基于劳动关系而产生的，在我国传统立法中称为劳动保护，这方面的法律也被称为职业灾害防治法、工作环境权法。

劳动安全卫生法律制度的建立是社会生产发展的客观需要，是基于劳动过程中存在各种不安全、不卫生因素而产生的。劳动过程中的工作环境涉及每一个劳动者、机器设备、原材料及工作流程，进而广泛地涉及一切工作场所，从建筑工人工作的工地、矿工所在煤矿的矿坑，扩展到职业足球运动员活动的足球场、职业自行车车手的竞赛场等；从机器设备、特种危害扩展到职场性骚扰。立法的目的都在于保障劳动者在安全的环境下工作，防止其身心受到危害。从法律规范上具体要求用人单位随着科技发展与社会进步，不断提高劳动者的安全卫生条件，确保劳动者在劳动过程中的安全和健康。

二、我国的劳动安全卫生立法

新中国成立后，不断改善劳动条件、保护劳动者的安全和健康成为国家的一项基本政策。我国第一部《宪法》明确规定，要“加强劳动保护，改善劳动条件”。

根据《宪法》，国家开展了一系列劳动安全卫生立法。例如，1950 年 5 月，劳动部颁布了《工厂卫生暂行条例（草案）》；1952 年 12 月颁布了《关于防止沥青中毒的办法》；1956 年 5 月国务院颁布了关于劳动安全卫生的“三大规程”，即《工厂安全卫生规程》《建筑安装工程安全技术规程》和《工人职员伤亡事故报告规程》，同时，还颁布了国务院《关于防止厂、矿企业中矽尘危害的决定》。1963 年 3 月，国务院还颁布了《关于加强企业生产中安全工作的几项规定》，对安全卫生责任制、安全技术措施计划、安全生产教育、安全生产的定期检查、伤亡事故的调查和处理等作了明确规定。

党的十一届三中全会以来，我国的劳动安全卫生立法有了很大的发展。1982 年国务院发布了《矿山安全条例》《矿山安全监察条例》和《锅炉压力容器安全监察暂行条例》。1983 年国务院批转了劳动人事部等发布的《关于加强安全生产和劳动安全监察工作的通知》。1984 年国务院发布《关于加强防尘防毒工作的决定》。1987 年 11 月，卫生部、劳动人事部、财政部、中华全国总工会修订颁布了《职业病范围和职业病患者处理办法的规定》，废除了旧的职业病名单，确定了新的9类99种职业病名单。同年12月，国务院还发布了《尘肺病防治条例》。1988年国务院发布《女职工劳动保护规定》，1992年颁布《妇女权益保障法》，对女职工的劳动保护进行了明确规定。1991年国务院发布《企业职工伤亡事故报告规程》。1992年通过了《矿山安全法》，这是我国第一部有关劳动安全卫生的法律，该法于1993年5月1日起实施。1993年劳动部颁布了《劳动监察规定》。1994年，颁布《劳动法》，该法第六章专章规定了"劳动安全卫生"，以劳动法基本法的形式对劳动安全卫生进行了原则性规定。劳动部还颁布了一系列与《劳动法》相配套的规章，如《劳动监察员管理办法》《未成年工特殊保护规定》等。

全国人大常委会于2001年通过《职业病防治法》，2002年通过《安全生产法》。国务院于2002年颁布《使用有毒物品作业场所劳动保护条例》，2003年颁布《建设工程安全生产管理条例》，2004年颁布《劳动保障监察条例》。2009年，国家安全生产监督管理总局颁布《作业场所职业健康监督管理暂行规定》。2011年12月31日，全国人大常委会审议修改了《职业病防治法》。2012年，国务院公布了《女职工劳动保护特别规定》(《女职工劳动保护规定》废止)。2013年12月23日，国家卫生和计划生育委员会(下称国家卫计委)、人力资源和社会保障部等部门共同公布并实施新的《职业病分类和目录》。调整后的《目录》仍然将职业病分为10类，其中3类的分类名称做了调整。修订后的《目录》由原来的115种职业病调整为132种(含4项开放性条款)。其中新增18种，对2项开放性条款进行了整合。另外，对16种职业病的名称进行了调整。2014年8月31日，全国人大常委会审议通过了《关于修改〈中华人民共和国安全生产法〉的决定》，修改后的《安全生产法》于2014年12月1日起施行。

此外，自1980年以来，我国还进行了劳动安全卫生标准化立法，颁布了包括管理标准、作业标准、劳动生产设备、工具安全卫生、生产工艺安全卫生、防护用品等内容的国家标准，如《安全标志标准》(GB2894—82)、《高处作业标准》(GB3608—83)、《冷水作业分级》(GB/T14439—93)等。这些标准为我国劳动安全卫生工作法制化奠定了基础，是实行劳动安全卫生监察的重要依据。

第二节　安全生产法律制度

2002年6月29日，第九届全国人民代表大会常务委员会第二十八次会议通过了《中华人民共和国安全生产法》。吉林德惠"6·3"火灾爆炸，山东青岛"11·22"输油管道爆炸，江苏昆山"8·2"粉尘爆炸……近期频发的重特大安全事故，不断为我国安全生产形势敲响警钟。面对新形势新问题，全国人大常委会决定对已施行了12年的安全生产法进行修改。2014年8月31日，第十二届全国人民代表大会常务委员会第十次会议通过了《关于修改〈中华人民共和国安全生产法〉的决定》，从加强预防、强化安全生产主体责任、加强隐患排查、完善监管、加大违法惩处力度等方面做了修改，涉及修改的条款达70多条，旨在为我国经济社会健康发展、营造安全的生产环境提供有力的法制保障。修改后的《安全生产法》自2014年12月1日起施行。

一、生产经营单位的安全生产保障

（一）安全生产条件

生产经营单位应当具备法律、行政法规和国家标准或者行业标准规定的安全生产条件；不具备安全生产条件的，不得从事生产经营活动。

（二）安全生产管理人员

矿山、金属冶炼、建筑施工、道路运输单位和危险物品的生产、经营、储存单位，应当设置安全生产管理机构或者配备专职安全生产管理人员。其他生产经营单位，从业人员超过一百人的，应当设置安全生产管理机构或者配备专职安全生产管理人员；从业人员在100人以下的，应当配备专职或者兼职的安全生产管理人员。生产经营单位的主要负责人和安全生产管理人员必须具备与本单位所从事的生产经营活动相应的安全生产知识和管理能力。危险物品的生产、经营、储存单位以及矿山、金属冶炼、建筑施工、道路运输单位的主要负责人和安全生产管理人员，应当由主管的负有安全生产监督管理职责的部门对其安全生产知识和管理能力考核合格。考核不得收费。危险物品的生产、储存单位以及矿山、金属冶炼单位应当有注册安全工程师从事安全生产管理工作。

（三）安全生产费用

生产经营单位应当具备的安全生产条件所必需的资金投入，由生产经营单位的决策机构、主要负责人或者个人经营的投资人予以保证，并对由于安全生产所必需的资金投入不足导致的后果承担责任。有关生产经营单位应当按照规定提取和使用安全生产费用，专门用于改善安全生产条件。安全生产费用在成本中据实列支。安全生产费用提取、使用和监督管理的具体办法由国务院财政部门会同国务院安全生产监督管理部门征求国务院有关部门意见后制定。

（四）安全设施

生产经营单位新建、改建、扩建工程项目（以下统称建设项目）的安全设施，必须与主体工程同时设计、同时施工、同时投入生产和使用。安全设施投资应当纳入建设项目概算。矿山、金属冶炼建设项目和用于生产、储存、装卸危险物品的建设项目，应当按照国家有关规定进行安全评价。矿山、金属冶炼建设项目和用于生产、储存、装卸危险物品的建设项目的施工单位必须按照批准的安全设施设计施工，并对安全设施的工程质量负责。矿山、金属冶炼建设项目和用于生产、储存危险物品的建设项目竣工投入生产或者使用前，应当由建设单位负责组织对安全设施进行验收；验收合格后，方可投入生产和使用。生产经营单位使用的危险物品的容器、运输工具，以及涉及人身安全、危险性较大的海洋石油开采特种设备和矿山井下特种设备，必须按照国家有关规定，由专业生产单位生产，并经具有专业资质的检测、检验机构检测、检验合格，取得安全使用证或者安全标志，方可投入使用。检测、检验机构对检测、检验结果负责。

（五）危险物品和重大危险源

生产、经营、运输、储存、使用危险物品或者处置废弃危险物品的，由有关主管部门依照有关法律、法规的规定和国家标准或者行业标准审批并实施监督管理。生产经营单位生产、经营、运输、储存、使用危险物品或者处置废弃危险物品，必须执行有关法律、法规和国家标准或者行业标准，建立专门的安全管理制度，采取可靠的安全措施，接受有关主管部门依法实施的监督管理。

生产经营单位对重大危险源应当登记建档，进行定期检测、评估、监控，并制定应急预案，告知从业人员和相关人员在紧急情况下应当采取的应急措施。生产经营单位应当按照国家有关规定将本单位重大危险源及有关安全措施、应急措施报有关地方人民政府安全生产监督管理部门和有关部门备案。

（六）安全生产检查

生产经营单位应当建立健全生产安全事故隐患排查治理制度，采取技术、管理措施，及时发现并消除事故隐患。事故隐患排查治理情况应当如实记录，并向从业人员通报。

生产经营单位的安全生产管理人员应当根据本单位的生产经营特点，对安全生产状况进行经常性检查；对检查中发现的安全问题，应当立即处理；不能处理的，应当及时报告本单位有关负责人，有关负责人应当及时处理。检查及处理情况应当如实记录在案。

（七）安全生产教育和培训

生产经营单位应当对从业人员进行安全生产教育和培训，保证从业人员具备必要的安全生产知识，熟悉有关的安全生产规章制度和安全操作规程，掌握本岗位的安全操作技能，了解事故应急处理措施，知悉自身在安全生产方面的权利和义务。未经安全生产教育和培训合格的从业人员，不得上岗作业。

生产经营单位使用被派遣劳动者的，应当将被派遣劳动者纳入本单位从业人员统一管理，对被派遣劳动者进行岗位安全操作规程和安全操作技能的教育和培训。劳务派遣单位应当对被派遣劳动者进行必要的安全生产教育和培训。生产经营单位接收中等职业学校、高等学校学生实习的，应当对实习学生进行相应的安全生产教育和培训，提供必要的劳动防护用品。学校应当协助生产经营单位对实习学生进行安全生产教育和培训。

生产经营单位采用新工艺、新技术、新材料或者使用新设备，必须了解、掌握其安全技术特性，采取有效的安全防护措施，并对从业人员进行专门的安全生产教育和培训。生产经营单位的特种作业人员必须按照国家有关规定经专门的安全作业培训，取得相应资格，方可上岗作业。

生产经营单位应当建立安全生产教育和培训档案，如实记录安全生产教育和培训的时间、内容、参加人员以及考核结果等情况。生产经营单位应当教育和督促从业人员严格执行本单位的安全生产规章制度和安全操作规程；并向从业人员如实告知作业场所和工作岗位存在的危险因素、防范措施以及事故应急措施。

生产经营单位应当安排用于配备劳动防护用品、进行安全生产培训的经费。

（八）其他

生产经营单位不得将生产经营项目、场所、设备发包或者出租给不具备安全生产条件或者相应资质的单位或者个人。

生产经营项目、场所发包或者出租给其他单位的，生产经营单位应当与承包单位、承租单位签订专门的安全生产管理协议，或者在承包合同、租赁合同中约定各自的安全生产管理职责；生产经营单位对承包单位、承租单位的安全生产工作统一协调、管理，定期进行安全检查，发现安全问题的，应当及时督促整改。

生产经营单位发生生产安全事故时，单位的主要负责人应当立即组织抢救，并不得在事故调查处理期间擅离职守。

生产经营单位必须依法参加工伤保险，为从业人员缴纳保险费。国家鼓励生产经营单位投保安全生产责任保险。

二、从业人员的安全生产权利义务

（一）从业人员的安全生产权利

生产经营单位的从业人员有权了解其作业场所和工作岗位存在的危险因素、防范措施及事故应急措施，有权对本单位的安全生产工作提出建议。从业人员有权对本单位安全生产工作中存在的问题提出批评、检举、控告；有权拒绝违章指挥和强令冒险作业。从业人员发现直接危及人身安全的紧急情况时，有权停止作业或者在采取可能的应急措施后撤离作业场所。因生产安全事故受到损害的从业人员，除依法享有工伤保险外，依照有关民事法律尚有获得赔偿的权利的，有权向本单位提出赔偿要求。

（二）从业人员的安全生产义务

从业人员在作业过程中，应当严格遵守本单位的安全生产规章制度和操作规程，服从管理，正确佩戴和使用劳动防护用品。从业人员应当接受安全生产教育和培训，掌握本职工作所需的安全生产知识，提高安全生产技能，增强事故预防和应急处理能力。从业人员发现事故隐患或者其他不安全因素，应当立即向现场安全生产管理人员或者本单位负责人报告；接到报告的人员应当及时予以处理。

（三）被派遣劳动者的安全生产权利义务

生产经营单位使用被派遣劳动者的，被派遣劳动者享有上述规定的从业人员的权利，并应当履行从业人员的义务。

三、安全生产的监督管理

（一）安全生产监督管理部门

县级以上地方各级人民政府应当根据本行政区域内的安全生产状况，组织有关部门按照职责分工，对本行政区域内容易发生重大生产安全事故的生产经营单位进行严格检查。

安全生产监督管理部门应当按照分类分级监督管理的要求，制定安全生产年度监督检查计划，并按照年度监督检查计划进行监督检查，发现事故隐患，应当及时处理。负有安全生产监督管理职责的部门对涉及安全生产的事项进行审查、验收，不得收取费用；不得要求接受审查、验收的单位购买其指定品牌或者指定生产、销售单位的安全设备、器材或者其他产品。

（二）安全生产监督管理行政执法措施

安全生产监督管理部门和其他负有安全生产监督管理职责的部门依法开展安全生产行政执法工作，对生产经营单位执行有关安全生产的法律、法规和国家标准或者行业标准的情况进行监督检查，行使以下职权：（1）进入生产经营单位进行检查，调阅有关资料，向有关单位和人员了解情况；（2）对检查中发现的安全生产违法行为，当场予以纠正或者要求限期改正；对依法应当给予行政处罚的行为，作出行政处罚决定；（3）对检查中发现的事故隐患，应当责令立即排除；重大事故隐患排除前或者排除过程中无法保证安全的，应当责令从危险区域内撤出作业人员，责令暂时停产停业或者停止使用相关设施、设备；重大事故隐患排除后，经审查同意，方可恢复生产经营和使用；（4）对有根据认为不符合保障安全生产的国家标准或者行业标准的设施、设备、器材以及违法生产、储存、使用、经营、运输的危险物品予以查封或者扣押，对违法生产、储存、使用、经营危险物品的作业场所予以查封，并依法作出处理决定。

负有安全生产监督管理职责的部门依法对存在重大事故隐患的生产经营单位作出停产停业、停止施工、停止使用相关设施或者设备的决定，生产经营单位应当依法执行，及时消除事故隐患。生产经营单位拒不执行，有发生生产安全事故的现实危险的，在保证安全的前提下，经本部门主要负责人批准，负有安全生产监督管理职责的部门可以采取通知有关单位停止供电、停止供应民用爆炸物品等措施，强制生产经营单位履行决定。通知应当采用书面形式，有关单位应当予以配合。负有安全生产监督管理职责的部门依照前款规定采取停止供电措施，除有危及生产安全的紧急情形外，应当提前 24 小时通知生产经营单位。生产经营单位依法履行行政决定、采取相应措施消除事故隐患的，负有安全生产监督管理职责的部门应当及时解除前款规定的措施。

（三）其他主体对安全生产的监督管理

任何单位或者个人对事故隐患或者安全生产违法行为，均有权向负有安全生产监督管理职责的部门报告或者举报。

居民委员会、村民委员会发现其所在区域内的生产经营单位存在事故隐患或者安全生产违法行为时，应当向当地人民政府或者有关部门报告。

新闻、出版、广播、电影、电视等单位有进行安全生产公益宣传教育的义务，有对违反安全生产法律、法规的行为进行舆论监督的权利。

四、生产安全事故的应急救援与调查处理

（一）生产安全事故的应急救援

国家加强生产安全事故应急能力建设，在重点行业、领域建立应急救援基地和应急救援队伍，鼓励生产经营单位和其他社会力量建立应急救援队伍，配备相应的应急救援装备和物资，提高应急救援的专业化水平。

国务院安全生产监督管理部门建立全国统一的生产安全事故应急救援信息系统，国务院有关部门建立健全相关行业、领域的生产安全事故应急救援信息系统。

县级以上地方各级人民政府组织有关部门制定本行政区域内生产安全事故应急救援预案，建立应急救援体系。生产经营单位应当制定本单位生产安全事故应急救援预案，与所在地县级以上地方人民政府组织制定的生产安全事故应急救援预案相衔接，并定期组织演练。

危险物品的生产、经营、储存单位以及矿山、金属冶炼、城市轨道交通运营、建筑施工单位应当建立应急救援组织；生产经营规模较小的，可以不建立应急救援组织，但应当指定兼职的应急救援人员。危险物品的生产、经营、储存、运输单位以及矿山、金属冶炼、城市轨道交通运营、建筑施工单位应当配备必要的应急救援器材、设备和物资，并进行经常性维护、保养，保证正常运转。

生产经营单位发生生产安全事故后，事故现场有关人员应当立即报告本单位负责人。单位负责人接到事故报告后，应当迅速采取有效措施，组织抢救，防止事故扩大，减少人员伤亡和财产损失，并按照国家有关规定立即如实报告当地负有安全生产监督管理职责的部门，不得隐瞒不报、谎报或者迟报，不得故意破坏事故现场、毁灭有关证据。负有安全生产监督管理职责的部门接到事故报告后，应当立即按照国家有关规定上报事故情况。负有安全生产监督管理职责的部门和有关地方人民政府对事故情况不得隐瞒不报、谎报或者迟报。有关地方人民政府和负有安全生产监督管理职责的部门的负责人接到生产安全事故报告后，应当按照生产安全事故应急救援预案的要求立即赶到事故现场，组织事故抢救。参与事故抢救的部门和单位应当服从统一指挥，加强协同联动，采取有效的应急救援措施，并根据事故救援的需要采取警戒、疏散等措施，防止事故扩大和次生灾害的发生，减少人员伤亡和财产损失。事故抢救过程中应当采取必要措施，避免或者减少对环境造成的危害。任何单位和个人都应当支持、配合事故抢救，并提供一切便利条件。

（二）安全生产事故的调查处理

事故调查处理应当按照科学严谨、依法依规、实事求是、注重实效的原则，及时、准确地查清事故原因，查明事故性质和责任，总结事故教训，提出整改措施，并对事故责任者提出处理意见。事故调查报告应当依法及时向社会公布。

事故发生单位应当及时全面落实整改措施，负有安全生产监督管理职责的部门应当加强监督检查。

生产经营单位发生生产安全事故，经调查确定为责任事故的，除了查明事故单位的责任并依法予以追究外，还应当查明对安全生产的有关事项负有审查批准和监督职责的行政部门的责任，对有失职、渎职行为的，依法追究法律责任。

任何单位和个人不得阻挠和干涉对事故的依法调查处理。

县级以上地方各级人民政府安全生产监督管理部门定期统计分析本行政区域内发生生产安全事故的情况，并定期向社会公布。

第三节 职业病防治法律制度

职业病是指企业、事业单位和个体经济组织的劳动者在职业活动中，因接触粉尘、放射性物质和其他有毒、有害物质等因素而引起的疾病。

2001 年 10 月 27 日，第九届全国人民代表大会常务委员会第二十四次会议通过《职业病防治法》。随着我国经济的快速发展，新技术、新材料、新工艺广泛应用，新的职业、工种和劳动方式不断产生，劳动者在职业活动中接触的职业病危害因素更为多样、复杂。在该法施行十年之后，2011 年 12 月 31 日，第十一届全国人民代表大会常务委员会第二十四次会议审议通过了《关于修改〈中华人民共和国职业病防治法〉的决定》。继《职业病防治法》修改后，2013 年 1 月，《职业病分类和目录（征求意见稿）》正式发布并向全社会征求意见。新的《职业病分类和目录》于 2013 年 12 月 23 日公布并施行。

一、职业病的前期预防

（一）职业病危害项目申报制度

国家建立职业病危害项目申报制度。用人单位工作场所存在职业病目录所列职业病的危害因素的，应当及时、如实向所在地安全生产监督管理部门申报危害项目，接受监督。

（二）职业病危害预评价报告制度

新建、扩建、改建建设项目和技术改造、技术引进项目（以下统称建设项目）可能产生职业病危害的，建设单位在可行性论证阶段应当向安全生产监督管理部门提交职业病危害预评价报告。安全生产监督管理部门应当自收到职业病危害预评价报告之日起30日内，作出审核决定并书面通知建设单位。未提交预评价报告或者预评价报告未经安全生产监督管理部门审核同意的，有关部门不得批准该建设项目。职业病危害预评价报告应当对建设项目可能产生的职业病危害因素及其对工作场所和劳动者健康的影响作出评价，确定危害类别和职业病防护措施。

（三）“三同时”制度

建设项目的职业病防护设施所需费用应当纳入建设项目工程预算，并与主体工程同时设计、同时施工、同时投入生产和使用。职业病危害严重的建设项目的防护设施设计，应当经安全生产监督管理部门审查，符合国家职业卫生标准和卫生要求的，方可施工。建设项目在竣工验收前，建设单位应当进行职业病危害控制效果评价。建设项目竣工验收时，其职业病防护设施经安全生产监督管理部门验收合格后，方可投入正式生产和使用。

二、劳动过程中的防护与管理

（一）职业病危害因素监测及评价制度

用人单位应当实施由专人负责的职业病危害因素日常监测，并确保监测系统处于正常运行状态。用人单位应当按照国务院安全生产监督管理部门的规定，定期对工作场所进行职业病危害因素检测、评价。检测、评价结果存入用人单位职业卫生档案，定期向所在地安全生产监督管理部门报告并向劳动者公布。职业病危害因素检测、评价由依法设立的取得国务院安全生产监督管理部门或者设区的市级以上地方人民政府安全生产监督管理部门按照职责分工给予资质认可的职业卫生技术服务机构进行。职业卫生技术服务机构所作检测、评价应当客观、真实。发现工作场所职业病危害因素不符合国家职业卫生标准和卫生要求时，用人单位应当立即采取相应治理措施，仍然达不到国家职业卫生标准和卫生要求的，必须停止存在职业病危害因素的作业；职业病危害因素经治理后，符合国家职业卫生标准和卫生要求的，方可重新作业。

职业卫生技术服务机构依法从事职业病危害因素检测、评价工作，接受安全生产监督管理部门的监督检查。安全生产监督管理部门应当依法履行监督职责。

（二）职业危害警示告知制度

产生职业病危害的用人单位，应当在醒目位置设置公告栏，公布有关职业病防治的规章制度、操作规程、职业病危害事故应急救援措施和工作场所职业病危害因素检测结果。对产生严重职业病危害的作业岗位，应当在其醒目位置，设置警示标识和中文警示说明。警示说明应当载明产生职业病危害的种类、后果、预防以及应急救治措施等内容。对可能发生急性职业损伤的有毒、有害工作场所，用人单位应当设置报警装置，配置现场急救用品、冲洗设备、应急撤离通道和必要的泄险区。对放射工作场所和放射性同位素的运输、贮存，用人单位必须配置防护设备和报警装置，保证接触放射线的工作人员佩戴个人剂量计。

用人单位与劳动者订立劳动合同（含聘用合同，下同）时，应当将工作过程中可能产生的职业病危害及其后果、职业病防护措施和待遇等如实告知劳动者，并在劳动合同中写明，不得隐瞒或者欺骗。劳动者在已订立劳动合同期间因工作岗位或者工作内容变更，从事与所订立劳动合同中未告知的存在职业病危害的作业时，用人单位应当依照前款规定，向劳动者履行如实告知的义务，并协商变更原劳动合同相关条款。用人单位违反上述规定的，劳动者有权拒绝从事存在职业病危害的作业，用人单位不得因此解除与劳动者所订立的劳动合同。

（三）职业卫生培训制度

用人单位的主要负责人和职业卫生管理人员应当接受职业卫生培训，遵守职业病防治法律、法规，依法组织本单位的职业病防治工作。

用人单位应当对劳动者进行上岗前的职业卫生培训和在岗期间的定期职业卫生培训，普及职业卫生知识，督促劳动者遵守职业病防治法律、法规、规章和操作规程，指导劳动者正确使用职业病防护设备和个人使用的职业病防护用品。

（四）职业健康监护制度

用人单位应当为劳动者建立职业健康监护档案，并按照规定的期限妥善保存。职业健康监护档案应当包括劳动者的职业史、职业病危害接触史、职业健康检查结果和职业病诊疗等有关个人健康资料。劳动者离开用人单位时，有权索取本人职业健康监护档案复印件，用人单位应当如实、无偿提供，并在所提供的复印件上签章。

（五）职业健康检查制度

对从事接触职业病危害的作业的劳动者，用人单位应当按照国务院安全生产监督管理部门、卫生行政部门的规定组织上岗前、在岗期间和离岗时的职业健康检查，并将检查结果书面告知劳动者。职业健康检查费用由用人单位承担。用人单位不得安排未经上岗前职业健康检查的劳动者从事接触职业病危害的作业；不得安排有职业禁忌的劳动者从事其所禁忌的作业；对在职业健康检查中发现有与所从事的职业相关的健康损害的劳动者，应当调离原工作岗位，并妥善安置；对未进行离岗前职业健康检查的劳动者不得解除或者终止与其订立的劳动合同。职业健康检查应当由省级以上人民政府卫生行政部门批准的医疗卫生机构承担。

三、职业病的诊断、鉴定

（一）职业病的诊断

根据《职业病防治法》和《职业病诊断与鉴定管理办法》的规定，职工罹患职业病的，需经过相关机构的诊断。

1. 诊断机构的批准

医疗卫生机构承担职业病诊断，应当经省、自治区、直辖市人民政府卫生行政部门批准。省、自治区、直辖市人民政府卫生行政部门应当向社会公布本行政区域内承担职业病诊断的医疗卫生机构的名单。

职业病诊断机构批准证书有效期为五年。

2. 诊断机构的选择

劳动者可以选择用人单位所在地、本人户籍所在地或者经常居住地的职业病诊断机构进行职业病诊断。

3. 诊断的依据和标准

职业病诊断，应当综合分析病人的职业史、职业病危害接触史和工作场所职业病危害因素情况临床表现以及辅助检查结果等因素。没有证据否定职业病危害因素与病人临床表现之间的必然联系的，应当诊断为职业病。

用人单位应当如实提供职业病诊断、鉴定所需的劳动者职业史和职业病危害接触史、工作场所职业病危害因素检测结果等资料；安全生产监督管理部门应当监督检查和督促用人单位提供上述资料；劳动者和有关机构也应当提供与职业病诊断、鉴定有关的资料。职业病诊断、鉴定机构需要了解工作场所职业病危害因素情况时，可以对工作场所进行现场调查，也可以向安全生产监督管理部门提出，安全生产监督管理部门应当在10日内组织现场调查。用人单位不得拒绝、阻挠。

4. 诊断结论的作出

承担职业病诊断的医疗卫生机构在进行职业病诊断时，应当组织三名以上取得职业病诊断资格的执业医师集体诊断。职业病诊断机构在进行职业病诊断时，诊断医师对诊断结论有意见分歧的，应当根据半数以上诊断医师的一致意见形成诊断结论，对不同意见应当如实记录。参加诊断的职业病诊断医师不得弃权。职业病诊断机构可以根据诊断需要，聘请其他单位职业病诊断医师参加诊断。必要时，可以邀请相关专业专家提供咨询意见。职业病诊断证明书应当由参与诊断的医师共同签署，并经承担职业病诊断的医疗卫生机构审核盖章。职业病诊断机构应当建立职业病诊断档案并永久保存。

5. 诊断费用的承担

职业病诊断费用由用人单位承担。疑似职业病病人在诊断、医学观察期间的费用，由用人单位承担。

（二）职业病的鉴定

当事人对职业病诊断机构作出的职业病诊断结论有异议的，可以在接到职业病诊断证明书之日起30日内，向职业病诊断机构所在地设区的市级卫生行政部门申请鉴定。设区的市级职业病诊断鉴定委员会负责职业病诊断争议的首次鉴定。当事人对设区的市级职业病鉴定结论不服的，可以在接到鉴定书之日起15日内，向原鉴定组织所在地省级卫生行政部门申请再鉴定。职业病鉴定实行两级鉴定制，省级职业病鉴定结论为最终鉴定。职业病鉴定费用由用人单位承担。

四、职业病病人的保障

用人单位应当保障职业病病人依法享受国家规定的职业病待遇。用人单位应当按照国家有关规定，安排职业病病人进行治疗、康复和定期检查。用人单位对不适宜继续从事原工作的职业病病人，应当调离原岗位，并妥善安置。用人单位对从事接触职业病危害的作业的劳动者，应当给予适当岗位津贴。

职业病病人的诊疗、康复费用，伤残以及丧失劳动能力的职业病病人的社会保障，按照国家有关工伤保险的规定执行。职业病病人除依法享有工伤保险外，依照有关民事法律，尚有获得赔偿的权利的，有权向用人单位提出赔偿要求。劳动者被诊断患有职业病，但用人单位没有依法参加工伤保险的，其医疗和生活保障由该用人单位承担。

职业病病人变动工作单位，其依法享有的待遇不变。用人单位在发生分立、合并、解散、破产等情形时，应当对从事接触职业病危害的作业的劳动者进行健康检查，并按照国家有关规定妥善安置职业病病人。用人单位已经不存在或者无法确认劳动关系的职业病病人，可以向地方人民政府民政部门申请医疗救助和生活等方面的救助。地方各级人民政府应当根据本地区的实际情况，采取其他措施，使前款规定的职业病病人获得医疗救治。

第四节 女职工和未成年工的特殊保护

一、对女职工和未成年工进行特殊保护的原因

女职工是指以工资收入为主要生活来源的女性劳动者。女职工特殊保护，是指根据女职工身体结构、生理机能的特点以及抚育子女的特殊要求，在劳动方面对妇女特殊权益的法律保护。对女职工的特殊保护，是由女职工的生理特点决定的。女性的生理机能和身体结构与男性有很大区别。女性有月经、怀孕、生育和哺乳等生理现象，还肩负着抚育婴幼儿的责任，过重和过度紧张的劳动以及不良的工作环境，都可能影响她们的健康，甚至影响下一代的健康成长。因此，必须对女职工进行特殊保护。

未成年工是指年满 16 周岁不满 18 周岁的劳动者。未成年工的特殊保护，是指国家为维护未成年工的合法权益，在劳动方面对未成年工的特殊法律保护。对未成年工的特殊保护，是基于未成年工的身体特点。未成年工未满 18 周岁，尚处于身体发育阶段，过重的体力劳动和不良的工作环境都会影响他们的身体发育和身体健康。而且，未成年工的注意力和判断力都较成年人差，在工作中如果不给予特殊保护，则容易出现差错，甚至会出现伤亡事故。因此，必须对未成年工予以特殊保护。

二、女职工的特殊保护

根据宪法保护妇女的原则，为了保护妇女在劳动中的特殊权益，我国在不同的历史时期曾发布过一些行政性文件，指导各地加强女职工的劳动保护工作。各地方政府和有关部门也发布过一些规定。自 1986 年以来，我国相继发布了《女职工保健工作暂行规定（试行草案）》《女职工劳动保护规定》《女职工禁忌劳动范围的规定》等。《劳动法》第七章也针对女职工特殊保护进行了规定。2012 年 4 月 28 日，国务院公布了《女职工劳动保护特别规定》，并自公布之日起施行，1988 年 7 月 21 日国务院发布的《女职工劳动保护规定》同时废止。

（一）女职工特殊劳动保护的一般规定

《劳动法》第59条规定，禁止安排女职工从事矿山井下、国家规定的第四级体力劳动强度的劳动和其他禁忌从事的劳动。

根据《女职工劳动保护特别规定》的“附录”，我国女职工禁忌从事的劳动范围包括：(1)矿山井下作业；(2)体力劳动强度分级标准中规定的第四级体力劳动强度的作业；(3)每小时负重6次以上、每次负重超过20公斤的作业，或者间断负重、每次负重超过25公斤的作业。

在劳动场所，用人单位应当预防和制止对女职工的性骚扰。

（二）女职工孕期的特殊保护

《劳动法》第61条规定，不得安排女职工在怀孕期间从事国家规定的第三级体力劳动强度的劳动和孕期禁忌从事的活动。对怀孕七个月以上的女职工，不得安排其延长工作时间和夜班劳动。

《女职工劳动保护特别规定》第6条规定，女职工在孕期不能适应原劳动的，用人单位应当根据医疗机构的证明，予以减轻劳动量或者安排其他能够适应的劳动。对怀孕7个月以上的女职工，用人单位不得延长劳动时间或者安排夜班劳动，并应当在劳动时间内安排一定的休息时间。怀孕女职工在劳动时间内进行产前检查，所需时间计入劳动时间。

《女职工禁忌从事的劳动范围》规定了女职工在孕期禁忌从事的劳动包括：(1)作业场所空气中铅及其化合物、汞及其化合物、苯、镉、铍、砷、氰化物、氮氧化物、一氧化碳、二硫化碳、氯、己内酰胺、氯丁二烯、氯乙烯、环氧乙烷、苯胺、甲醛等有毒物质浓度超过国家职业卫生标准的作业；(2)从事抗癌药物、己烯雌酚生产，接触麻醉剂气体等的作业；(3)非密封源放射性物质的操作，核事故与放射事故的应急处置；(4)高处作业分级标准中规定的高处作业；(5)冷水作业分级标准中规定的冷水作业；(6)低温作业分级标准中规定的低温作业；(7)高温作业分级标准中规定的第三级、第四级的作业；(8)噪声作业分级标准中规定的第三级、第四级的作业；(9)体力劳动强度分级标准中规定的第三级、第四级体力劳动强度的作业；(10)在密闭空间、高压室作业或者潜水作业，伴有强烈振动的作业，或者需要频繁弯腰、攀高、下蹲的作业。

（三）女职工产期的特殊保护

产期保护是指女职工在生育期间的保护。女职工在产期内，享受一定时期的生育假和生育待遇。产期保护，包括正产和流产。

《劳动法》第62条规定：“女职工生育享受不少于九十天的产假。”

《女职工劳动保护特别规定》则对产假进行了延长，根据该规定第7条，女职工生育享受98天产假，其中产前可以休假15天；难产的，增加产假15天；生育多胞胎的，每多生育1个婴儿，增加产假15天。女职工怀孕未满4个月流产的，享受15天产假；怀孕满4个月流产的，享受42天产假。

此外，各省、自治区、直辖市还根据各地的实际情况进行了规定，比如《四川省人口与计划生育条例》(2014.3.20)第32条规定：实行晚婚的，除国家规定的婚假外增加婚假20天；已婚妇女晚育的，除国家规定的产假外增加产假30天，给予男方护理假15天。婚假、产假、护理假视为出勤，工资、奖金照发。农村人口中晚婚、晚育的，基层人民政府可予以适当奖励。

（四）女职工哺乳期的特殊保护

哺乳期又称为“授乳期”，即女职工用于哺乳其婴儿的时间。

《劳动法》第63条规定，不得安排女职工在哺乳未满一周岁的婴儿期间从事国家规定的第三级体力劳动强度的劳动和哺乳期禁忌从事的其他劳动，不得安排其延长工作时间和夜班劳动。

《女职工劳动保护特别规定》对哺乳期保护进行了细化：（1）女职工产假期间的生育津贴，对已经参加生育保险的，按照用人单位上年度职工月平均工资的标准由生育保险基金支付；对未参加生育保险的，按照女职工产假前工资的标准由用人单位支付。女职工生育或者流产的医疗费用，按照生育保险规定的项目和标准，对已经参加生育保险的，由生育保险基金支付；对未参加生育保险的，由用人单位支付。（2）对哺乳未满1周岁婴儿的女职工，用人单位不得延长劳动时间或者安排夜班劳动。用人单位应当在每天的劳动时间内为哺乳期女职工安排1小时哺乳时间；女职工生育多胞胎的，每多哺乳1个婴儿每天增加1小时哺乳时间。（3）女职工比较多的用人单位应当根据女职工的需要，建立女职工卫生室、孕妇休息室、哺乳室等设施，妥善解决女职工在生理卫生、哺乳方面的困难。

《女职工禁忌从事的劳动范围》规定了女职工在哺乳期禁忌从事的劳动，包括：（1）孕期禁忌从事的劳动范围的第一项、第三项、第九项；（2）作业场所空气中锰、氟、溴、甲醇、有机磷化合物、有机氯化合物等有毒物质浓度超过国家职业卫生标准的作业。

（五）女职工经期的特殊保护

不良的劳动条件对女职工在经期的健康是有影响的。女职工在月经期间，机体抵抗力降低，双腿无力、酸软，如从事高处作业，容易发生伤亡事故；从事低温、冷水作业时，易致经血不畅，淤积到盆腔，引发痛经、闭经。因此，《劳动法》第60条规定，不得安排女职工在经期从事高处、低温、冷水作业和国家规定的第三级体力劳动强度的劳动。

《女职工禁忌从事的劳动范围》规定了女职工在经期禁忌从事的劳动，包括：（1）冷水作业分级标准中规定的第二级、第三级、第四级冷水作业；（2）低温作业分级标准中规定的第二级、第三级、第四级低温作业；（3）体力劳动强度分级标准中规定的第三级、第四级体力劳动强度的作业；（4）高处作业分级标准中规定的第三级、第四级高处作业。

三、未成年工的特殊保护

1991年9月，第七届全国人大常委会第二十一次会议通过了《未成年人保护法》（2006年修订），规定了对未成年工的特殊保护。《劳动法》第七章也规定了对未成年工的特殊保护。1994年，劳动部还颁布了《未成年工特殊保护规定》，对未成年工禁忌从事劳动的范围，以及未成年工定期进行健康检查等内容进行了具体规定。

（一）未成年工的工作时间

为保障未成年工的正常发育和身体健康，在我国，一般情况下，对未成年工实行缩短工作时间，禁止安排未成年工从事夜班工作及加班加点。

（二）禁止未成年工从事的劳动

《劳动法》第 64 条规定："不得安排未成年工从事矿山井下、有毒有害、国家规定的第四级体力劳动强度的劳动和其他禁忌从事的劳动。"

根据《未成年工特殊保护规定》，用人单位不得安排未成年工从事以下范围的劳动：(1)《生产性粉尘作业危害程度分级》国家标准中第一级以上的接尘作业；(2)《有毒作业分级》国家标准中第一级以上的有毒作业；(3)《高处作业分级》国家标准中第二级以上的高处作业；(4)《冷水作业分级》国家标准中第二级以上的冷水作业；(5)《高温作业分级》国家标准中第三级以上的高温作业；(6)《低温作业分级》国家标准中第三级以上的低温作业；(7)《体力劳动强度分级》国家标准中第四级体力劳动强度的作业；(8) 矿山井下及矿山地面采石作业；(9) 森林业中的伐木、流放及守林作业；(10) 工作场所接触放射性物质的作业；(11) 有易燃易爆、化学性烧伤和热烧伤等危险性大的作业；(12) 地质勘探和资源勘探的野外作业；(13) 潜水、涵洞、涵道作业和海拔三千米以上的高原作业（不包括世居高原者)；(14) 连续负重每小时在 6 次以上并每次超过 20 公斤，间断负重每次超过 25 公斤的作业；(15) 使用凿岩机、捣固机、气镐、气铲、铆钉机、电锤的作业；(16) 工作中需要长时间保持低头、弯腰、上举、下蹲等强迫体位和动作频率每分钟大于 50 次的流水线作业；(17) 锅炉司炉。

还针对患有某种疾病或具有某些生理缺陷（非残疾型）的未成年工，规定了更为严格的劳动保护。

（三）未成年工的身体检查制度

《劳动法》第 65 条规定："用人单位应当对未成年工定期进行健康检查。"

《未成年工特殊保护规定》对未成年工的定期健康检查制度进行了具体规定。根据该规定，用人单位应对未成年工在安排工作岗位之前、工作满 1 年以及年满 18 周岁、距前一次的体检时间已超过半年时进行健康检查。未成年工的健康检查，应按《未成年工健康检查表》列出的项目进行。用人单位应根据未成年工的健康检查结果安排其从事适合的劳动，对不能胜任原劳动岗位的，应根据医务部门的证明，予以减轻劳动量或安排其他劳动。

（四）未成年工使用和特殊保护登记

用人单位需向所在地县级以上劳动行政部门办理登记，未成年工须持《未成年工登记证》上岗。

第五节 职业病的防治鉴定与安全卫生立法反思

一、张海超"开胸验肺"的法律背景

2004 年 8 月，张海超来到郑州市某公司打工；2007 年 8 月，被确诊罹患尘肺病。为寻求救济，他多次向郑州市职业病防治所申请职业病鉴定，但屡遭拒绝，原因在于其无法提供法律规定的相关申请材料。后经市领导和信访局从中协调，张海超终于在 2009 年 5 月获得了职业病鉴定的机会，但郑州市职防所给出的诊断结果显示为"无尘

肺0+期（医学观察）合并肺结核”，这令他难以接受。同年6月，张海超来到郑州大学第一附属医院（以下简称“郑大附一院”），自愿进行开胸验肺，得到“尘肺合并感染”的肺检结果。他试图据此进行维权，但郑州市职防所认为郑大附一院并不具有法定资质，其诊断行为不合法，故不能承认该诊断结果。继而，这一事件被媒体披露，卫生部及河南省领导指示进行重新鉴定，张海超终被确诊为“Ⅲ期尘肺病”[①]。张海超案件之所以受到如此关注，诚然有其“开胸验肺”这一夸张做法的影响，但是更深层次的原因还是因为通过这一事件所反映出来的在职业病防治、诊断、鉴定程序中存在的诊断机构少、诊断程序复杂、材料获取难等问题。根据2001年的《职业病防治法》和《职业病诊断与鉴定管理鉴定办法》（卫生部第24号令）的规定，劳动者申请职业病鉴定所需要提供的材料包括：（1）职业史、既往史；（2）职业健康监护档案复印件；（3）职业健康检查结果；（4）工作场所历年职业病危害因素检测、评价资料；（5）诊断机构要求提供的其他必需的有关材料。同时还规定在疑似职业病病人诊断或者医学观察期间，不得解除或者终止与其订立的劳动合同。疑似职业病病人在诊断、医学观察期间的费用，由用人单位承担。这一规定要求用人单位不仅要为员工提供其申请职业病鉴定的材料，还要承担被确诊为职业病后的一系列责任，这样的制度安排也就必然导致用人单位为了规避责任而选择不配合职业病鉴定、不提供材料或提供假材料，到最后损害的还是劳动者的利益。

二、职业病相关法律修订的亮点与不足

张海超事件经过媒体的报道和网络的传播，使民众开始关注职业病的防治与鉴定，同时，也暴露出当时施行的《职业病防治法》和《职业病诊断与鉴定管理办法》存在的诸多问题。2011年12月31日，第十一届全国人大常委会第二十四次会议审议通过了《关于修改〈职业病防治法〉的决定》。

（一）新法的改进与亮点

新修订的《职业病防治法》对社会高度关注的职业病诊断与鉴定制度作了比较大的调整和完善，明确了相关部门在职业病诊断与鉴定工作中的协调配合职责，解决了因诊断资料不全而无法进行职业病诊断的问题。[②] 随后，卫生部也对《职业病诊断与鉴定管理办法》进行了修订。新修订的职业病防治鉴定方面的法律规定主要在以下几个方面做出了调整：

1. 扩大了诊断机构的选择范围

根据新修订的《职业病诊断与鉴定管理办法》第19条的规定，劳动者可以选择用人单位所在地、本人户籍所在地或者经常居住地的职业病诊断机构进行职业病诊断。劳动者在申请职业病诊断的时候可以从这三个地方的职业病诊断机构中选择进行。对于鉴定专家的选择，则可以由申请者自己或者委托职业病鉴定办事机构从专家库中随机抽取。

---

① 参见“农民工遭遇‘尘肺门’职业病维权引关注”，搜狐网，http：//news. sohu. com/s2009/kaixiongyanfei，2014年8月8日访问。

② 卫生部：《〈职业病诊断与鉴定管理办法〉解读》，载《首都公共卫生》，2013年第2期。

2. 强化了用人单位责任

新修订的《职业病防治法》第48条规定，用人单位应当如实提供职业病诊断、鉴定所需的劳动者职业史和职业病危害接触史、工作场所职业病危害因素检测结果等资料；安全生产监督管理部门应当监督检查和督促用人单位提供上述资料；劳动者和有关机构也应当提供与职业病诊断、鉴定有关的资料。职业病诊断、鉴定机构需要了解工作场所职业病危害因素情况时，可以对工作场所进行现场调查，也可以向安全生产监督管理部门提出，安全生产监督管理部门应当在十日内组织现场调查。用人单位不得拒绝、阻挠。对于职业史、劳动关系、工种、岗位等争议则采用举证责任倒置，用工单位如果不能在限期内提供相关证据来支持自己的主张，就要承担不利后果。

3. 简化了诊断、鉴定的申请手续，确立了接诊义务

劳动者申请职业病诊断，只用填写《职业病诊断就诊登记表》，提交相关职业病诊断资料，而在申请职业病鉴定时也只需填写申请表和原诊断证明书。劳动者依法要求进行职业病诊断的，职业病诊断机构应当接诊。

（二）新法存在的不足

但是，新修订的《职业病防治法》和《职业病诊断与鉴定管理办法》，仍有较为明显的不足。

1. 诊断机构不足、专业人才稀缺

由于职业病诊断、鉴定的投入大、责任大、风险大、收费低，不少符合条件的卫生医疗机构申请成为职业病诊断机构的意愿不高。另外，职业病诊断与鉴定是一项复杂、严格的工作，不仅要符合医疗标准还要满足法律标准，因此这类人才的稀少也是职业病诊断、鉴定面临的难题。诊断资源缺少的同时，职业病病例却在逐年增加，在这“一少一多”之间便造成了职业病诊断资源的紧张；同时，通过近几年的法律宣传，劳动者的法律意识逐年提高，越来越多的劳动者申请职业病诊断、鉴定，这其中难免掺杂有非职业病患者因医疗知识缺乏或个人因素等原因，即使超出职业病目录范围或不存在健康损害，仍申请诊断、鉴定，从而导致有限资源的浪费，加剧诊断机构、专业诊断人员与需求间的不平衡。

2. 诊断、鉴定不分离

我国的职业病鉴定长期以来将法律意义上的“职业病鉴定”与医学意义上的“临床疾病诊断”两个概念混为一谈。[①] 职业病鉴定，不仅要求明确劳动者的病情，还要明确病情与其从事的职业间的因果关系。而疾病的诊断只是医疗人员通过患者的临床症状表现进行认定。《职业病防治法》第44条规定，具备职业病鉴定资质的医疗机构应当经省、自治区、直辖市人民政府卫生行政部门批准，并且应当具备《医疗机构执业许可证》、与开展职业病诊断相适应的医疗卫生技术人员、仪器设备和健全的职业病诊断质量管理制度。这样的规定在保证诊断、鉴定机构技术水准的同时，也造成了一定区域内符合条件的鉴定机构少的现状。实现诊断、鉴定的分离，就是将职业病诊断鉴定机构的职能限定在只是判断病情与工作职业之间是否存在因果关系，而不要求其判断该疾病在

① 姚滨、李鹏：《职业病鉴定的正当化修复——基于〈职业病防治法〉的修改展开》，载《卫生经济研究》，2012年第10期。

医学上的性质，将这部分工作交给专业的医师。

3. 材料收集难的问题依然存在

虽然通过新修订的法律，规定了用人方单位提供材料的义务，但是，对于其违反规定不提供材料的后果，只是规定安监部门的介入，惩罚性不强，违法成本低，仍然不能很好地遏制企业违法违规操作。

三、对职业病立法的反思与建议

（一）加大对职业病防治诊断的投入

对于职业病的诊断、鉴定可通过按照数量比例的增长来加大经费投入，同时鼓励医疗机构申请成为职业病诊断机构，参与到职业病的诊断鉴定中来，对于自愿加入的医院和机构给予财政上的支持。增加相关专业人员的培训，提升诊断鉴定人员的职业素养。

（二）尝试诊断、鉴定分离

诊断、鉴定分离，把因果关系、法律问题交给专业人士，把单纯的医学诊断开放，比如，限定三级医院作出的临床诊断结果可以被诊断鉴定委员会认可，无须再次诊断。这样的诊鉴分离可以在有效的保障职业病患者救治的同时杜绝因为制度缺陷而可能导致的鉴定错误。尝试诊鉴分离还能有效缓解鉴定资源紧张的问题，可谓是一举多得。

（三）降低职工对企业材料的依赖

通过明确法律责任的方式，将单位不提供相应材料的后果明确，增加其违法成本，同时加大对其违法违规行为的处罚力度，必要时可以联合安监、工商等部门对违法企业采取警告、突击检查等方式，督促企业履行法律义务。

第四编　劳动力市场及其管理法律制度

第十一章　劳动就业管理制度

第一节　劳动就业概述

一、劳动就业的概念和法律体系

（一）劳动就业的概念

劳动就业是指具有劳动就业权利能力和劳动行为能力，具有劳动意愿的公民获得有报酬的职业。①

劳动就业具有如下特征：（1）主体是具有劳动权利能力和劳动行为能力的公民，即在法定劳动年龄内，具有劳动能力的公民。我国《劳动法》第 15 条规定："禁止用人单位招用未满十六周岁的未成年人。文艺、体育或特种工艺单位招用未满十六周岁的未成年人，必须依照国家有关规定，履行审批手续，并保障其接受义务教育的权力。"（2）公民主观上有就业意愿。（3）公民从事的是合法的经济活动。（4）公民这种劳动是可以获得相应报酬的，或长或短的职业性活动。

（二）劳动就业法的概念

目前在我国，劳动就业法是学理上的概念，立法上并没有一部法律以此来命名。劳动就业法亦称《促进就业法》或《就业促进法》，是调整劳动就业市场关系的法律规范的总和。

为了解决失业问题，满足社会需求，促进经济发展与扩大就业需求相协调，有的国家出台了就业的单向立法，如《德国就业促进法》《西班牙基本就业法案》《意大利促进就业法令》《秘鲁就业促进法》等。我国第十届全国人民代表大会常务委员会第二十九次会议于 2007 年 8 月 30 日通过了《就业促进法》，自 2008 年 1 月 1 日起施行。

---

① 林嘉：《劳动法和社会保障法》（第三版），中国人民大学出版社，2014 年，第 78 页。

（三）劳动就业法的调整对象

劳动就业法的调整对象即为劳动就业关系，它指行政机关、劳动服务机构、用人单位和劳动者之间，在形成劳动关系或促进劳动就业过程中发生的社会和法律关系。

劳动就业关系并不等同于劳动关系，劳动法的调整对象包含两种关系：（1）劳动关系，这是劳动法调整的最重要、最基本的关系；（2）与劳动关系密切联系的某些关系，它本身不是劳动关系，但要么是发生劳动关系的必要前提，要么是劳动关系附带产生的关系。

有的学者认为，劳动就业关系是劳动行政关系①，有的则认为是包含了劳动行政关系和劳动服务关系②。从我国的劳动立法实践来看，劳动就业关系包括劳动就业关系和劳动服务关系：（1）劳动行政关系，指劳动行政主管部门因履行行政职能与劳动者、用人单位以及其他劳动关系相对人发生的社会关系，如国家进行就业调控和就业管理形成的社会关系。（2）劳动服务关系，指劳动市场服务机构与用人单位和劳动者之间为了劳动关系的运行提供社会服务而发生的社会关系。如劳动服务机构提供的就业服务、职业培训等形成的社会关系。

（四）劳动就业法的体系

根据劳动就业法调整的各种具体的劳动就业关系的不同，劳动就业法可以分为几个部分，而这些部分则共同构成了完整的劳动就业法体系：

（1）就业调控法。它调整国家行政机关在运用宏观调控手段来促进就业的过程中间发生的社会关系，它包括：就业调控的机构、就业调控的目标、就业调控的政策工具等。我国《就业促进法》第一章总则部分内容和第二章的“政策支持”即属于就业调控法内容。

（2）就业管理法。它是劳动力市场管理法，调整国家行政机关在就业管理过程中发生的社会关系。其内容涵盖：就业管理体制、劳动力市场准入管理体制、劳动力市场中介管理、就业信息制度等。我国《就业促进法》第四章“就业服务和管理”的部分内容就属于此法。

（3）反就业歧视法。它调整劳动者在获得职业过程中因受到就业歧视与用人单位和就业服务机构发生的社会关系，其主要是规范用人单位和就业服务机构的就业歧视行为，并对就业歧视进行界定，明确就业歧视的法律责任。我国《就业促进法》第三章“公平就业”就属于就业歧视法。

（4）特殊群体就业保障法。它调整妇女、未成年人、残疾人、退役军人、少数民族人员等劳动力市场上的弱势群体在就业工程中发生的社会关系，其目的是追求平等和对特殊群体的就业予以特别保护。在我国，除了《就业促进法》部分条款，《妇女权益保障法》《未成年人保护法》《残疾人保障法》《民族区域自治法》等均有相关规定。

（5）就业服务法。它调整政府、就业服务机构与劳动者、用人单位之间为形成劳动关系提供就业服务而发生的社会关系，包括职业介绍法、职业指导法等。《就业促进法》第四章“就业服务和管理”的部分内容就属于就业服务法。

---

① 董保华：《劳动法新论》，世界图书出版社，1999年，第48—49、57—60页。

② 王全兴：《劳动法》第三版，法律出版社，2008年，第37页。

（6）职业培训法。它作为规定职业培训制度的法律，其包含了就业前培训和就业后培训，而劳动就业法涉及的是就业前培训。有的国家职业培训是单独立法，我国则制定了《职业教育法》，《劳动法》和《就业促进法》都有职业培训的相关内容。

（7）就业援助法。它调整政府与劳动者、用人单位之间为形成劳动关系提供就业援助而发生的社会关系。我国《就业促进法》第六章“就业援助”的内容就属于本法。

（8）失业保险法。它调整政府、失业保险机构和失业者之间因失业保险而发生的社会关系，具有劳动法和社会保障法的双重属性，但保障属性为主。我国《就业促进法》仅在第16条做了原则性规定。

二、劳动者的劳动就业权利

劳动就业权是劳动权最基本的构成部分。[①] 换言之，它是劳动关系中的前提和基础，没有劳动就业权，其他的劳动权利将无从依附。因此，劳动就业权也可以视为公民生存权和发展权的重要组成部分。劳动就业权包含的主要内容有狭义劳动权、工作自由权、就业平等权、就业服务权、就业援助权、失业保障权等[②]。

（1）狭义劳动权，是指劳动者要求国家和社会提供就业机会的权利。在社会主义市场经济环境下，劳动权指有劳动能力和劳动愿望的公民自谋职业不成时，可要求国家提供劳动就业机会，否则国家应为其提供基本的生活保障的权利。

（2）工作自由权，指公民依据自己意愿选择职业的权利，包括是否从事职业、从事何种职业、何时何地从事职业等方面的选择权。

（3）就业平等权，指平等获得就业机会的权利。它是宪法平等权在劳动就业领域的延伸和具体化，它强调反对就业歧视，且同时并不否定对妇女、未成年人、残疾人和少数民族人员等弱势群体的特殊保护制度。

（4）就业服务权，其内容包含公共就业保障权，即接受为获得就业机会所必要的就业服务、职业培训和失业保险等公共保障的权利。由于公共就业保障具有公共产品或准公共产品的属性，应当赋予劳动者享有免费或低费用就业服务的权利。

（5）就业援助权，是指就业困难人员所享有的，经国家积极作为获得就业岗位的权利。通常是因身体、技能、家庭等各种原因难以实现就业，国家通过公益性岗位安置等途径对就业困难人员实行优先扶持和重点帮助。

（6）就业保障权，又称失业保障权，是指国家如果不能提供一个就业机会，就应保障每个人在失业时间能够获得充分的经济保障，目前多数国家都建立了包含失业保险在内的社会保障制度。

三、国家对于促进就业的义务

现代国家对于促进就业具有相应的义务，根据不同的标准和划分方法可以有不同的分类，如尊重义务、保护义务和实现义务。实现义务又可以进一步分为协助实现义务和

---

① 林嘉：《劳动法和社会保障法》（第三版），中国人民大学出版社，2014年，第81－82页。

② 王全兴：《劳动法》第三版，法律出版社，2008年，第343－345页。

通过提供实现义务。[①]

（1）尊重义务，它被视为消极义务，即国家不得对职业的自由选择权进行干预，除非是出于国家和社会利益，并已制定法律明确规定了对职业的限制。

（2）保护义务，即保护公民的工作自由权和就业平等权等。

（3）实现的义务，其强调国家对有关权利予以保护和帮助，又可分为通过协助实现的义务和通过提供实现的义务。前者指为有效实现权利提供条件的义务和便利义务，这种义务包括为人们提高谋生能力的职业培训，以及为残疾人提供特殊培训和援助项目等；后者指国家有义务提供生活保障，在特殊情况下还有义务为就业困难人员提供工作岗位，它对应的是公民的就业援助权和失业保障权。

第二节 劳动就业的方针和基本原则

一、劳动就业的方针

劳动就业方针是指国家根据不同时期的社会劳动力供求情况以及社会经济、政治状况，为充分利用劳动力资源和实现劳动力供给平衡，所确定的指导劳动就业工作的总原则。

我国劳动就业方针的实质是要充分利用和发挥我国劳动力资源丰富的优势，抓住经济发展和调整完善经济发展结构、所有制结构的机遇，努力开发就业岗位，按照社会主义市场经济体制的要求，完善市场就业机制，使我国绝大多数劳动者能够得到各种不同形式的就业机会和就业岗位。《就业促进法》第2条规定："国家把扩大就业放在经济社会发展的突出位置，实施积极的就业政策，坚持劳动者自主择业、市场调节就业、政府促进就业的方针，多渠道扩大就业。"即确立了我国的劳动就业方针。

二、劳动就业的基本原则

劳动就业的基本原则是指劳动就业过程中必须遵守的基本准则。[②] 这些基本原则包括政府部门制定就业政策的原则、在劳动者就业中应当普遍遵守的原则和特殊群体的就业保障原则。

《就业促进法》第2条的内容也包含了我国的劳动就业的基本原则，即劳动者自主择业原则、市场调节就业原则和政府促进就业原则。"劳动者自主择业"是指劳动者个人是市场就业的主体，到什么岗位就业，以什么方式就业都由劳动者个人来选择和决定，以充分发挥个人在就业中的积极性。"市场调节就业"是指通过培育与发展劳动力市场，以市场价格调节各类劳动力供求，引导劳动者个人的择业行为，实现用人单位自主和劳动者自主就业的双向选择。"政府促进就业"是指政府要在促进经济发展、经济结构调整和制定积极的就业政策、加强就业服务等方面采取措施，增强全社会总的就业岗位数量，以促进劳动者就业。

---

① 人权法项目编写组：《国际人权法教程》，第一卷，中国政法大学出版社，2002年，第5-6页和第344页。

② 参见黎建飞：《劳动与社会保障法教程》（第二版），中国人民大学出版社，2010年，第123-129页。

1. 国家促进就业原则

国家促进就业是国家采取的帮助公民实现就业的系列措施的总称。“二战”以后，各国都致力于国内的经济发展和社会福利的改善，而各国制定重要的经济政策都必须着重考虑就业问题，实现充分就业更是现代政府的最重要职能之一。美国战后把充分就业作为政府对宏观经济干预的条件和目标。其 1946 年《就业法》规定政府要对控制社会就业承担责任，争取达到最大的就业，1978 年通过了《充分就业与平衡发展法案》，要求对所有的求职者提供就业的可能性。德国于 1969 年颁布了《解雇保护法》，对解雇进行严格的限制。国际劳工组织 1964 年的《关于就业政策的公约和建议书》也明确各会员国应制定积极的政策以实现充分的、自由的就业。我国 2008 年 1 月 1 日起施行《就业促进法》第 4 条至第 6 条也明确规定了各级政府有促进就业的义务。

2. 劳动者自主择业原则

自主择业原则包含两层意思：平等就业原则和双向选择原则。平等就业是指劳动者就业，不因民族、种族、性别、宗教信仰不同而受歧视，均享有平等的获得就业机会的权利。一是就业资格的平等，即劳动者的就业资格是平等的，不因民族、种族、性别、宗教信仰不同而受歧视；二是就业能力衡量尺度的平衡，即社会对公民的劳动行为能力要以同一标准进行衡量。双向选择是指劳动者根据自己的意愿、爱好以及才能等自由选择职业，而用人单位有权根据实际需要自主选择劳动者。双向选择有利于发挥雇佣双方的能动性。

3. 市场调节原则

在市场经济体制条件下，要以市场作为劳动力资源配置的基础性手段，劳动力的开发、配置、使用，都通过开放性、平等性和竞争性的劳动力市场进行。政府要改变过去计划经济时代的大包揽的就业工作模式，要尊重市场规律，充分发挥市场对人力资源的配置作用，保证用人单位与劳动者以最优状态完成资源的配置，实现提高劳动生产率和充分就业的目标。因此，我国《劳动法》的法律体系就是以劳动市场机制为基础设计的，劳动者在求职、就业、失业和转业等方面都是主要通过劳动力市场实现，而且职业训练、劳动报酬等环节也都全部纳入了市场机制的运作之中。

4. 照顾特殊就业群体原则

特殊就业群体是指因特殊原因在就业竞争中处于相对弱势地位的人员的总称，具体包括残疾人、妇女、少数民族和退役军人等。例如妇女由于身体机能的原因，在劳动就业中往往容易受到不公对待，而要实现男女的平等就业，法律就必须做出相应的规定，通过对妇女就业给予适当的保护达到事实上的平等。我国《劳动法》《妇女权益保障法》以及《女职工劳动保护规定》等法律、法规对妇女劳动就业保护都做出了具体规定。

第三节 就业服务和管理

一、宏观的《就业促进法》

《中华人民共和国就业促进法》事实上只是一部宏观指导和主要规定国家以及政府在宏观上如何调控和建立劳动力市场。同时，它为具体的就业服务和管理行为提供了基本的法律原则以及指导规则。

在具体宏观调控行为方面，《就业促进法》也针对理念性的指向，规定了在整个社会的宏观调控行为中国家应当做的政府行为和相关社会组织的活动规则。

当然，《就业促进法》这种宏观调控劳动力市场的法律在现实实际转化为公民和劳动者在寻找就业机会和取得某种具体的工作的过程中某项具体的实体权利或者义务。不过它更多的是从社会利益出发在整体利益上来关照劳动者更大更长久的劳动利益。

二、就业服务法

（一）就业服务法概述

1. 就业服务

就业服务指为劳动者实现就业和用人单位招用劳动者提供的社会服务。它是劳动力市场运行机制和国家劳动政策实施体系的重要组成部分。就业服务包含几层意思：(1)服务的提供者是就业服务主体，包括公共和私立的就业服务机构；(2)就业服务的对象是劳动者和用人单位；(3)服务的内容是提供各种社会服务，达到建立规范劳动力市场的目的，核心是把就业的供需双方匹配起来，提供劳动力评估、技能开发等促进就业项目。

2. 就业服务法

就业服务法是调整政府、就业服务机构与劳动者、用人单位之间为形成劳动关系提供就业服务而发生的社会关系，包括职业介绍法、职业指导法等法律规范总称。我国就业服务法立法相对比较零散，以部门规章为主，如1994年的《职业指导法》和《就业训练法》、1995年的《职业介绍规定》和《就业登记规定》、1996年的《企业职工培训规定》和《职业技能鉴定规定》、2000年的《劳动力市场管理规定》、2002年的《境外就业中介管理规定》等规定。直至2007年通过了《就业促进法》和《就业服务与就业管理规定》(至2008年1月施行，原《职业指导办法》和《劳动力市场管理规定》同时废止)。

（二）就业服务法的内容

1. 公共就业服务体系

我国相关法律规定，县级以上人民政府应建立健全公共就业服务体系，设立公共就业服务机构，为劳动者免费提供相关就业服务：就业政策、法律咨询；职业供求信息、职业工资指导价位和职业培训信息；职业指导和职业介绍；就业困难人员就业援助；办理就业和失业登记；其他公共就业服务等。公共就业服务机构应不断提高效率，不得从事经营性活动，服务经费纳入同级财政预算。

《就业促进法》规定，地方各级政府和有关部门、公共就业服务机构举办经营性的职业中介机构的，从事经营性职业中介活动，向劳动者收取费用的，由上级部门责令限期整改，且将违法收取的费用退还劳动者，并对直接负责的主管人员和其他直接负责任人员依法给予处分。

2. 人力资源市场信息服务体系

公共就业服务机构应当建立健全人力资源市场信息服务体系，完善职业供求信息、市场工资指导价位信息、职业培训信息、人力资源市场分析信息的发布制度，为劳动者提供及时和充分的信息服务支持。

3. 就业服务对象

《就业服务与就业管理规定》第63条规定："在法定劳动年龄内，有劳动能力，有就业要求，处于无业状态的城镇常驻人员，可以到公共就业服务机构进行失业登记。其中，没有就业经历的城镇户籍人员，在户籍所在地登记；农村进城务工人员和其他非本地户籍人员在常住地稳定就业满6个月的，失业后可以在常住地登记。"可以看出本规定有条件地把农村进城务工人员和非本地户籍人员纳入失业登记范围。

三、就业管理法

（一）就业管理法概述

就业管理法，也称劳动力市场管理法，或称人力资源市场管理法，[①] 是调整国家行政机关在就业管理过程中发生的社会关系的法律。2007年《就业促进法》第四章规定了"就业服务与管理"，2007年通过的《就业服务与就业管理规定》即为相关的配套规定。

就业管理法调整的社会关系是劳动行政法律关系，具有行政法律关系的一般属性[②]，因此，就业管理法性质上是行政法，法律对劳动行政关系调整时，同时适用行政法和劳动法的基本原则。

（二）就业管理法的内容

1. 培育和完善人力资源市场

我国《就业促进法》第四章"就业服务和管理"的第32条至36条，明确规定了县级以上人民政府在培育和完善人力资源市场方面的相应义务。

2. 对职业中介机构的管理

《就业促进法》第四章"就业服务和管理"的第38条至第41条明确了县级以上人民政府和有关部门加强对职业中介机构的管理义务。

3. 失业预警制度

《就业促进法》第四章第42条和第43条明确了县级以上人民政府建立失业预警制度的义务。

第四节　特殊群体就业保障

一、平等就业权

（一）平等就业权概述

平等就业权又称就业平等权，是指公民平等获得就业机会的权利。平等就业权是宪法平等权在劳动就业领域的具体化，具有非常重要的地位。我国《宪法》第33条规定："中华人民共和国公民在法律面前人人平等"；第42条规定："中华人民共和国公民有劳

① 王全兴：《劳动法》第三版，法律出版社，2008年，第360－361页。

② 王全兴：《劳动法》第三版，法律出版社，2008年，第71页。

动的权利和义务。”这些宪法规范是所有就业法律规范的立法基础，其中公民平等权即为平等就业权的立法基础。

《劳动法》第3条规定：“劳动者享有平等就业和选择职业的权利”；第12条规定：“劳动者就业，不因民族、种族、性别、宗教信仰不同而受歧视”；第46条规定：“工资分配应当遵循按劳分配原则，实行同工同酬”。这些条文都是劳动者平等就业和禁止就业歧视的体现。此外，《妇女权益保障法》《残疾人保障法》对妇女就业、残疾人就业平等及禁止歧视作了相关规定。

《就业促进法》第3条规定：“劳动者依法享有平等就业和自主择业的权利。劳动者就业不因民族、种族、性别、宗教信仰等不同而受歧视。”与劳动法相比，多了一个“等”字，为扩大禁止就业歧视范围提供了延展的空间。而且，《就业促进法》第三章“公平就业”明确规定了禁止歧视残疾人、传染病原携带者、进城就业的农村劳动者。不足之处是到目前为止，我国并未更多借鉴国际公约和国外立法的经验，由立法机关制定内容和体系完整的《反就业歧视法》，明确界定就业歧视，拓宽歧视的范围，合理分配举证责任，明确规定抗辩事由和法律责任形式，并理顺救济途径建立公益诉讼制度，以有效遏制就业歧视行为，保护劳动者的平等就业权。

（二）关于平等就业权的国家义务

公民平等就业权对应的国家义务，我国《就业促进法》第三章“公平就业”第25条规定：“各级人民政府创造公平的就业环境，消除就业歧视，制定政策并采取措施对就业困难人员给予扶持和援助。”此处规定政府应当提供公平就业环境、消除就业歧视、扶持和援助就业困难人员，也就是规定了政府在这三方面的义务，具体内容如下：

第一，政府具有提供公平就业环境的义务。政府提供公平就业的就业环境，首先必须做到在行政立法中不得违反公平就业原则，制定的行政法规、部门规章、地方政府规章和行政规范性文件都不能违反公平就业原则，创造良好的法治环境；其次，政府自身要严格遵守法律，在公务员和参照公务员管理的事业单位有义务进行广泛、深入的法制宣传，促使公平就业的观念深入人心。

第二，政府具有消除就业歧视的义务。政府应当加强劳动监察制度建设，加大劳动监察的执法力度，纠正用人单位和职业中介机构的各种就业歧视的现象，为就业歧视的受害者提供及时而有效的行政救济。

第三，政府具有扶持和援助就业困难人员的义务。为了实现事实上的实质平等，很多国家都规定政府对于就业困难的群体和人员进行特别扶持，国际公约也确认了这一原则。① 我国《就业促进法》第六章“就业援助”对此有较为详细的规定。

---

① 国际劳工组织1988年第168号《关于促进就业和失业保护的公约》第8条第1款规定：“每一成员应在符合国家法律和惯例的条件下，努力制定特别计划促进额外就业机会和就业帮助，向特定的、在谋求持久就业方面有苦难或可能有困难的处境不利者，例如妇女、青年工人、残疾人、老年工人、长期失业者、合法居住在该国的迁徙工人及受到结构性变化影响的工人，提供自由选择的生产性就业。”

二、特殊群体的就业保障

1. 妇女的就业保障

《就业促进法》第 27 条规定："国家保障妇女享有与男子平等的劳动权利。用人单位招用人员，除国家规定的不适合妇女的工种或者岗位外，不得以性别为由拒绝录用妇女或者提高对妇女的录用标准。用人单位录用女职工，不得在劳动合同中规定限制妇女职工结婚、生育的内容。"据此规定，用人单位在招用女职工时有两个义务：

第一，用人单位在招用人员时，除国家规定的不适合妇女的工种或岗位外，不得以性别为理由拒绝录用妇女或提高妇女的录用标准。《劳动法》第 13 条也规定："妇女享有与男子平等的就业权利。在录用职工时，除国家规定的不适合妇女的工种或者岗位外，不得以性别为由拒绝录用妇女或者提高对妇女的录用标准。"依据国务院《女职工劳动保护特别规定》，"女职工禁忌从事的劳动范围"包括：(1) 矿山井下作业；(2) 超过体力劳动强度分级标准中规定的第四级体力劳动强度的作业；(3) 每小时负重六次以上、每次负重超过 20 公斤的作业，或者间断负重、每次负重超过 25 公斤的作业。此规定还规定了女职工在经期、孕期、哺乳期禁忌从事的劳动范围。

第二，用人单位在录用女职工时，不得在劳动合同中规定限制女职工结婚、生育的内容。如果劳动合同中含有限制婚育条款，女职工结婚、生育即终止劳动合同的条款，均为违反我国法律和法规的无效条款。

2. 少数民族人员的就业保障

我国《就业促进法》第 28 条规定："各民族劳动者享有平等的劳动权利。用人单位招用人员，应当依法对少数民族劳动者给予适当照顾。"而我国《民族区域自治法》的有关规定即为本条的相关依据。《民族区域自治法》(2001 年修正) 关于优先招用少数民族人员的规定有：第 22 条规定，民族区域自治地方的自治机关录用工作人员时，对实行区域自治的民族和其他少数民族人员应当给予适当的照顾。第 23 规定，民族自治地方的企业、事业单位依照国家规定招收人员时，优先招用少数民族人员，并且可以从农村和牧区少数民族人口中招收。第 67 条规定，上级国家机关隶属的在民族自治地方的企业、事业单位依照国家规定招收人员时，优先招收当地少数民族人员。

另外，1991 年国务院《关于进一步贯彻实施〈中华人民共和国民族区域自治法〉若干问题的通知》还规定，在民族自治地方兴办的企业，要尽可能多招收少数民族人员，招收少数民族人员的比例应根据不同企业的具体情况，由民族自治地方与企业商定。民族自治地方每年编制内的干部和职工自然减员、缺额及国家当年应增用人员指标由民族自治地方通过考核予以弥补，对少数民族人员优先录用。上级政府在每年下达的农业户口转非农业户口计划中，划出一定指标用于民族自治地方在农牧民中招收少数民族职工。

3. 残疾人的就业保障

我国《就业促进法》第 29 条规定："国家保障残疾人的劳动权利。各级人民政府对残疾人就业统筹规划，为残疾人创造就业条件。用人单位招用人员，不得歧视残疾人。"这是对政府和用人单位义务的规定。为了切实保障残疾人的劳动权益得到实现，我国《残疾人保障法》还规定，国家必须采取积极措施，促进残疾人就业平等实现。《残疾人保障法》第30条规定，国家保障残疾人劳动的权利。各级人民政府应当对残疾人劳动就业统筹规划，为残疾人创造劳动就业条件。第31条规定，残疾人的就业，实行集中与分散相结合的方针，采取优惠政策和扶持保护措施。通过多渠道、多层次、多种形式，使残疾人劳动就业逐步普及、稳定、合理。

目前，我国采取的残疾人就业保障的措施具体有以下做法：

残疾人的集中安置。集中安置就业就是指残疾人在各类福利企业和盲人按摩医疗单位劳动就业。《残疾人保障法》第32条规定，政府和社会举办残疾人福利企业、盲人按摩机构和其他福利性单位，集中安排残疾人就业。第36条规定，国家对安排残疾人就业达到、超过规定比例或者集中安排残疾人就业的用人单位和从事个体经营的残疾人，依法给予税收优惠，并在生产、经营、技术、资金、物资、场地等方面给予支持。政府采购，在同等条件下应优先购买残疾人福利性单位的产品或者服务。

分散吸收残疾人就业。《残疾人保障法》第33条规定，国家实行按比例安排残疾人就业制度。国家机关、社会团体、企业、事业单位、民办非企业单位应当按照规定的比例安排残疾人就业，并为其选择适当的工种和岗位。达不到规定的比例的，按照国家有关规定履行保障残疾人就业义务。国家鼓励用人单位超过规定比例安排残疾人就业。

鼓励、帮助残疾人自愿组织起来从业或者个体开业。《残疾人保障法》第34条规定，国家鼓励和扶持残疾人自主择业、自主创业。第35条规定，地方各级人民政府和农村基层组织，应当组织和扶持农村残疾人从事种植业、养殖业、手工业和其他形式的生产劳动。第36条规定国家对从事个体经营的残疾人，免除行政事业性收费。

4. 传染病病原携带者就业保障

我国《就业促进法》第30条规定，用人单位招用人员，不得以是传染病病原携带者为由拒绝录用。但是，经医学鉴定传染病病原体携带者在治愈前或者排除传染嫌疑前，不得从事法律、行政法规和国务院卫生行政部门规定禁止从事的易使传染病扩散的工作。《就业促进法》第30条规定了禁止歧视传染病病原携带者及其例外的内容是：

第一，传染病病原携带者平等享有同正常人一样的劳动权利，用人单位招用人员时，一般不得以求职者是传染病病原携带者为由拒绝录用。我国《就业服务与就业管理规定》第19条第2款规定：用人单位招用人员，除国家法律、行政法规和国务院卫生行政部门确定禁止乙肝病原携带者从事的工作外，不得强行将乙肝病毒血清指标作为体检标准。

第二，在法定情形下也有例外，传染病病原携带者就业受到限制。这种情形就是：经医学鉴定传染病病原体携带者在治愈前或者排除传染嫌疑前，不得从事法律、行政法规和国务院卫生行政部门规定禁止从事的易使传染病扩散的工作。根据《食品安全法》《公共场所卫生管理条例》《化妆品卫生监督条例》等法律、法规，传染病病原携带者禁止从事的易使传染病扩散的工作主要有以下几类：食品生产经营中从事接触直接入口食品工作的；饮用水的生产、管理、供应工作；在公共场所直接为顾客服务的工作；托幼机构的保育、教育工作；美容、美发工作；直接从事化妆品生产的工作；其他与人群接触密切的工作。除了这些法定情形外，传染病病原携带者从事其他工作都不应当受到限制，否则即构成歧视。

第五节 我国就业法律制度的问题与完善

一、现有就业法律制度存在的问题

（1）有关就业制度的法律规范仍需完善。我国于2007年8月30日通过《中华人民共和国就业促进法》，这部法律改变了以往就业法律体系立法层次太低而且体系庞杂、混乱，缺乏统一思路的局面。但是它并不能解决我国就业法律制度的所有问题，这部法律的操作性还是比较弱，在将促进就业的政策上升为法律的过程中，仍然存在将现有一些政策简单法律化的现象，一些重要内容缺少法律规范里应该有的具体规定，如权利、义务、责任等，劳动者并不能直接用这些条款来主张权利，这就需要尽量用法律术语来表达政策，最终形成系统、完整的法律规范。

（2）适用性有待加强，政府的法律责任有待落实。《就业促进法》主要起到纲要性、原则性、宣示性的作用，缺乏配套性和操作性强的法律法规。虽然《就业促进法》确定了相应的法律责任，且涵盖了多种责任主体和责任类型，但政府承担的法律责任还应细化，尤其是需要建立完善监督检查制度。

（3）现有立法、政策在有关形势发生变化后未能及时清理，导致规范的适用混乱。之前一段时间，我国在促进就业方面主要着力于解决国有、集体企业下岗人员的再就业问题。我们原来的政策和制度也基本上是围绕着如何解决这个问题展开。但是，随着国家有关下岗和失业制度的并轨，国有企业将逐步实行新的下岗失业制度，下岗人员不再领取下岗补贴，而是直接进入失业阶段。然而，原有的政策和规定哪些仍然有效，哪些不再有效却没有交代，相关规范没有及时清理，整个规范体系非常混乱。

（4）法律与政策适用的困惑，政，：如《劳动法》规定劳动者享有平等就业和选择职业的权利、平等接受职业技能培训的权利、平等享受社会保险和社会福利的权利，劳动法上的劳动者是不分所有制、地域、户口的。但是国家在对待不同所有制、不同地域、不同户口的人员在失业救济、再就业待遇问题上的各种政策仍然维持着相当的不平等性，如在对待公有制人员和非公有制人员、本地人员和外地人员、城市人员和农民工等方面还存在着各种歧视，这就面临与《劳动法》相违背的问题。

二、我国就业法律制度的完善

1. 逐步建立和完善与《就业促进法》相配套的立法规范

我国有巨大的人力资源市场，国家经济发展和劳动者结构也呈现区域性不平衡，促进就业是一个巨大的系统工程，它涉及经济、政治和社会等方方面面问题。《就业促进法》的实施对于我国就业法律制度的完善起到了重要作用，但并不能解决促进就业法的全部问题。我国就业法律立法体系也借鉴了其他国家和地区的经验，包括促进立法法律体系、稳定就业法律体系和失业保障法律体系三个部分。首先要达到促进就业的目的，整个就业立法体系应相互支持、配套以形成一个有机整体。单一的一部《就业促进法》不可能解决问题，更何况我国的现有的就业促进法只是一部基本的、原则性的立法，还有很多问题没考虑到，或者是没有条件考虑到。所以完善的就业法律制度，除了制定和颁布主要的法律外，也需要其他的配套性立法，这样才能形成完整的立法体系，《就业促进法》才能发挥我们所期待的作用。

2. 制度设计的价值取向

制度的设计和价值的取向，对于制度内容的建构和规范具有决定性的影响。目前世界上许多国际条约、区域性条约已经将就业平等权纳入规范。《世界人权宣言》第 2 条规定：人人有资格享有本宣言所载的一切权利和自由，不分肤色、性别、语言、宗教、政治或其他见解、国籍或社会出身，财产、出生或其他身份等任何区别。第 23 条规定："人人有工作、自由选择职业享受公正和合适的工作条件并享有免于失业的保障。《公民和政治权利国际公约》第 26 条和《经济、社会、文化权利国际条约》第 2 条也做了类似规定。在保障男女两性的平等就业权方面，《消除对妇女一切形式歧视国际公约》第 11 条规定，各国应该在就业领域采取适当措施，消除对妇女的歧视以保证男女得分别享有同样的权利。相应，在我国就业法律制度中，也应该进一步的关注和强化就业平等权。例如，在"用人单位招用人员、职业中介机构从事职业中介活动不等以民族、种族、性别、宗教、年龄、身体等因素来歧视劳动者"这一段文字中，加入地域、户籍、语言、容貌、体型、婚姻状况、疾病（如不具传染性的乙肝病原携带者）等。使反就业歧视的范围更加明确，更有针对性，力度更大，同时希望尽快将《反就业歧视法》纳入立法计划中。

3. 立法规范中应更关注可诉性及操作性规定

在立法的过程中，增加立法的规范性。首先，就业法律制度中各种立法行为模式条款都应该规定法律责任，避免导致大量的立法浪费，这是立法上一个技术问题。但必须同时注意，凡是规定了法律责任，相应的主体权利、义务的条款就应该在法律责任专章中载明。其次，我们在立法的过程中，要妥善处理立法与政策的关系，要增加立法的操作性，应该增设更多具体明确的法律条文，来加强保障劳动者的就业权，而不是使法律变成一种政治性宣言。无救济则无权利，必须要加强立法中的可诉性，以增强在实践的过程中法律的实际效能。否则，《就业促进法》很可能成为悬在空中的摆设，无法落实其重要的立法意义。

4. 借鉴其他国家的立法经验

如前所述，我国要建立《就业促进法》相应的配套法律制度体系，而其他国家一些行之有效的经验值得我们借鉴。如，就业稳定制度方面，美国为了尽量防止工人失业，以实现其职业稳定目标，采取了一系列的反解雇与反裁员制度，独具美国特色的雇主过失理论就是其典型。如基于雇主方面因市场变化等原因而致本来是合格工人失业的叫裁员，裁员一般都属企业过失。而裁员的话，政府将按过去裁员的人数征收失业保险金。也就是说，雇主裁员越多，需向政府缴纳的失业保险金也就越多，从而在一定程度上迫使雇主尽量减少裁员。

第十二章 工会和职工民主管理制度

第一节 工会法与劳动法的关系

一、工会法的概念

工会法是国家制定的确立工会在国家政治、经济、社会生活中的地位，规定工会的权利与义务，为工会的活动提供法律保障的法律。①

就工会法的具体内容而言，它一般由总则和分则组成，其内容主要包含工会法的立法宗旨与目的、工会活动的基本原则、工会的权利和义务、工会的组织原则与组织体系、工会基层组织的职权、工会的经费和财产等方面。工会法是工会活动的法律基础。在我国，它还体现了党和国家对工会的政策和方针，体现了工会在社会主义现代化建设中的积极作用。同时，工会法也是调整与劳动关系密切联系的关系的法律之一。

二、工会法的立法概况和地位

我国中央人民政府于1950年6月29日，颁布了《中华人民共和国工会法》（以下简称《工会法》）是新中国成立初期颁布的重要法律之一。1992年4月3日，第七届全国人民代表大会第五次会议通过了新的《工会法》，取代了1950年《工会法》。2001年10月27日，第九届全国人大常委会第二十四次会议通过了对《工会法》的修订。

《工会法》是我国的一项基本法，在我国法律体系中占有重要的地位。首先，我国所有机关和部门制定的有关工会的行政法规、条例、决定等，包括国务院及各部委、直属机构，各省、自治区、直辖市人民代表大会和政府机关制定的有关工会的法规、条例、决定、办法等规范性文件，均不得与《工会法》的内容抵触。其次，它所调整的社会关系及其承担的任务，也决定了它在法律体系中所处的重要地位。新《工会法》第1条明确规定了其立法宗旨和依据：为保障工会在社会主义现代化建设中的作用，根据宪法，制定本法。工会是我国最大的重要的社会团体，截至2013年6月底，全国工会基层组织数为275.3万个，覆盖单位637.8万家，职工入会率达到81.1%，全国总工会会员总数达到2.8亿人。工人阶级是我国的领导阶级，工会则是工人阶级的群众性组织，是党和政府联系群众的纽带，是我们社会主义国家政权的重要社会支柱。《工会法》实际上是关于工人阶级群众组织的权利、义务法，是充分发挥工人阶级主力军作用的大

① 关怀主编：《劳动法学》，中国人民大学出版社，2005年，第89页。

法。它保障了工会在国家政治、经济、社会和文化中的地位。

三、工会法与劳动法的关系

工会法是一项重要的基本法，从法律体系来讲，它属于广义劳动法范畴。它的调整对象包括工会的组织原则和工会的建立与撤销程序、工会权利与义务、工会经费与财产等，都是有关社会团体的法律规范，但是这些关系都是与劳动关系有密切联系的一些关系。我们可以从以下方面来分析工会法与劳动法的关系。

工会法所调整的社会关系，属于劳动法范畴。劳动法的调整对象是劳动法律关系以及与劳动法律关系有密切联系的其他关系，而工会法所调整的对象正属于与劳动关系有密切联系的其他社会关系，所以我们认为它是劳动法的组成部分。工会法规定工会的中心任务是发挥工人阶级群众性组织的作用，为维护职工合法权益，代表职工利益和维护劳动关系，这使得工会法与劳动法有密切联系。在法律部门划分上，基本是将一些有关联的法律、法规划归一个部门。工会法不是独立的法律部门，但是从关联性来看，其与劳动法的关系较为紧密。另外，颁布了劳动法典的国家也是将工会法纳入劳动法典之中的。

第二节　工会在调整劳动法关系中的地位和职权

一、工会的法律地位

工会的地位是指工会在国家政治、经济和社会生活中的位置。工会的法律地位是由工人阶级的地位和工会的性质决定的，它也是和工会的组织宗旨和任务相一致的。我国的工人阶级在政治地位上是领导阶级，又是国家的主人，这在我国《宪法》中做了明确的规定。工会的组织宗旨和重要任务就是代表和维护职工的合法权益。《工会法》第1条规定："为保障工会在国家政治、经济和社会中的地位，确定工会的权利与义务，发挥工会在社会主义现代化建设事业中的作用"；第14条规定："中华全国总工会、地方总工会、产业工会具有社会团体法人资格。基层工会具备民法通则规定的法人条件的，依法取得社会团体法人资格。"

在市场经济条件下，承认工会依法取得社会团体法人资格，有利于工会在经济活动和经济交往中独立行使民事权利和承担民事义务，这样就能更好地参与到维护职工的合法权益的过程中去。在我国，不同于其他国家，工会作为党和政府联系广大职工群众的桥梁和纽带，是国家政权的重要支柱，因此它的重要地位是不言而喻的。

二、工会在调整劳动关系中的地位

我国1992年4月颁布的《工会法》（2001年修正）和1994年7月颁布的《劳动法》，都对工会建设和发挥作用有了明确的法律规定，特别是后者规定了工会在调整劳动关系中的地位和职权做了明确的规定。

《工会法》第2条明确规定："中华全国总工会及其各工会组织代表职工利益，依法维护职工的合法权益。"第6条规定："维护职工合法权益是工会的基本职责。"《劳动法》在总则中对工会代表和维护劳动者权益的地位作了明确的规定，在分则中则对工会的监督和其在劳动争议中的职权作了详细规定，这些条款都是为工会在调整劳动关系中充分发挥作用提供了保证。《劳动法》第 7 条规定："工会代表和维护劳动者合法权益，依法独立自主地开展活动。"

工会在调整劳动关系中的地位和《劳动法》规定的工会职权，符合《劳动法》的立法宗旨与目的，即"为了保护劳动者的合法权益，调整劳动关系，建立和维护适应社会主义市场经济的劳动制度，促进经济发展和社会进步"。但是，《劳动法》在工会如何维护、如何监督、如何实现工会职权方面仍需要进一步完善和明确，以更好发挥工会在调整劳动关系中的作用。

三、工会在调整劳动关系中的职权

我国工会在调整劳动关系中拥有较为广泛的职权，《劳动法》相关条文中做了明确的规定，具体权利如下：

（一）代表职工与企业签订集体合同

为了保护劳动者的合法权益，工会有权利和义务帮助、指导职工与企业以及实行企业化管理的事业单位签订劳动合同，代表劳动者与用人单位进行平等协商，签订集体合同。《劳动法》第 33 条规定："企业职工一方与企业可以就劳动报酬、工作时间、休息休假、劳动安全卫生、保险福利等事项，签订集体合同。集体合同草案应当提交职工代表大会或者全体职工讨论通过。集体合同由工会代表职工与企业签订；没有建立工会的企业，由职工推荐的代表与企业签订。"同时，《劳动合同法》第 51 条规定："集体合同由工会代表企业职工一方与用人单位签订；尚未建立工会的单位，由上级工会指导劳动者推举的代表与用人单位签订。"

随着我国市场经济的发展，参与市场的主体所有制形式多样化，企业独立自主的进行生产经营，享有广泛的自主权。在这样的形式下，集体合同制度引入我国，势必成为调整劳动关系的重要形式，由工会组织代表职工与企业组织签订集体协议，通过协调企业经营者和职工之间带有共性的劳动关系，从整体上维护劳动者的合法权益，从而发挥工会在协调、稳定劳动关系中的作用。

（二）对用人单位单方解除劳动合同不适当提出意见

《劳动合同法》第 43 条规定："用人单位单方解除劳动合同，应当事先将理由通知工会。用人单位违反法律、行政法规或者劳动合同约定的，工会有权要求用人单位纠正。用人单位应当研究工会的意见，并将处理结果书面通知工会。"《劳动法》第 30 条规定："用人单位解除劳动合同，工会认为不适当的，有权提出意见。如果用人单位违反法律、法规或者劳动合同，工会有权要求重新处理；劳动者申请仲裁或者提起诉讼的，工会应当依法给予支持和帮助。"此规定也是工会行使职权和保护劳动者合法权益的法律依据，工会要依法替劳动者代言，切实保障劳动者的合法权益不受侵犯。

另外，《劳动法》还规定了违反第 24 条和第 26 条的规定，错误解除劳动合同的，应依法给予经济补偿。《劳动法》第 98 条还规定："用人单位违反本法规定的条件解除劳动合同或者故意拖延不订立劳动合同的，由劳动行政部门责令改正；对劳动者造成损害的，应当承担赔偿责任。"

（三）用人单位裁员应听取工会意见

市场经济环境下，企业按照市场规律生产经营，拥有用人自主权，以提高企业效益。在企业经营不佳时，企业有权进行裁员。但是，为切实保护劳动者合法权益，《劳动法》第 27 条规定：“用人单位濒临破产进行法定整顿期间或者生产经营状况发生严重困难，确需要裁减人员的，应当提前 30 日向工会或者全体职工说明情况，听取工会或职工的意见，经向劳动部门报告后，可以裁员。”

为了规范企业裁员行为，《劳动合同法》第 41 条规定了裁员的范围和条件；为了防止大量裁员带来的社会不安定因数，《劳动法》和《劳动合同法》同时规定了用人单位裁减职工的限制条件，这些规定要么是要向工会说明情况，要么是要征得工会同意，都反映了工会在企业裁员时享有维护职工权益的职权。

（四）用人单位延长劳动时间要与工会协商

我国劳动法对增加职工工作时间和加班时间有明确的规定，《劳动法》第 36 条规定劳动者每日工作时间不得超过 8 小时，每周工作时间不超过 44 小时。同时，第 41 条规定：“用人单位由于生产经营需要，经与工会和劳动者协商后可以延长工作时间，一般每日不得超过 1 小时；因特殊原因需要延长工作时间的，在保障劳动者身体健康的条件下延长工作时间每日不得超过 3 小时，但是每月不得超过 36 小时。”为了保证以上工作时间和加班时间的规定，《劳动法》还规定，用人单位由于生产经营需要延长工作时间的，应征求工会意见。这正体现了国家对工会职权的重视，工会可以通过行使职权来保障劳动者的休息权。

（五）在处理和解决劳动争议方面的职权

工会通过参与组成企业劳动争议调解委员会，行使调解权。《劳动法》第 80 条规定：“在用人单位内，可以设立劳动争议调解委员会。劳动争议调解委员会由职工代表、用人单位代表和工会代表组成。劳动争议调解委员会主任由工会代表担任。”另外，工会参与劳动仲裁委员会，行使仲裁权。《劳动法》第 81 条规定：“劳动争议仲裁委员会有劳动部门代表、同级工会代表、用人单位方面的代表组成。劳动争议仲裁委员会主任由劳动行政部门代表担任。”劳动者因劳动争议申请仲裁或提起诉讼的，工会应予以支持和帮助，《劳动法》第 30 条和《工会法》第 21 条都对此作了明确规定。

第三节　职工民主管理

一、职工民主管理的概念及立法基础

职工民主管理又称企业民主管理，西方国家通常称职工参与或参与民主，是指职工直接或间接参与管理企业内部事务。[①] 其特点是：（1）从主体范围看，是以职工身份参与管理，有别于以股东身份参与管理；（2）从参与事务范围看，参与的是企业内部事务管理，不是国家和社会事务；（3）从参与的目的来看，是职工通过参与来影响单位的决策过程。

① 王全兴：《劳动法》（第三版），法律出版社，2008 年，第 250 页。

职工民主管理的立法基础，各国观点不尽一致，归纳起来有如下一些代表性观点：(1) 人力资本所有权理论。现代公司法认为公司是一个物质资本所有者、人力资本所有者以及债权人等利害关系人组成的契约组织。公司经营状况的优劣不仅影响物质资本所有者——股东及债权人利益，还必然影响人力资本所有者——公司职工的利益。因此，公司职工参与公司管理和决策制度不仅是现代企业发展的需要，更是企业职工作为人力资本所有者的内在要求。(2) 经济民主理论。微观的经济民主就是企业管理民主，即企业职工享有参与企业管理的权利，对企业中的各种事务有发表意见和建议的自由，并可以根据需要选举自己的代表参与企业的管理。这样职工才得以将自己的意志转化为公司的行为，由"企业的对立面"转化为"企业的合作者"。(3) 公司社会责任理论。这一理论指出保护股东利益是公司的社会责任，但保护"非股东的利害关系人的利益"同样是公司的社会责任；公司经营者是股东利益的代言人，但同样也是职工利益的代言人。[①]

无论基于什么理论构建起来的职工民主管理制度，其核心都是追求劳资关系的协调，这是职工参与制度的发展方向和趋势。

二、职工民主管理立法

19 世纪工业革命早期，英国、法国、德国等国家就开始以职工参与为内容的工业民主化运动，并逐步萌生关于职工参与的立法。德国是最早进行这种立法的国家。1848 年，设在法兰克福的国民议会在讨论《营业法》时，就有人提议在企业设置"工厂委员会"这种属于职工参与的立法提案；1891 年重新修订《营业法》时又增加了"企业主可以依情况设置工人委员会"的条款，从而第一次在立法上确立了职工参与。经过一百多年的发展，在当今西方国家，职工参与制度已经普遍成为现代企业制度的必要组成部分。仍然值得注意的是，《经济、社会和文化国际公约》(1966 年制定，1976 年生效) 对职工民主管理还缺乏规定。

在社会主义国家，职工民主管理制度一直是劳动立法的重要内容，而且，职工民主管理立法在劳动法立法体系中占有比西方国家更重要的地位，即不仅制定了关于职工民主管理的专项法规，而且把职工民主管理制度作为劳动法典的一个重要组成部分。

我国向来十分重视职工民主参与立法。新中国建立前的《中华苏维埃劳动法》《苏维埃国有工厂管理条例》《陕甘宁边区施政纲领》中就有对职工民主参与的具体规定。1949 年 8 月《关于在国营、公营工厂企业中建立工厂管理委员会与工厂职工代表会议的实施条例》，该条例对职工代表组织和工厂职工代表会议的职权作出了具体的规定。1965 年 7 月，在《国营工业企业工作条例（修正案）》中规定，企业的职工代表大会，是职工群众参与管理、监督干部、行使民主权利的机关。由此，建立了我国的主要职工民主管理制度——职工代表大会制度。1981 年《国营工业企业职工代表大会暂行条例》、1983 年《国营工业企业暂行条例》、1986 年国务院《关于加强工业企业管理的若干问题的决定》、1988 年《中华人民共和国全民所有制工业企业法》、1991 年《中华人民共和国城乡集体所有制企业条例》等规定中，都确定了职工民主管理制度，并逐渐确

---

① 徐智华：《劳动法学》，北京大学出版社，2008 年，第 194—197 页。

立了通过职工代表大会实行民主管理。

随着我国改革开放和社会主义市场经济的发展，建立现代企业制度成为我国企业改革的方向。在建立现代企业制度的改革过程中，企业的所有制形式和组织形式也在不断发展变化，职工民主管理的形式也随之而变，这些变化则在相应立法中得到体现。我国《宪法》规定，国有企业依照法律规定，通过职工代表大会和其他形式，实现民主管理；集体经济组织实行民主管理，依照法律规定选举和罢免管理人员，决定经营管理的重大问题。《劳动法》第 8 条规定："劳动者依照法律规定，通过职工大会、职工代表大会或者其他形式，参与民主管理或者就保护劳动者合法权益与用人单位进行平等协商。"《工会法》规定，工会依照法律规定通过职工代表大会或者其他形式，组织职工参与本单位的民主决策、民主管理和民主监督。

三、职工民主管理的形式和选择

世界各国职工参与民主管理的形式多种多样，概括起来主要有如下四类：（1）组织参与，或称机构参与。即职工通过一定的代表性专门组织机构参与管理企业，如我国的职工代表大会。（2）代表参与。即职工通过经合法的程序产生的职工代表参与企业管理，如职工参加公司的董事会或监事会，成为公司的董事会或监事会成员。（3）岗位参与。即职工通过在劳动岗位上实行自治来参与企业管理。（4）个人参与。即职工本人以个人行为参与企业管理，如职工个人向企业提出合理化建议等。这些形式中组织参与和代表参与是职工民主管理间接参与形式，岗位参与和个人参与是职工民主管理直接参与形式。

在我国，实行职工民主管理制度目前还有待推进，特别是社会还未形成自觉实行职工民主管理制度的氛围，职工民主管理的条件也不甚平衡，这要求立法对职工民主管理形式的规定体现出较多的灵活性。因此，职工民主管理形式的法律规定，应包含以下内容：（1）法定的必要形式。即立法确定企业在一定条件下必须采用特定的职工民主管理形式。如职工代表大会制度、职工董事（监事）制度等，以法律的强制性规定予以确定，要求全部企业或一定范围的企业实行。（2）法定示范形式。由于经济转型时期实行职工参与制度，还处于探索、实验阶段。这种实验探索，有必要以任意法规范来确立一些职工民主管理形式规则，为企业具体选择职工民主管理形式提供示范和参考。（3）依法自创形式。即依法允许、提倡和鼓励企业和职工，依照法定原则，结合企业实际，不断创新符合企业实际和需要的职工民主管理形式。

第四节 我国职工代表大会制度及其改革

一、职工代表大会的性质

《全民所有制工业企业法》和《职工代表大会条例》做了明确的规定，即职工代表大会是企业实行民主管理的基本形式，是职工行使民主管理权的机构。但目前，上述的职工代表大会性质的规定主要适用于国有企业和事业单位。《劳动法》从劳动者的权利方面对于职工代表大会这一民主管理形式作了肯定，即劳动者依照法律规定，通过职工大会，职工代表大会或者其他形式，参与民主管理或者就保护劳动者合法权益与用人单位进行平等协商。

职工代表大会作为职工行使民主管理权力的机构，具有以下特点：(1) 它是行使权力的机构。即职工代表大会具有法律赋予的权力，它依法行使权力不仅对全体职工，还对企业行政具有约束力。(2) 职工代表大会行使的权力是职工民主管理权力。它不同于所有权和经营权。(3) 职工代表大会行使的民主管理权是全体职工整体享有的权利，它要反映和体现职工的集体意志和利益。

职工代表大会作为企业民主管理的基本形式，主要体现在：它能吸引全体职工参与企业管理；对企业的管理事务有浅层次层面上的参与，也有深层次的参与；它参与的事项既有重大的问题，也涉及企业其他的方方面面。另外，它还与其他形式的职工民主参与有着密切的关联，如它是厂务公开的主要载体，它选举产生职工董事和监事，平等协商的代表和集体合同草案也要通过它来选举和表决。

二、有关职工代表大会法规的实施范围

长期以来，职工代表大会是作为公有制企业实行民主管理的一种法定必要形式而存在，非公有制企业的适用问题，立法没有明确的规定，理论界对此的看法也不尽相同。有关职工代表大会的法律规范，仍然主要体现于国有企业法规和集体企业法规。如《公司法》中，仅仅对国有独资公司和两个以上国有企业或投资主体设立的有限责任公司，明确提出了实行职工代表大会制度。《劳动法》第 8 条规定："劳动者依照法律规定，通过职工大会、职工代表大会或者其他形式，参与民主管理或者就保护劳动者合法权益与用人单位进行平等协商。" 但是我国至今没有立法要求非公有制企业实行职工代表大会的法律规定。

关于非公有制企业是否应适用职工代表大会制度，我们认为：(1) 职工代表大会对非公有制企业同样非常必要。在市场经济环境下，不管哪种所有制形式的企业职工，都应享有相同的参与民主管理的权利。(2) 职工代表大会制度，对非公有制企业的实施也是可行的。我国职工代表大会与国外企业委员会和初级董事会，在形式和功能上就有很多的相似性，都是由选举产生的职工代表组成，都是职工全面、多层次的参与企业管理。因此，国外的实践证明职工代表大会制度在我国非公有制企业是完全可行的。

三、职工代表大会的职权

职工代表大会的职权按其内容可以分为对事权和对人权。

职工代表大会之对事权。即职工代表大会对企业行政管理事务进行审议的职权。它包括的主要内容是：(1) 审议、建议权。对属于企业经营的全局性重大事项进行审查、讨论，并提出意见和建议。(2) 审议、通过权。对涉及职工利益和生产经营的具体方案和规章制度进行审查、讨论，并在此基础上以一定方式作出同意或否决的决议。(3) 审议、决定权。对非生产经营而属于职工切身利益方面的重大事项进行审查、讨论，并直接作出决定，然后提交企业行政执行。

职工代表大会之对人权。即职工代表大会对企业行政领导和管理人员拥有的监督和选择的职权。其主要内容是：(1) 评议监督权。评议、监督企业行政的各级领导人员，

并提出奖惩和任免建议。(2) 推荐选举权。按照国家规定和企业所有者或其他机构的部署，民主推荐厂长（经理）人选，或者民主选举厂长（经理）。

2006年7月6日，中华全国总工会第十四届执行委员会第九次主席团全体会议审议通过了《企业工会工作条例（试行）》。该《条例》对三种不同企业规定了职工代表大会的相应职权：

（一）国有企业、国有控股企业职工代表大会或职工大会的职权

(1) 听取审议企业生产经营、安全生产、重组改制等重大决策以及实行厂务公开、履行集体合同情况报告，提出意见和建议；

(2) 审议通过集体合同草案、企业改制职工安置方案。审查同意或否决涉及职工切身利益的重要事项和重大事项；

(3) 审议决定职工生活福利的重大事项；

(4) 民主评议监督企业中层以上管理人员，提出奖惩任免建议；

(5) 依法行使选举权；

(6) 法律规定的其他权利。

（二）集体企业职工代表大会或职工大会的职权

(1) 制定、修改企业章程；

(2) 选举、罢免企业经营管理人员；

(3) 审议决定经营管理以及企业合并、分立、变更、破产等重大事项；

(4) 监督企业贯彻执行国家有关劳动安全卫生等法律法规、实行厂务公开、执行职工代表大会决议等情况；

(5) 审议决定有关职工福利的重大事项。

（三）私营企业、外商投资企业和港澳台商投资企业职工代表大会和职工大会的职权

(1) 听取企业发展规划和年度计划、生产经营等方面的报告，提出意见和建议；

(2) 审议通过涉及职工切身利益重大问题的方案和企业重要规章制度、集体合同草案等；

(3) 监督企业贯彻国家有关劳动安全卫生等法律法规、实行厂务公开、履行集体合同和执行职工代表大会决议、缴纳职工社会保险、处分和辞退职工的情况；

(4) 法律法规、政策和企业规章制度规定及企业授权和集体协商决定的其他权利。

从《条例》内容看得出，企业职工代表大会的职权和企业所有制形式是联系到一起的，国有企业职工代表大会的职权要广泛得多，这是不符合职工参与民主管理的潮流的。当然，这也是我们立法变革和发展的方向。

四、职工代表大会与相关机构的关系及其改革

职工代表大会作为职工行使民主管理权的机构。[①] 它与国企厂长（经理）的关系，与工会的关系，与党委的关系在经过多年的国企改革后，关系已经基本理顺。但是，职工代表大会与现代公司的其他内部机构的关系，还存在一些问题，还有待改革和归顺

---

① 徐智华：《劳动法学》，北京大学出版社，2008年，第207—208页。

关系。

(一) 职工代表大会与股东大会(股东会)的关系

《公司法》第98条规定:“股东大会是公司的权力机构。”要处理好职工代表大会和股东大会的关系,就要重点处理好以下问题:(1)议事范围的划分和协调。两个权力机构的议事范围主要是以关乎股东利益还是关乎职工利益来划分。涉及投资方案和利润分配的方案,是股东大会主要的议事对象;涉及职工利益如公益金、职工福利则是职工大会的议事对象;既涉及股东又涉及职工利益的事项,则是两个机构共同的议事范围。目前情况看,职工代表大会的议事范围应进一步扩大,更好地发挥其民主管理职能。(2)共决权限的划分。对于作为两会共同议事对象的事项,由于股东大会是最高权力机构,职工代表大会只是一种职工参与形式。所以两会的关系应该是除了同职工利益联系特别紧密的事项由股东大会初决、职工大会终决,其他事项都应由职工大会初决,股东大会终决。(3)议事程序的配合。对于作为两会共同议事的事项,应当实行复合审议制,或者联席审议、分别表决,或者分别审议表决。如果在同期举行的情况下,便于两会之间双向沟通信息,还可以就共同议事对象由两会交替讨论,这样有利于及时调整各自意见,加速共决一致的进程。否则,两会之间信息是单向的,不易实现共决的一致。所以,为了便于议事程序的配合,提高共决效率,两会宜于同期举行。

(二) 职工代表大会与董事会的关系

根据公司法的规定,董事会是对股东大会负责的公司常设决策机构。故而,职工代表大会与董事会的关系,应是监督与被监督的关系。现有立法在职工代表大会如何实现对董事会的监督却未做明确安排,我们可做如下建议:(1)董事会有义务向职工代表大会报告工作并接受职工代表大会的质询。(2)职工代表大会对董事会的决策可以提出意见和建议,对严重侵犯职工合法权益的决策可以行使否决权。(3)职工代表大会可以通过相应的渠道和程序对董事进行调查,对不称职的董事可以提出不信任案;(4)职工代表大会可以参与董事候选人资格的审议,并提出意见和建议。

(三) 职工代表大会与监事会的关系

根据公司法的规定,监事会是公司经营管理的监督机构。职工代表大会与监事会的关系可以分成两个方面:一是相互配合的关系,两会应相互配合对公司的经营管理进行监督;二是监督关系,即监事会仍然要接受职工代表大会的监督,如监事会应向职工代表大会做工作报告。

(四) 职工代表大会与(总)经理的关系

(总)经理是公司经营管理业务的日常管理执行机构,它向董事会(股东会)全面负责。(总)经理与职工代表大会的关系也应该是监督与被监督关系。但是职工代表大会对(总)经理的监督也应有严格的限制,大会不得对其正常履行经营管理行为进行干预。其监督措施可做如下设想:(1)职工代表大会可以对(总)经理候选人进行民意测评,根据测评向股东会提出候选人意见和建议;(2)(总)经理应向大会报告工作并接受质询;(3)职工代表大会可以选派代表参与对(总)经理业绩进行考评。

第十三章　反就业歧视与农民工权益保护制度

第一节　概述

歧视是一种差别待遇，就是不同的看待、不平等地看待，然而不同的看待或不平等地看待不同于不平等是一个复杂而带有主观价值判断的问题，简单说就是在目的或手段上缺乏正当性的差别待遇。

歧视是一种不正当的差别待遇，其受到社会判断的影响。在社会生活感知中，歧视是对被歧视者的“看不起”，表现为对被歧视者的不认同，不接受；相反，优待则是对被优待者的“关照”，表现为优待者的“尊重和重视”。与此对应，法律制度中分别形成了反歧视法和优待法，在反歧视法之相关措施中，为了加速消除歧视的进程而采取的纠偏措施属于优待立法的范畴，是一种反向歧视，而反向歧视在超出其正当性之后就不再是一种优待的差别待遇，反而又构成一种实质的歧视。

结合国际公约以及其他国家的相关规定，根据我国国情，就业歧视可以界定为：没有合法的目的和原因，基于种族、社会出生、性别、户籍、身体状况、年龄、身高、肤色、语言等原因，采取任何区别、排斥、限制或者给予优惠，目的和作用是取消或者损害劳动者的平等就业权。

就具体情况而言，就业歧视可以分为直接歧视和间接歧视：如果非因工作需要，用人单位给予某人比相似情况下比其他人更为不利的待遇，则构成直接歧视；如果某人属于具有法定如前所述的某一典型特征的人群，而用人单位对该人和其他不属于该群体的人使用相同的招聘、选拔、考核、报酬等涉及劳动权利的程序和条件，而产生的结果将不利于该群体则构成间接歧视。目前，在国际人权的实践中，歧视的概念有四个趋势：(1) 既承认直接歧视也承认间接歧视。认为不合理的同样对待某些群体产生不利，它与不合理的区别对待同样有害，应予以禁止。(2) 歧视的故意不再是证明歧视的一个关键要件。(3) 歧视案件中的举证责任发生了变化。多数国家规定举证责任由原被告共同承担。原告初步证明了歧视存在，证明责任就转移给了被告（雇主），由被告证明没有违反反歧视法的规定。(4) 立法和司法实践逐渐承认了新的歧视的种类和形式，各国反歧视法禁止歧视的种类不再限于国际人权公约所专门列举的那些内容。

就业歧视行为的主体，包括用人单位和职业中介机构。《就业促进法》第 26 条规定：“用人单位招用人员、职业中介机构从事职业中介活动，应当向劳动者提供平等的就业机会和公平的就业条件，不得实施就业歧视。”目前，我国反就业歧视法适用于一切单位，这与我国一些实际情况不符，我国很多小微企业，本来就不是开放性的公司，录用人员以招用亲戚、朋友、同乡为主。为了使用人单位的用人自主权和平等就业权保护相平衡，一些国家反就业歧视法仅仅适用于规模以上雇主企业，雇员人数少于一定数量的雇主豁免适用该法。如美国《民权法》规定反就业歧视条款仅适用于雇员人数 15 人以上的雇主。

第二节　就业歧视的种类与认定

一、就业歧视的分类

就业歧视的分类几乎可以完全复制歧视的分类，所有就业歧视几乎都可以按照歧视的基本特征分为，性别歧视、种族歧视、宗教信仰歧视、民族歧视等；按歧视定义中的延伸的分类，又可以分为直接就业歧视、间接就业歧视、反向就业歧视等。

1. 生理学就业歧视和身份性就业歧视

它是根据就业歧视的内容不同，大致分为生理性就业歧视和身份性就业歧视。

生理性就业歧视是自然性就业歧视，一般是劳动者与生俱来的自然特征，与其生理状况密切联系，如因为性别、种族、残疾以及健康原因等而受到的就业歧视。

身份就业歧视，也称为社会性就业歧视，体现了社会化过程中具有的特征，与劳动者社会身份相联系，如因为户籍、职业史（如农民）、地域等受到的歧视。身份性就业歧视，在我国相较其他国家现象严重，而且社会模式程度也严重。就业中的户籍歧视和农民工进城就业的歧视，近年来受到社会普遍关注。随着社会发展和劳动力大量迁徙，地域产生的就业歧视在就业中也容易被忽视，特别是某些地域的劳动者和行业评价联系到一起形成一种社会评价，这种歧视常常在就业中得到一种漠视。

2. 求职中的歧视和执业中的歧视

它是按照就业歧视的发生阶段，把就业歧视分为求职中的就业歧视和执业中的就业歧视。一般情况下，求职中的就业歧视比较明显，通常表现为歧视性招聘条件限制；而执业中的就业歧视比较隐蔽，常表现为用人单位的内部管理制度和惯例性做法。

3. 制度性就业歧视、伦理性就业歧视和用人性就业歧视

（1）制度性就业歧视是指因为制度性原因而造成的就业歧视。例如：户籍制度实际引起了歧视性待遇而造成部分人的就业障碍，用人单位以户口为招牌条件即是这种就业歧视。这样的制度造成的就业歧视，被歧视者的权益是最难得到救济的。

（2）伦理性就业歧视涉及歧视的本质性判断，在这里主要与制度性就业歧视相比较而言。制度性就业歧视往往要面对强烈的谴责和道德批判；而伦理性就业歧视反而常常可以获得道德支撑。如果一项差别待遇获得道德伦理上的忽视、原谅或接受，此项歧视便有了其存在的社会基础。正是这样有了道德上的忽视与谅解，助纣为虐地造成了伦理性就业歧视难以控制的恶状。

（3）用人性就业歧视是指用人单位在招用劳动者时所实施的歧视行为以及在企业内部管理中所实施的歧视行为。用人单位就业歧视行为是反就业歧视制度的重点，也是法理研究的热点、重点。

二、就业歧视类型的认定

1. 户籍歧视

户籍歧视就是在劳动力市场上，依据分城乡的户籍制度划分雇员群体，并实行不同待遇的行为。虽然随着市场经济的发展，户籍政策有所变化，但目前在中国表现得较为严重的就业歧视来源于现存的户籍制度，固定的户籍制度从制度上支持了劳动力市场的就业歧视，增加了流动就业迁移成本和流动成本，限制了劳动者在平等基础上自主择业的权利。我国目前户籍歧视主要表现为以下几种类型：工资及待遇歧视、雇佣歧视、职业歧视及人力资本投资歧视。

2. 性别歧视

根据 1958 年国际劳工组织通过的《关于就业和职业歧视公约》中的规定，性别歧视就是基于性别的任何区别、排斥或优惠，其后果是取消或损害就业方面的机会平等或待遇平等。但基于特殊工作本身的要求的任何区别、排斥或特惠不应视为歧视。我国近年来的就业性别歧视现象广泛存在于女性的就业过程中，主要表现在：女性人口在下岗和失业中占的比重大、女性找工作难、男女收入和职业上存在差距等。随着我国生育政策的变化，妇女就业歧视应当引起我们更多的关注。

3. 年龄歧视

年龄歧视就是在劳动力市场上，雇主依据求职者的年龄情况，在求职者具备完成工作的全部条件下，却做出不予雇佣的决定，或依据年龄情况给予在职职工不同待遇的行为。由于我国人口众多，拥有大量的年轻劳动力资源，有的用人单位在招聘时规定了几近苛刻的年龄界限，将一大批年龄较大的求职者排斥在外，越来越多的企业在招聘员工时，将用人的年龄限定在 35 岁以下。有的单位采用强迫的方法使达到一定年龄的受雇者自动离职或者退休，或者当受雇者达到一定年龄，其升迁就受到影响。

4. 疾病歧视

因求职劳动者罹患某种疾病而对本来合格的求职者予以排斥，或对已经在职工作的人员做出辞退处理的行为就是疾病歧视。在我国疾病歧视主要是针对“乙肝病毒携带者”的歧视，而我国约有 1.2 亿人是乙肝病毒携带者，尽管权威的医学专家已经明确认为：除了少数特殊行业外，慢性乙型肝炎病毒携带者可照常参加工作，《就业服务与就业管理规定》也有明确的规定。但是许多单位在录用过程中，通过设置一定的体检标准来限制乙肝病毒携带者的录用。

5. 学历与经验歧视

如果对于一个工作岗位，具备一定的学历层次的劳动者就可以胜任，而招聘单位却要求求职者具备相对较高的学历层次，则构成了学历歧视。大学生就业难已成为我国近几年的热点问题，然而，在就业市场上却有一种倾向，不少用人单位的招聘条件不断攀升，竞相提高被聘人员的学历标准，结果造成用人上的“高消费”现象，尤其在公务员、事业单位、国有企业招录人员时表现更甚。还有，一些招聘单位或雇主经常向求职者提出要求具备工作经验的条件，这实际上是招聘单位或雇主逃避社会责任，仅仅关注自身盈利目标的一种异化现象。刚刚毕业走出校门的学生或其他刚开始踏入社会的青年往往是经验歧视的受害者。

6. 身高与容貌歧视

如果一个求职者应聘某个他能够胜任的工作，而提供这项工作的雇主却因其身高（或容貌）问题把此项工作提供给了其他相对身材较高（或容貌较美）的求职者，此时身高（容貌）歧视发生。

以上列举的为比较常见的几种就业歧视，现实中的表现则更是五花八门、举不胜举，诸如地域歧视、血型歧视、姓氏歧视等。

第三节 反就业歧视的法律措施

一、反就业歧视措施概述

反就业歧视措施是指为消除和防止就业歧视的所有办法、手段，也是劳动力市场规制法的重要内容。这些措施根据不同的划分标准，有以下分类：

(1) 根据实施反就业歧视措施主体不同，可以分为政府反就业歧视措施、用人单位反就业歧视措施。

(2) 根据反就业歧视措施稳定性不同，可以分为临时反就业措施和永久反就业歧视措施。

(3) 根据反就业歧视措施的作用范围不同，可以分为纠偏措施、优抚措施和促进就业措施。促进就业事实上减弱了劳动力市场上的竞争压力，带来就业歧视的弱化或消除，也可视为反就业歧视措施的范畴，并且从平等价值追求和判断来看，促进就业措施也就是反就业歧视措施。

二、公平就业立法和就业诉讼

平等就业是反就业歧视的目标，因此确认平等就业的权利是公平就业法立法的基础。公平就业立法是反就业歧视措施的基本内容。通过公平就业立法，明确公平就业的权利义务，使得就业歧视的受害者可以通过诉讼以救济自己的权利。

（一）可诉的就业法律制度

如果仅仅把平等权和公平权作为宣示性的地位，是不足以建立有效的反就业歧视法律制度的。所以，必须制定可操作的公平就业具体制度，规定用人单位不能实施歧视行为的具体情形，明确就业歧视情况下被歧视者的权利。根据我国《就业促进法》和《就业服务与就业管理规定》的规定，用人单位招用人员应当遵守以下义务：

(1) 招用工作人员时，除国家规定不适合妇女从事的工种或岗位外，不得以性别为由拒绝录用妇女或提高对妇女的录用标准。不得在劳动合同中规定限制妇女职工结婚、生育的内容。

(2) 依法对少数民族劳动者给予适当照顾。

(3) 不得歧视残疾人。

(4) 不得以是传染病病原携带者为由拒绝录用。但是，经医学鉴定传染病原携带者在治愈前或者排除传染前，不得从事于法律、行政法规和国务院卫生行政部门规定禁止从事的易使传染病扩散的工作除外。除国家法律、行政法规和国务院卫生行政部门规定的禁止乙肝病原携带者从事的工作外，不得强行将乙肝病毒血清指标作为体检标准。

(5) 招用人员的招聘广告，不得包含歧视性内容。

(二) 保障被歧视者拥有便利的诉讼渠道

无救济，则无权利。反对就业歧视法规定了用人单位不得实施就业歧视的义务，明确了相关情形。对于劳动者，其公平就业权利得到了立法确认并且具体化、可操作化。《就业促进法》第62条规定："违反本法规定，实施就业歧视的，劳动者可以向人民法院提起诉讼。"该条即为劳动者诉讼权利的明确，但是不足的是我国劳动者关于就业歧视的个人诉讼的损害赔偿制度还没有明确。

三、政府创造公平就业环境的职责

根据《就业促进法》的规定，各级政府有创造公平就业环境，消除就业歧视，制定政策并采取措施对就业困难人员给予扶持和援助的义务。

(一)《就业促进法》的核心即为促进就业

政府消除就业歧视努力的重点就在于就业状况和环境的改善，这也是间接的消除就业歧视。在政府促进就业的措施中，集中反映了政府消除就业歧视的措施有如下两项：

(1) 国家鼓励企业增加就业岗位，扶持失业人员和残疾人就业，对安置残疾人员达到规定比例或者集中使用残疾人的企业依法给予税收优惠。

(2) 国家实施城乡统筹就业政策，建立健全城乡劳动者平等就业制度，引导农村富余劳动力有序转移就业。县以上地方人民政府推进小城镇建设和加快县域经济发展，引导农村富余劳动力就近转移就业；在制定小城镇规划时，将本地区农业富余劳动力转移就业作为重要内容。县级以上地方人民政府引导农业富余劳动力有序向城市异地转移就业；劳动力的输出地和输入地人民政府应当相互配合，改善农村劳动者进城就业的环境和条件。

(二) 对就业困难人员的扶持

就业困难人员是我国《就业促进法》里面的一个重要概念，目前法律没有明确界定"就业困难人员"的范围，但是根据我国的国情，就业困难人员和就业歧视受害者常常重叠在一起，就业歧视受害者往往就是就业困难者。因此，对就业困难人员的就业援助制度和就业帮扶政策也可视为反就业歧视的举措。

四、用人单位的政策性录用

通常，在市场调节的就业环境下，劳动者和用人单位是一种自由的双向选择的关系，尽管法律规定了就业歧视的若干情形，但实际上通过有意识的手段，仍然可以规避法律条款的约束。但是，在政策性的引导下甚至强制下，用人单位反而可以成为直接的反就业歧视纠偏行为人。比如通过立法规定，用人单位有义务招用一定比例的容易被歧视的特别群体，然后通过其他的补偿性政策或立法平衡用人单位的利益，实质上达到了强制或鼓励用人单位政策性用人。

例如我国《残疾人就业条例》规定，用人单位应当按照一定比例安排残疾人就业，并为其提供适当工种、岗位。用人单位安排残疾人就业的比例不得低于本单位在职职工总数的1.5%。用人单位安排残疾人就业达不到所在地省、自治区、直辖市人民政府规定比例的，应当缴纳残疾人就业保证金。

第三节　农民工权益特殊保护法律制度

一、我国农民工就业歧视的现状

（一）就业机会歧视

就业机会歧视是指农民工因为身份或者户籍等相关因素而导致平等就业机会受到损害。在城市居民印象中，农民工没文化、没技术、穿着老土、举止粗鲁、素质较低。目前，农民工就业以制造业、建筑业和服务业为主，散见于交通运输。他们主要从事的制造业、建筑业、服务业在大家眼中也多以“脏、乱、差”出现。对农民工这一群体的歧视使得农民在工找寻就业机会时，很难突破大家的印象，企业单位也很少给予农民工其他的工作机会，这也间接造成了农民工在就业机会上处于弱势地位。

（二）就业待遇歧视

农民工就业待遇歧视是指农民工因身份等非能力因素而和城镇居民受到同工不同酬的待遇歧视、体现在经济、政治和社会方面：经济上农民工和城镇居民同工不同酬，同工不同时、同工不同权；政治上，农民工干了工人的活却没有得到工人的身份；社会上，农民工在城市生活工作却难以获得市民身份。农民工收入水平较低，从不同地区务工收入来看，农民工收入远低于当地平均水平，不少用人单位都是直接按照政府公布的最低工资收入标准确定农民工工资。

（三）就业保障歧视

我国农民工工作时间普遍超出我国劳动法规定的每日 8 小时工作时间，农民工参加社会保障比例普遍较低。虽然《劳动合同法》第 82 条规定：“用人单位自用工之日起超过一个月不满一年未与劳动者订立书面劳动合同的，应当向劳动者每月支付二倍的工资”，但农民工劳动合同的书面签订率仍然很低，受到就业歧视后救济困难，无论是向劳动保障部门申请仲裁，还是向法院起诉，很难被受理，即使受理也因为举证困难等因素极难胜诉。①

二、制度及法律原因

很多学者认为农民工就业歧视产生的根本原因是我国的户籍制度。一是我国城乡二元户籍制度使得城市居民和农村居民在制度上分为两个群体，这是对农民工群体身份产生的直接歧视。农民工就业机会、就业待遇、就业保障都不及城市工人。换句话说，就是“同工不同酬，同工不同时，同工不同权”，这是对农民工就业歧视的主要原因。二是本地户籍和外地户籍区别使得进城务工的农民工就业受歧视，然而这是不同区域流动时所有人都会遇到的情况，不只是农民工，而争取这部分利益的大部分人是中高收入者，所以本地户口和外地户口的区别使得对农民工就业的歧视为次要原因，这里不多做

① 参看四川大学人权法研究中心 2011 年 7 月发布的《中国法院和仲裁机构禁止就业歧视案例选》中，选定的二十个案例中有关于农民工就业歧视的案例，该文中也指明农民工同工不同酬的歧视案件。

讨论。

我国法律对农民工就业歧视没有专门的法律规定，仅在《促进就业法》中规定：农村劳动者进城就业享有与城镇劳动者平等的劳动权利，不得对农村劳动者进城就业设置歧视性限制。违反本法规定，实施就业歧视的，劳动者可以向人民法院提起诉讼。然而这种原则性规定对受到就业歧视的农民工保障不具体，没有严格的法律责任，没有完善的诉讼体系。农民工在遭遇就业歧视时，首先诉讼成本高，农民工一般会直接找寻其他工作机会，较少提起诉讼；其次在未建立劳动关系时，无法寻求劳动部门仲裁，也失去了就业歧视救济渠道；最后，我国法律对农民工就业歧视的规定较为分散和原则性，农民工起诉就业歧视很难获得胜诉。这些状况使得农民工就业歧视的现象越来越严重。

三、农民工权益特殊保护法律制度

根据上文所述，我国反就业歧视的法律法规主要散见于《宪法》及相关法律、法规、规章、地方性文件中，立法层次低、修改变化多、地区差别大、规定过于“宣示”性，使得在实践中很难得到实施，没有明确而具体的法律责任规制，使得就业歧视维权道路艰难。反观美国，既有综合的反就业歧视法律体系，对反就业歧视有着很好的推动作用。尽管我国于2007年出台了《就业促进法》，其中有反就业歧视的内容，但是专门的反就业歧视法和《就业促进法》的主体和主旨不同，因而制定我国专门的反就业歧视法是必要的。由专门的反就业歧视法对现行法律没有定义的就业歧视进行定义，对部分法律法规没有涵盖的就业歧视（如农民工就业歧视）进行补充，完善我国反就业歧视法律的范围，确定法律责任以及司法救济途径，确保遭受就业歧视的人们能够有途径申诉，是应该完善的目标，对我国社会树立平等观念有很大促进作用，当然也对解决农民工就业歧视问题大有裨益。

另外，我国没有专门的负责反就业歧视的行政机构，只有劳动行政管理部门——人力资源与社会保障部主管劳动力市场运行。2008年成立的农民工工作司是专司其事的中央政府序列机构，但其不是专门的反就业歧视的行政机构，对于拥有1.5亿农民工的中国来说，解决农民工就业歧视问题还任重道远。《就业促进法》并没有将就业歧视行为纳入劳动保障部门监督检查的范围。因此，设立我国专门的负责反就业歧视行政机构也势在必行。该专门机构可以下设于人力资源与社会保障部，由人力资源与社会保障部门直接对其监管。该专门机构负责对用人单位进行反就业歧视教育，处理就业歧视问题，确保受歧视或不公正待遇的人能够有效得到法律保护。

第十四章　职业场所性骚扰处置法律制度

第一节　职业场所性骚扰的界定

一、美国法律实践中作为工作场所性歧视的性骚扰

性骚扰的概念和法律规范多源自于美国，其他国家和地区在性骚扰方面的立法多借鉴于美国的经验。[①] 性骚扰（sexual harassment）作为法律术语，最初出现于20世纪70年代美国，随着女权运动的兴起和1964年《民权法》的出现，职业场所性骚扰开始受到社会和公众的普遍关注。密西根大学法学教授凯瑟琳·麦金农（Catharin A. Machinnon）首先提出性骚扰的感念，在她出版的《职业妇女性骚扰：一个性别歧视案例》(Sexual Harassment of Worknig Women: A case of Sex Discrimination）书中，将性骚扰作为一种性别歧视进行了法律上的界定：性骚扰是在不平等权力关系中，施加违背意愿之性要求，并进而区分为交换利益（quid pro quo）和敌意工作环境（hostile work environment）两种性骚扰，此分类对后来的美国实务产生了极大的影响，更影响了许多其他国家对性骚扰的理论研究和实务。

二、我国法律体系中的性骚扰行为规制

从我国现有法律来看，《妇女权益保障法》第40条规定，“禁止对妇女实施性骚扰。受害妇女有权向单位和有关机关投诉”。第58条规定，“违反本法规定，对妇女实施性骚扰或者家庭暴力，构成违反治安管理行为的，受害人可以提请公安机关对违法行为人依法给予行政处罚，也可以依法向人民法院提起民事诉讼”。另外，根据《妇女权益保障法》制定的地方法规也有相关规定，如：“政府及其有关部门和用人单位应当采取措施，预防在公共场所、工作场所发生性骚扰”；“禁止以语言、文字、图像、信息、肢体行为等任何形式对妇女实施性骚扰，用人单位和雇主应当采取措施制止工作场所的性骚扰”；“禁止违反妇女意志以带有性内容或者与性有关的行为、语言、文字、图片、图像、电子信息等任何形式故意对其实施性骚扰，用人单位和公共场所管理单位应当通过建立适当的环境、制定必要的调查投诉制度等措施，预防和制止对妇女的性骚扰”。

从法律救济来看，性骚扰的概念没有在我国法律上明确化，其侵犯的权利也未明确化和法律化。近年来，我国有不少性骚扰的案例，但是由于性骚扰在法律上没有明确界

---

① 靳文静：《性骚扰的侵权责任》，中国政法大学博士学位论文，2006年，第9−10页。

定，实务中性骚扰案件立案仍令人困惑，多以侵犯名誉权立案。对此，有的学者认为侵犯的是性的自由权，有的学者认为侵犯的是人格尊严权。其实除了性骚扰的基本概念外，区分“公共场所”与“工作场所”也非常重要。工作场所虽然不是私人场所，但是工作场所也不是陌生人聚集的场所，其带有一定私人场所的色彩，而公共场所是开放性的陌生人聚集的场所。工作场所是私人管理的范畴，公共场所是治安管理的范畴。因此，工作场所性骚扰即职场性骚扰因发生地点、场所以及当事人关系的特殊性，不同于《中华人民共和国治安管理处罚法》第 44 条的规定①：“猥亵他人的，或者在公共场所故意裸露身体，情节恶劣的，处五日以上十日以下拘留”，应该有新的法律制度和规范来调整。

三、职场性骚扰的界定

性骚扰作为一种行为，在法律上规制的关键是认定它的行为样态，即什么行为是性骚扰，此即性骚扰的界定。②

1. 美国平等就业机会委员会指导原则的诠释

根据美国平等就业机会委员会（Equal Employment Opportunity Commission）在 1980 年 11 月 10 日所颁布的指导规则，性骚扰被界定为：（1）在性方面占便宜达到不受欢迎的程度（unwelcome sexual advance）；（2）要求性方面之好处（request for sexual favors）；（3）其他有性本质之口头或肢体行为。

上述行为在下列情况下构成违法，顺从该行为是作为某人明示或默示的就业条件或情况；个人顺从或拒绝该行为，成为影响其就业决定的基础；该项行为的目的或结果会不合理干涉个人的工作表现；该项行为的目的或结果会造成胁迫性、敌意性或冒犯性的工作环境。此项关于职场性骚扰的界定已相沿成习，成为美国处理职场性骚扰事件的重要准则。

2. 职场性骚扰的类型

美国学者及法院根据美国平等就业机会委员会的指导原则，将职业场所性骚扰主要区分为“回报（或交换）性骚扰”与“敌意工作环境性骚扰”两大类型。而根据法律和实务的分析，较完整的职业场所性骚扰可以分为以下四种形式：

（1）性的交换（交换条件式性骚扰）（Quid pro quo sexual harassment）。明示或暗示以性方面的要求，作为员工或求职者取得职务或丧失职务或变更其劳动条件的交换，可以说是最直接、最恶劣的性骚扰形式；一般都发生在有管理监督权能者对待下属的情形。下属若拒绝上司或雇主的性要求，就可能会丧失某种工作的权益，包括得不到晋升的机会，甚至会遭到降级、减薪或其他工作上的刁难与报复，对于下属的人格尊严及工作权益造成相当大的侵害。

（2）敌意的工作环境（Hostile work environment harassment）。一般而言，敌意环境性骚扰通常是发生在同事之间，但也可能是雇主与顾客之间，或甚至一般公众也会触

① 《中华人民共和国治安管理处罚法》第 44 条：“猥亵他人的，或者在公共场所故意裸露身体，情节恶劣的，处五日以上十日以下拘留。”

② 黄越钦：《劳动法新论》，中国政法大学出版社，2003 年，第 466－467 页。

及，在这种情况下，雇主不必如回报（或交换）性骚扰事件必须负担绝对法律责任，但若已实际获悉或可得知这种情况，而并未采取任何适当的事先防范及事后纠正措施，则仍有负担法律责任的可能。

(3) 性的徇私（sexul Favoritism）。若有雇员真和上司有性的交换而换得较好的工作待遇，对其他受雇者亦为一种不该有的骚扰，例如和上司有暧昧关系而得到升迁或工作较为轻松。性的徇私会影响到工作气氛，而令其他员工感到不公平。

(4) 非雇主或非受雇员工的性骚扰（Harassment by nonemployees）。被公司以外的人性骚扰，通常是客户或非受雇员工遭雇主性骚扰之情形（如面试），也为近年来极易发生的性骚扰情况之一，若将其排除在性骚扰之定义以外，容易产生法律漏洞。

第二节　职业场所性骚扰的法律责任

一、职业场所性骚扰责任

职业场所性骚扰所引起的责任是一个复杂的问题，尤其是制定法没有对此问题做明确规定的情况下。单就主体而言，行为会产生两种不同的法律责任：一是性骚扰者的法律责任；二是行为人用人单位的法律责任。不同主体法律责任的确定具有不同的意义。

1. 用人单位法律责任确定的意义

如果用人单位的法律责任得以确定，则被骚扰者将有更好的机会能实际得到赔偿，因为用人单位通常要较实际性骚扰者更具有财力进行赔偿，而且采用司法途径时更易于执行。

2. 实际性骚扰者法律责任确定之意义

被性骚扰者控告性骚扰者对自己实施的性骚扰，可能基于各种不同的理由，但是最多的一种因素是基于道德的原因对性骚扰者进行惩罚，同时也可以取得物质上的赔偿和补偿。事实上，由于性骚扰的类型不一，用人单位常常可以规避其法律责任，而被性骚扰者唯一可能获得的赔偿，可能仅仅是性骚扰者本人。通过这样的法律途径，对性骚扰者进行惩罚，可以起到法律规范的评价、教育和强制作用。

二、用人单位责任之转承

用人单位责任之转承，实际上是用人单位法律责任的范围问题。[①] 通常情况下，性骚扰行为对于性骚扰者而言，即为故意之侵权行为，而在用人单位与实际性骚扰者之间确定由用人单位、实际性骚扰者，或两者共同负法律责任，往往成为法律责任之转承问题。用人单位责任之转承问题，实际是用人单位基于何种理由或理论承担责任的问题，进而成为研究引用哪种法律类型之法律来禁止性骚扰行为，即究竟是平等机会法、劳动法、侵权行为法或刑法，而引用不同的法律会有不同的结果。所以，在制定法或法院判决还未对用人单位责任之转承加以处理时，则自然无法判定究竟用人单位是否承担转承责任。可以根据不同的归责原理和所适用的不同类型的法律来认定用人单位的转承

① 焦兴凯：《向工作场所性骚扰问题宣战》，中国台北，元照出版公司，2002年，第438－441页。

责任。

（一）代理责任原则的用人单位责任转承

根据代理责任原则，用人单位是否负担法律责任，要看性骚扰究竟是有管理监督者、同事或所谓非受雇者所为而定。同时，也要看性骚扰行为者是被控交换性骚扰，还是敌意性工作环境性骚扰而定。有的国家如美国、英国、澳大利亚、加拿大、新西兰等对此有较为详细的规定，用人单位常常会因为管理监督者之交换性骚扰行为而自动负担法律责任。这种自动负担责任的理由，是因为管理监督者通常都是经过用人单位授权，而针对受雇者的职务情况可以形成决定，这些决定往往对受雇者产生必然影响，在这样的情况下，管理监督者之行为自然推定转承到用人单位上。

在管理监督者触犯敌意性工作环境性骚扰的情况下，用人单位究竟应负担什么法律责任？对此问题有深入研究的国家中，如在美国自动负担法律责任的原则并不一定适用。用人单位应对管理监督者所触犯的敌意工作环境性骚扰负担法律责任，条件是单位知晓或应当知晓该性骚扰行为已发生，但是却未能阻止该行为的发生，或未采取迅速而适当的纠正行为。然而，有些学者认为，用人单位应该对敌意性工作环境性骚扰事件自动负担法律责任，原因是基于管理监督者拥有用人单位所授权能的理论，用人单位不应被认为置身事外。在敌意性工作环境性骚扰之情形，虽然没有影响到一项有形的经济性利益，但是管理者基于其权能，所能造成在性方面具有威胁性及滥用性工作环境的能力，要较同事或非雇佣者所造成的影响大得多，因为他直接拥有用人单位所授权能。

至于在同事及非雇佣者（如主顾及一般顾客）所造成的敌意性工作环境性骚扰，其法律责任一般不自动由用人单位来承担，因为行为者缺乏给予或撤回某些有形职位的权力。因此，在美国、英国、澳大利亚、加拿大、新西兰等国家，规定只有在雇主知晓或应当知晓该性骚扰事件，但没有阻止该事件的发生，或未采取迅速而适当的纠正行为，才应就同事及非雇佣者的性骚扰行为负担法律责任。

（二）劳动法及雇佣行为原则的用人单位责任转承

在劳动法的框架下，几乎所有国家都明确规定，用人单位应对其受雇者负责。因此，在有关雇用契约的法律条款中（包括处理不当解雇问题的条款），某些对妇女提供特别保护的法律、一般性劳动法等，其法律适用均明确规定雇主所承担的责任，以及若未能遵守此类条款所应负担的法律责任的范围。如根据相关劳动法内容，雇用行为所产生的性骚扰问题，用人单位应当承担法律责任。

（三）侵权行为法及公平责任原则的用人单位责任转承

侵权行为法规定个人应对其个人侵权行为负责，一般情况下，用人单位要对劳动者在其雇用范围内的作为负责。然而，在特殊情况下，为求公平起见，用人单位往往也会为劳动者的性骚扰行为负担责任。

用人单位是否应对其受雇者的性骚扰行为负担法律责任呢？对此问题的答案并非显而易见，因为性骚扰行为是一种故意的侵权行为，也是一种对他人造成伤害的故意行为，而这种故意行为，并不容易被认为是存在于雇佣关系的范围内。就性骚扰行为的本质而言，也可以明确认为性骚扰的行为者，是基于其本身的个人目的和动机出发，而非基于单位的利益。然而，虽然有这些阻却因素存在，但是我们发现，近年来越来越多的司法判例认为，用人单位应就受雇者的性骚扰行为负担责任，这在美国、日本和瑞士均有体现。即体现了公平责任原则，用人单位会为雇佣劳动者的性骚扰行为负担责任。

（四）我国现行规定

用人单位责任的转承，在我国现行法律制度中的规定尚不明确，还不足以支撑职场性骚扰的法律化，有涉及此类行为的纠纷或诉讼都是在侵权行为的法理下展开的，并仅仅局限于性骚扰者与被骚扰者之间，与前述国家的职场性骚扰的理念相去甚远。相关法律有所涉及的内容如下：

1.《妇女权益保护法》及相关地方法规

《妇女权益保护法》第40条："禁止对妇女实施性骚扰。受害妇女有权向相关单位和有关机关投诉。"据此，《四川省〈中华人民共和国妇女权益保障法〉实施办法》（2007修订）规定："用人单位和雇主应当采取措施制止工作场所的性骚扰。"《上海市实施〈中华人民共和国妇女权益保障法〉办法》（2007修订）规定："有关部门和用人单位应当采取必要措施预防和制止对妇女的性骚扰。"

2.《最高人民法院关于审理人身损害赔偿案件适用法律若干问题的解释》的相关规定

2003年12月4日《最高人民法院关于审理人身损害赔偿案件适用法律若干问题的解释》第9条规定："雇员在从事雇用活动中致人损害的，雇主应当承担赔偿责任；雇员因故意或重大过失致人损害的，应当承担连带赔偿责任。雇主承担连带责任的，可以向雇员追偿。"此款所称"雇用活动"是指从事雇主授权或者指示范围内的生产经营活动或者其他劳务活动。雇员超出授权范围，但其表现形式是履行或者与履行职务有内在联系的，应当认为是"从事雇用活动"。此司法解释，学者和司法人员对是否可以作为职业场所性骚扰行为用人单位承担转承责任的法律基础，观点还不尽一致。

第三节　职业场所性骚扰的防治措施

一、预防制度的法律效力

职业场所性骚扰预防制度主要是用人单位、政府和劳动者为了防范职业场所性骚扰的发生所采取的措施。其中劳动者的预防措施是劳动者出于保护个人安全和免受性骚扰采取的防卫措施，如女性劳动者在穿着、语言等方面的收敛和矜持，但是属于个人范畴，不在制度之列。而政府和用人单位之预防制度则是需要研究的制度范畴。

我国职业场所性骚扰制度目前尚属于初始阶段，全世界范围内，美国在这方面已经积累了大量的经验，特别是在职业场所性骚扰的预防制度中具有诸多合理有效的做法，无论是性骚扰预防立法还是用人单位内部制度建立方面，都有很大的借鉴价值和意义。

（一）政府的预防制度

政府预防制度属于行政法范畴，政府对于职业场所的性骚扰预防具有法定职责。如我国台湾地区台北市1998年4月发布的《台北市工作场所性骚扰防治要点》，指出政府应切实倡导性骚扰防治观念，使各企业内雇主及员工周知，共创和谐安全之工作环境；应设置性骚扰防控专线，提供申述服务；对民众申述性骚扰案件，应派专人调查，并于调查过程中严守保密原则，不得借故推诿、拖延或拒绝；为调查审理性骚扰案件，得请求事业单位或雇主单位主动提供各种相关数据。

（二）用人单位的防控制度

用人单位防控制度主要指用人单位为了防治在本单位的工作环境中发生性骚扰而采取的各种防范措施和纠正措施。应该说，用人单位的预防制度是职业场所性骚扰防治法的重点，它虽然属于内部制度，且一般不在政府监督检查的范围，系非法定企业内部规章制度。但是，用人单位的预防制度对于单位自身，对于避免单位承担的转承责任和完善单位管理具有重要意义。故而，在美英国家和我国台湾地区等，用人单位对于建立健全职业场所性骚扰预防制度具有较好的积极性。

二、用人单位应采取的各项防范纠正措施

用人单位有责任采取积极主动的防范措施，来彻底防止和杜绝性骚扰事件的发生，即或发生这类事件，单位也能迅速处置和加以解决。[①] 下面介绍美国劳资关系专家及人力资源管理专家所提供的意见、平等就业机会委员会秉承的一贯立场，以及联邦各级法院相关案件判决的综合意见。

（一）发布禁止工作场所性骚扰的书面声明

综合美国各大企业所发布的这类书面声明，其内容主要包含以下事项：明确宣示公司将不会容忍任何性骚扰行为在工作场所发生；对性骚扰一词做明确界定，并举例说明；对单位处理这类事件之申述程序做概括说明，并指定处理这类事件和负责解决申述的专门人员；保证对所有这类申述的处理都会尽量保密；保证申述者不会因此招致报复和不利。明确表示采取纠正措施，对性骚扰的行为者进行相应的惩处。

为了使得声明让所有受雇者知晓，用人单位会通过各种途径发布该信息。例如张贴公布、新员工培训、各种手册、工会文件、员工邮件等。为了确定受雇者知晓申明内容，用人单位甚至会要求劳动者书面确认已得知本申明信息。

（二）设立内部申述渠道

根据美国平等就业机会委员会颁布的“知道原则”，以及联邦各级法院之相关判决，仅有一套声明是不足以达到防范性骚扰事件发生之目的，雇主还应设立一套有效的单位内部申述渠道。在美国，用人单位内部对于性骚扰设置内部申述渠道通常分为正式和非正式两类，由雇主视情况而定。

1. 正式申诉程序

一套设计完善的正式申诉程序，至少符合以下需求：

（1）能让受害人获得公平的对待，足以让整个事件在内部获得较好解决，而无须对外请求行政救济或提起诉讼；（2）让被害人敢于揭发而使得用人单位尽早调查，发现真相并及时处理，对被害人给予恰当的补偿和救济；（3）迅速解决这类申诉，以减少或降低损害赔偿或其他诉求；（4）能有效处理这类纷争，减少员工受到的损害，同时使单位受到的影响和损害降低。

2. 非正式申诉程序。

非正式申诉程序是一种弹性和灵活的处理程序。在解决工作场所性骚扰事件过程

---

① 焦兴凯：《向工作场所性骚扰问题宣战》，中国台湾元照出版有限公司，2002年，第165—179页。

中，往往由单位指派一名或数名代表（女性居多），对受雇者提供咨询服务，在最短时间内帮助对问题提供解决之道。用人单位提倡和鼓励受雇者诉诸正式程序前先采用非正式程序。毕竟，性骚扰事件的受害者多数只希望骚扰行为能够停止，这样由专门人员介入处理，以调解方式找出双方当事人都可以接受的解决方式，如口头道歉或书面保证等，都可以视为一种行之有效的办法。

（三）申诉调查程序

用人单位在收到受害者的申诉后，应采取初步的调查措施，进而在进行调查工作时，通常应注意如下事项：(1) 要严肃对待，认真处理此类性骚扰事件申诉；(2) 要用专业的态度和申诉人交流，使得对方感到放松；(3) 要尽可能完整地收集相关事实材料，而不急于判断；(4) 要对事件详细询问和记录，并了解申诉者的诉求和顾虑。

经过初步调查，如果发现性骚扰事件的确发生或事态严重，则用人单位应决定做进一步调查，经过更为缜密的进一步调查后，用人单位应将调查结果告知申诉者和被控从事性骚扰者。一般而言，会有三种处理方式：(1) 如果证据显示指控无法成立，用人单位应该将调查结果告知双方当事人，同时重申反对性骚扰的立场，且告知申诉者可以进一步提供相关信息，并对新的信息加以调查。如果证明申诉者确有恶意诬陷的情形，则应对其加以处罚。(2) 如果调查结果并不能确定究竟有无这类事件发生，则用人单位仍应将调查结果通知双方当事人，此外还应与被控性骚扰行为人一起审查单位有关禁止性骚扰的规定，且将这一事实通知申诉者。(3) 如果调查结果发现性骚扰的申诉的确成立，则用人单位即应采取相应措施予以补救。

（四）调查结果的决定及处置

1. 惩戒措施

如果经过调查确有性骚扰事件发生，则用人单位可以视加害人触犯性骚扰形态及情节，对行为人加以处罚。

2. 弥补措施

在确定申诉人遭受性骚扰行为侵犯后，用人单位应采取措施弥补被害人遭受的伤害。

3. 辅助措施

如申诉者离职，要了解是否是由于性骚扰的事件引发，如果发现的确是这种情形，则应劝其留任，并设法解决其各种顾虑；设立检举这类事件的便捷渠道；建立相应的巡视制度；追查有关性骚扰的各种传言和谣言。

第十五章 职业培训

第一节 职业培训概述

一、职业培训的概念

职业培训，又称职业技能培训和职业技术培训，它是根据社会职业的需求和劳动者从业的意愿及条件，按照一定标准，对劳动者进行的旨在培养和提高其职业技能的教育训练活动。[①] 其含义包含了以下内容：符合社会职业的需求；满足劳动者的就业意愿；适应劳动者的从业条件；符合职业标准化的要求。

职业培训是国民教育体系中职业教育的一种重要形式，与普通教育均是教育体系中不可或缺的部分，其目的都是培养和提高人的才能及文化技能水平，普通教育是基础，职业培训是普通教育的延伸和专门化。相对于其他教育活动，职业培训有其自身的特点：（1）教育目的针对性、专业性强，其目标是使得受培训者成为一定领域的专门人才；（2）教育内容实践性、应用性强，它突出专业技术知识和实际操作技能的提高；（3）教育手段和方法灵活性强，注重教育和实践相结合；（4）教育对象特定性强，以劳动者为特定对象的人力资源开发活动。[②]

二、职业培训的立法概况

国际劳工组织关于职业培训的公约和建议书数量庞杂，如1921年的《发展农业技术教育建议书》（15号），1937年的《建筑职业教育建议书》（56号），1939年的《职业培训建议书》（57号）、《学徒制建议书》（60号），1946年的《海上服务训练组织建议书》（77号），1950年的《成年人包括残疾人职业训练建议书》（88号），1962年的《职业培训建议书》（11号）等，这些建议书先后对职业培训的一般性原则、合作措施、培训信息、职业定向和选择、就业培训、培训组织、培训方法和手段以及国际合作提出了建议。近几十年来，许多国家也在不断进行职业培训立法活动。例如，英国早在1948年就制定了《就业训练法》，法国在1953年制定了《职业训练法》，德国在1969年制定了《职业训练法》，日本在1939年就制定了《工厂学徒规则》。

我国职业培训立法主要分为三个发展阶段：一是国民经济恢复期。这是我国职业培

① 王全兴：《劳动法》（第三版），法律出版社，2008年，第363页。

② 徐智华：《劳动法学》，北京大学出版社，2008年，第346页。

训开始阶段，当时的职业培训立法散见于就业法规中。二是计划经济时期。国家在这一阶段颁布了职业培训的一系列法规。如1952年国务院颁布的《关于国营、公私合营、合作社、个体经营的企业和事业单位的学徒的学习期限和生活补贴的暂行规定》，1961年劳动部颁布的《技工学校通则》。三是改革开放以来。这是我国职业培训和相关立法的发展阶段，相关立法如：《劳动法》对职业培训的专章规定，1996年的《职业教育法》，劳动部1986年颁布的《技工学校条例》，1994年的《职业培训实体管理规定》，1996年的《企业职工培训规定》，2000年的《劳动预备制培训实施办法》，2005年国务院颁布的《关于大力发展职业教育的决定》，2007年全国人大常委会通过的《就业促进法》等。

三、职业培训的立法原则

（一）先培后用原则

该原则指先培训后就业或先培训后上岗，强调劳动者投入工作前必须先接受培训，掌握相关专业或技能，经过考核鉴定后，获得职业培训或就业资格证书，方可就业或上岗。

（二）按需培训原则

职业培训活动必须与当时的经济、社会发展的实际需要相一致。即职业培训的内容、方向、规模、形式、方法的确定，都应以当时经济和社会发展的实际需求为根本依据。

（三）培训费用的合理分担原则

职业培训原则应当有偿进行，培训费用由国家、社会、企业和个人分担。近年来，国家加大了对职业培训的扶持力度，有很多的向劳动者提供的免费培训项目，这也大大推进了职业培训的发展。

（四）培训效益原则

培训主体应对培训的社会效益和经济效益承担责任。即培训不能一味追求数量指标，要注重对培训实体实行评估、考核和奖惩，以期提高培训的效益。

（五）学用一致原则

培训实施应注意培训与应用的紧密衔接，做到学以致用。培训实体应当按照实际生产、操作施教，最大限度地使参培的劳动者人尽其才，对口就业。

四、职业培训权

用人单位应当尊重劳动者的职业发展权。相应地产生劳动者的权利。[①]

（一）劳动者的职业培训权和国家的相应义务

劳动者依法享有接受职业技能培训的权利。《劳动法》第3条明确规定，劳动者拥有“接受职业技能培训的权利”。

同时，国家负有促进职业教育和培训发展的义务，我国《宪法》规定：“国家对就业前的公民进行必要的劳动就业训练。”《劳动法》第66条规定：“国家通过各种途径，

① 林嘉：《劳动法和社会保障法》（第三版），中国人民大学出版社，2014年，第102－104页。

采取各种措施，发展职业培训事业，开发劳动者的职业技能，提高劳动者素质，增强劳动者的就业能力和工作能力。”第 67 条规定：“各级人民政府应当把发展职业培训纳入社会经济发展的规划，鼓励和支持有条件的企业、事业组织、社会团体和个人进行各种形式的职业培训。”

（二）用人单位的义务与责任

用人单位负有对劳动者进行职业培训的义务。《劳动法》第 68 条规定：“用人单位应当建立职业培训制度，按照国家规定提取和使用职业培训经费，根据本单位实际，有计划对劳动者进行职业培训。从事技术工种的劳动者，上岗前必须进过培训。”劳动部《企业职工培训规定》（1996）第 21 条还对企业提取和使用职业培训经费做了详细、明确的规定。《职业教育法》第 6 条也明确规定：“行业组织和企业、事业组织应当依法履行实施职业教育的义务。”

企业如果未按照国家规定提取职工教育经费，或者挪用职工教育经费的，还需承担法律责任。《就业促进法》第 67 条规定：“违反本法规定，企业未按照国家规定提取职工教育经费，或者挪用职工教育经费的，由劳动行政部门责令改正，并依规定给予处罚。”《劳动保障监督条例》对处罚内容作了具体的规定。

第二节　职业培训的分类

一、职业培训的分类

职业培训根据不同的划分标准，有着不同的分类。根据《职业教育法》（1996 年）第 14 条规定，职业培训包括从业前培训、专业培训、学徒培训、在岗培训、转岗培训及其他职业性培训，可以根据实际情况分为初级、中级、高级职业培训。职业培训分别由相应的职业培训机构、职业学校实施。其他学校或者教育机构可以根据办学能力，开展面向社会的、多种形式的职业培训。《就业促进法》第 46 条规定，县级以上人民政府加强统筹协调，鼓励和支持各类职业院校、职业技能培训机构和用人单位依法开展就业前培训、在职培训、再就业培训和创业培训；鼓励劳动者参加各种形式培训。

为了进一步了解职业培训，下面根据相关法律法规的分类形式，具体介绍几种重要的职业培训形式。

二、学徒培训

学徒培训是指用人单位招收学徒工，在师傅的直接指导下，通过实际生产劳动，使其掌握一定的生产技能和业务知识的培训形式。其培训法律关系特征是：（1）它是一种招工与传授技艺合二为一的法律关系。用人单位与学徒确定的是以传授、学习技艺为内容的预备劳动关系，即学徒劳动关系。（2）传艺和学艺的特定方式是由招收单位委托师傅负责指导，在实践中进行。（3）建立学徒培训法律关系的目的在于建立正式劳动关系，受培训者是否达到预期的培训要求，是决定其能否建立正式劳动关系的主要依据。

用人单位招收学徒，应当坚持公开招收、全面考核、择优录用的原则，其中应当在全面考核的前提下侧重文化考核。招收学徒还必须符合国家规定的基本条件，如年龄的规定。学徒培训应当实行合同制度，即学徒应当分别与用人单位和师傅订立学徒培训合同和师徒合同。(1) 学徒培训合同是用人单位与学徒之间确立学徒劳动关系，明确相互权利义务的书面协议，其内容包括培训目标、学习期限、学习条件、考核办法、学习纪律、生活待遇等条款；(2) 师徒合同是单位委托与学徒订立的确立师徒教学关系，明确教学内容、教学条件、出徒时间、出徒标准的相关内容的合同。

学徒的学习期限，根据各行业、各工种和业务的复杂程度、难度确定，用人单位应按照《中华人民共和国工种分类目录》所规定的学徒期限进行培训。

三、就业训练的实体培训

就业训练的实体培训，是就业训练中心和其他就业训练实体，对求职人员在就业和上岗前所进行的，以培训具有初级职业技能水平的劳动者为主的培训形式。它包括就业前训练和专业训练。

就业训练实体包括就业训练中心和非劳动行政部门举办的就业训练实体。前者由劳动行政部门举办，后者是企事业单位、社会团体或个人举办的。其训练对象包括：(1) 初次求职人员、事业人员、在职人员、转岗人员、出国劳务人员、境外就业人员、个体劳动者以及农村向非农业转移的人员；(2) 需要提供专门的职业技能培训的妇女、残疾人、少数民族人员及复员转业军人等特殊群体人员；(3) 其他需要学习和提高职业技能的劳动者。

就业训练中形成的培训法律关系，是指就业训练实体与受培训人员之间实施培训与接收培训的法律关系。就业训练实体有义务聘请合格的教师，提供学习环境和学习条件，组织教学课程，维护教学秩序；有权依规定收取学费，对受培训人员进行管理、考核和颁发证书。受培训人员有权获得符合报考专业教学大纲和有良好质量的教学，获得符合规定的教学环境和各种教学必备条件，学习结束经考试合格取得相应证书；有义务按规定缴纳学费、遵守学习纪律，完成学习任务。

就业训练中的代培法律关系，指就业训练实体接受用人单位的委托，对受陪人员进行定向代培的法律关系。就业训练实体应按照用人单位的委托要求培训合格劳动者；用人单位有义务向培训实体支付培训费用，接收培训合格的劳动者；如任何一方违反约定的义务，都要负担赔偿责任。

四、在职培训

在职培训，又称职工教育或者职工培训，是指为了使职工在原有的知识、技能的基础上得到提高和更新，按照工作需要对职工进行思想政治、职业道德、管理知识、业务技术、操作技能等方面的教育和训练活动。

在职培训应当以培养具有思想、道德、文化、纪律全方位素质，并掌握职业技能的职工队伍为目标，促进职工队伍整体素质的提高，贯彻按需施教、学用结合、定向培训的原则。职工培训的形式分两种：(1) 在岗业余培训，指职工不脱离工作岗位，在坚持自己工作的情况下，参与培训。这种形式对用人单位而言，可以在不缺员的情况下获得提高劳动质量的效果。(2) 离岗专门培训，指职工在一定期限内脱离工作岗位，进入学校或其他单位，带薪或不带薪参加培训。这种培训形式投入较大，培训对象一般有严格的限制，但是培训效果更好。

企业在职工培训方面的责任主要有：(1) 建立健全职工培训的规章制度，根据本单位的实际对职工进行在岗、转岗、晋升、专业培训，对学徒和新录用人员进行上岗前培训。(2) 将职工培训列入单位的中长期规划和年度计划，保证培训经费和其他培训条件。(3) 将职工培训纳入负责人的任期目标和经济责任制，接受职代会和上级主管部门的监督和考核。(4) 结合劳动用工、分配制度改革，建立培训、考核与使用、待遇相结合的制度。(5) 应当对经批准参加脱产半年以内的职工发放基本工资及相关福利待遇。(6) 按照培训合同的规定，保证职工的学习时间，为职工创造必要的学习条件。另外，按照《就业促进法》第 47 条的规定，企业应当按照国家有关规定提取职工教育经费，对劳动者进行职业技能培训和继续教育培训。

第三节　职业技能的鉴定

一、职业技能鉴定的概念、范围和体系

职业技能鉴定，是指职业技能鉴定机构对劳动者职业技能所达到的等级，依法进行考核、评定和证明，从而赋予劳动者一定的资格。《劳动法》第 69 条规定："国家确定职业分类，对规定的职业制定职业技能标准，实行职业资格证书制度，由经过政府批准的考核鉴定机构负责对劳动者实施职业技能考核鉴定。"职业技能鉴定有以下特点：(1) 它由政府批准的专门机构负责实施；(2) 它以劳动者所具有的并被国家规定职业范围的职业技能为鉴定对象；(3) 它以国家制定的职业技能标准作为鉴定依据；(4) 它以考核、考评作为鉴定劳动者职业技能的手段；(5) 它以颁发职业资格证书作为确认、证明劳动者职业技能达到一定等级的法定形式。

职业技能鉴定的范围，即国家规定列为职业技能鉴定对象的劳动者范围，它表明哪些劳动者的职业技能应当鉴定。目前我国立法规定主要包含以下内容：(1) 各类职业技术学校和培训机构毕业生，凡属技术等级考核的工作，逐步实行职业技能鉴定；(2) 企事业单位学徒期满学徒工，必须进行职业技能鉴定；(3) 企事业单位的职工以及社会各类人员，根据需要，自愿申请职业技能鉴定。

职业技能的体系，由各个类别（系列）、各个等级的职业技能鉴定所组成。按照鉴定对象不同，可划分为工人职业技能鉴定和职员职业技能鉴定两大类。按照鉴定等级的不同，工人职业技能鉴定可划分为初级工、中级工、高级工和技师、高级技师；职员职业技能鉴定可以划分为初级、中级、高级。在我国现阶段，工人职业技能鉴定和职员职业技能鉴定分别由劳动行政部门、人事行政部门综合管理。

二、职业技能鉴定的管理体制

在我国，职业技能鉴定实行政府（通过劳动行政部门）指导下的，鉴定与行政和培训分开的社会化管理体制。① 职业技能鉴定分两个层次设置专门的事业性鉴定机构，即

---

① 《职业技能鉴定规定》(1993 年 7 月 9 日，劳动部发【1993】34 号)

职业技能鉴定指导中心（简称指导中心）和职业技能鉴定站或所（简称鉴定站），并设置职业技能鉴定考评员（简称考评员）。

指导中心由国务院劳动行政部门和省级劳动行政部门设置，有关行业经人力资源和社会保障部（原劳动部）批准可设置行业指导中心，它们分别负责组织、协调、指导全国、本地区或本行业的职业技能鉴定工作。中心的职责包括：参与职业技能标准的制定，组建职业技能鉴定试题库，组织技能鉴定工作和考评员资格培训，开展职业技能鉴定的研究和咨询服务，推动职业技能竞赛。鉴定中心是事业性机构，在管理上实行中心负责制。

鉴定站的设立，必须完全具备法定考核场地和设备、检查仪器、组织管理人员和考评员、管理办法等条件；应当由申请建立的单位按规定审批权限报有审批权的劳动行政部门审批，并由审批机关发给《职业技能鉴定许可证》和授予统一的鉴定站标牌。鉴定站具体实施对劳动者的职业技能鉴定，在《许可证》所规定的范围内享有独立鉴定权。

鉴定技能等级考评员必须具有高级工或技师、中级专业技术职务以上的资格，鉴定技师资格的考评员必须具有高级技师、高级专业技术职务的资格。考评员由指导中心进行资格考核，由劳动行政部门核发行业资格证书和职业技能鉴定资格胸卡。鉴定站要在取得考评资格的人员中聘任相应工种、等级或类别的考评员，组成专业考评小组，考评员要严格遵守考评工作守则和考场规则。

国务院劳动行政部门综合管理全国职业技能鉴定工作，制定规划、政策和标准；审批有关行业的职业技能鉴定机构。各省级劳动行政部门综合管理本地区职业技能鉴定工作，审批各类职业鉴定的指导中心和鉴定站；制定职业技能鉴定的申报人员条件、鉴定程序、考核办法、考务考评人员工作守则、考评小组组成原则和管理办法、考场规则，以及《技术等级证书》的印鉴和核发办法。各级劳动行政部门有权对职业技能鉴定机构实行监督核查。

三、职业技能鉴定的标准

职业技能鉴定应以《个人技术等级标准》和《国家职业技能标准》等法规为依据，对劳动者的职业技能进行考核和评定。职业技能的标准，是由法定标准制定机构依法制定，用以衡量劳动者技术水平和工作能力，并据以确定其技术等级的统一的尺度。它根据各工种（专业）要求的技术、业务复杂程度、劳动繁简程度和责任大小，规定技术等级的数目以及各个等级的具体要求。

我们着重阐述《工人技术等级标准》的主要内容。工人技术等级标准包括以下三个方面：(1) 理论知识要求具有能胜任本工种、本等级工作所需的知识结构和知识水平。(2) 职业技术操作要求具有能胜任本工种、本等级工作所需要的实际技术业务能力结构和能力水平。(3) 工作实例，根据实际情况设置能体现本工种、本等级能力水平的典型工种或工作项目进行综合考核。

工人技术等级标准是一个独立的标准序列，根据其适用范围不同，可分为通用技术标准和专用技术标准。前者在全国各行业适用，后者仅限于某个行业或某个地区，或者只限于特定企业使用；依据技术标准等级不同，可分为国家职业技术标准、行业职业技术标准和企业技术标准。技术等级的划分一般依据工种的技术复杂程度不同来确定，越复杂则设置层级越多，反之则等级较少。

我国的技术等级划分，在20世纪90年代初逐步实行新的技术等级制度，取代80年代的八级等级制。即技术复杂的工种设初、中、高三个等级，复杂程度较低则设初、中或中、高两级。目前仍然实行八级制的，则将一、二、三归入初级；四、五、六归入中级；七、八级归入高级。在高级技术工人中实行技师、高级技师聘任制。

目前，人力资源和社会保障部负责组织制定、颁布国家职业技能标准，行业技术等级标准则由行业主管部门组织制定，经人力资源和社会保障部核准，两家联合颁布；企业标准和岗位规范由企业自己决定，企业自行公布实施。

技术等级标准的制度应遵循先进、合理原则和国际化原则。先进原则要求以目前企业技术装备和劳动管理水平为基础，同时反映未来一定时期的技术进步、设备更新，技术、工艺变革，产品换代以及管理改革的发展趋势。后一原则要求技术标准的制定，要着眼于世界经济交流日益加强的趋势，使得我国的职业分类、工种划分及技术等级的设定逐步与国际标准衔接。

四、职业资格证书

职业资格，是指具备从事某一职业所必备的知识、技术和能力的基本要求，从而可以从事该职业的资格，包括从业资格和执业资格。① 职业资格证书，是有关部门通过学历认证、资格考试、专家评定、职业技能鉴定等方式作出综合评价，对合格者颁发的具有法律效力的证明文件。它包括《技术等级证书》《技术资格证书》和《高级技术师资格证书》等多种。

职业资格证书管理实行政府指导、劳动行政部门综合管理的体制。在成立人力资源和社会保障部之前，操作技能证书由劳动部负责，专业技能证书由人事部负责；依据证书的层级不同，则分别由国家和省级人力资源行政部门负责管理。

职业资格证书的作用和社会功能，由国家法律所赋予。法律不仅赋予其有客观证明的功能，还赋予它权力证书的性质，是证书所载的技术等级和学历，直接作为使用、待遇晋升的条件或资格。它是劳动者在国内求职、任职、独立开业的有效凭证，也是用人单位录用、聘用人员的主要依据；同时，在双边或多边互认的国家，它也是公民境外就业的有效依据。

---

① 《工人考核条例》(1990年7月12日，劳动部令1号)、《职业技能鉴定规定》(1993年7月9日，劳动部发【1993】34号)、《职业资格证书规定》(1994年2月22日，劳动部发【1994】98号)

第五编 劳动保障与社会保障法

社会保障（social security）一词最早出自美国1935年颁布的《社会保障法》。美国1999年出版的《社会工作词典》将社会保障定义为："一个社会对那些遇到了已经由法律做出定义的困难的公民，如年老、生病、年幼或失业的人提供的收入补助。"《新大不列颠百科全书》对社会保障的定义是："社会保障是对病残、失业、作物失收、丧偶、妊娠、抚养子女或退休的人提供现金待遇。"国际劳工局对社会保障的界定是："社会保障即社会通过一系列的公共措施对其成员提供的保护，以防止他们由于疾病、妊娠、工伤、失业、残疾、老年及死亡而导致的收入中断或大大降低而遭受经济和社会困窘，对社会成员提供的医疗照顾以及对有儿童的家庭提供的补贴。"①

具体说来，社会保障是指国家通过立法形式确立的，以国民收入再分配方式为暂时或永久丧失劳动能力、失去工作机会的社会成员提供物质帮助，保障每个公民的基本生活需要和维持劳动力再生产的一种社会制度。由于各国的国情和历史条件不同，在不同的国家和不同的历史时期，社会保障制度的具体内容不尽一致。但有一点是共同的，那就是为满足社会成员的多层次需要，相应安排多层次的保障项目。根据国际劳工组织采纳的规范化概念，构成社会保障体系的项目包括：社会保险、社会救助、福利补贴、家庭补贴以及储蓄基金等各种补助方案。

早在古代社会，就已出现各种形式的社会救济、救助活动。如一些宗教组织以慈善名义展开各种救助活动。社会保障的起源最早可追溯到欧洲中世纪世俗和宗教的慈善事业。15、16世纪之交，英国由于圈地运动的原因，大量农民被逐出土地，丧失生计，流入城市，危及城市正常生活和社会稳定。1601年，英国政府颁布《伊丽莎白济贫法》，以缓解贫困者的生存危机。但是由国家组织、通过立法实行的以保险为特征的社会保障制度则是以德国俾斯麦政府实行的社会保险立法为开端。19世纪末，随着垄断资本主义的发展，失业人数增加，贫富差距扩大，各种社会矛盾激化。出现了许多与社会福利相关的社会服务运动。为使每个社会成员能够依法得到基本的生活资料，欧洲首先诞生社会保障制度。德国议会在1883－1889年间先后通过了《健康保险计划》《工伤事故保险计划》《退休金保险计划》三项保险立法，开创了社会保障制度的历史。在此后的20余年间，英国、法国、挪威、丹麦、荷兰和瑞典等国也先后建立起了社会保障制度。1935年，美国罗斯福政府颁布《社会保障法》，实行老年保险和失业保险。政府加强了对社保制度的干预，社会保障逐渐走向法制化和社会化的发展途径，大批从事社保工作的社会工作者应运而生。

---

① 孟醒：《统筹城乡社会保障》，经济科学出版社，2005年，第6页。

第二次世界大战后，社会保障制度才日臻完善。1945年，英国在著名的《贝弗里奇报告》的基础上，率先建成了一套“从摇篮到坟墓”的社会保障制度。同年法国颁布了《社会保障法》，奠定了现代社会保障制度的基础。美国战后也多次修改和扩充了1935年的《社会保障法》，逐步扩大了保障范围。瑞典20世纪40—50年代实行了劳动政策和国民意外伤残保险。日本1947年颁布了《失业保险法》，随后又制定了《国民年金法》和《厚生年金法》等。至20世纪50年代末，几乎所有的西方发达国家都基本完成了有关社会保障制度的立法，设立了相应的管理机构，实行了一套完整的以高福利为主要内涵的社会保障体系。为实施社会保障筹措资金的社会保障税已成为这些国家仅次于所得税的第二大税类；而社会保障支出则成为最大的财政支出项目。至于发展中国家的社会保障制度，则大多是在“二战”后建立起来的。

西方各国的社会保障制度虽然在缓解劳资矛盾、维护资本主义生产方式、保持经济和社会稳定等方面发挥了相当大的作用，但也由于失业、通货膨胀、人口老化等因素的长期困扰而面临危机：一是过度保障使社会保障支出日益膨胀，财政不堪重负；二是福利的平均化和救济过度造成受益不公，致使人们的工作欲望减弱，而对政府和社会的依赖心理加重，使效率受损；三是社会保障管理机构膨胀，管理费用增加，造成社会保障资金流失。

为改变这一被动局面，西方各国普遍对社会保障制度进行了调整和改革，使之出现了新的发展趋势。第一，提高社会保障费率，广辟资金来源渠道，增加社会保障收入；第二，降低过高的社会保障标准，减少社会保障支出；第三，减少国家干预，强化市场机制对社会保障的调节作用，使社会保障制度从“国有化”向“私有化”转变，让私有企业在社会保障体系中发挥更重要的作用；第四，鼓励发展商业性保险；第五，将社会保障基金的现收现付制改为现收现付和个人资本积累相结合的混合制，以增强个人的自我保障意识和责任。①

中国从1992年开始也进入社会保障制度的重大改革，其中的重点是社会保险制度的改革。特别是党的十六大以来，中国坚持以人为本、全面协调可持续的科学发展观，更加注重保障和改善民生，在社会保障制度建设方面迈出新步伐。建立了城镇居民基本医疗保险制度、新型农村合作医疗制度；实行城乡医疗救助制度，在新医改中大幅度提高基本医疗保障水平；建立农村最低生活保障制度；继续完善城镇职工基本养老保险制度，大力推进基金省级统筹和养老保险跨地区转移接续工作；养老保险基金规模不断扩大，并有效实现保值增值；连续8年增加企业退休人员养老金；在全国范围内解决了关闭破产国有企业退休人员参加医保、工伤待遇、集体企业退休人员参加养老保险等一批历史遗留问题。从2009年起，中国仅用3年时间基本实现了社会养老保险制度全覆盖，比原来预期的10年左右时间大大提前。这填补了农村居民和城镇非就业居民养老保险长期以来的制度空白，人人享有养老保险成为现实。基本实现社会养老保险制度全覆盖，这是中国社会保障事业发展的重要里程碑。②

在制度构建上，中国的社会保障制度主要体现在相关诸多社会保险制度的立法上，

① http://www.hzins.com/study/studytag/word-2561-189-8-12.html

② 温家宝：在全国新型农村和城镇居民社会养老保险工作总结表彰大会上的讲话。

主要有：《国务院关于企业职工养老保险制度改革的决定》（国务院 1991 年）、《企业职工生育保险试行办法》（1994 年）、《工伤保险条例》（国务院 2003 年）、《失业保险条例》（国务院 1999 年），2010 年 12 月，国务院对《工伤保险条例》进行了重大修改，新条例从 2011 年 1 月 1 日起施行；2011 年 10 月 28 日，全国人大常委会制定了《社会保险法》，该法自 2011 年 7 月 1 日起施行。目前，现行社会保障制度还不能完全适应市场经济体制的要求，社会保障基金筹措困难、人口老龄化加剧、经济调整中的失业问题等等对整个社会保障体系都产生重大影响。

第十六章 社会保险制度

第一节 社会保险制度概述

一、社会保险制度总述

社会保障由社会保险、社会救济、社会福利、优抚安置等组成。其中，社会保险是社会保障的核心内容。社会保险是国家通过立法建立的一种社会保障制度，目的是使劳动者因年老、失业、患病、工伤、生育而减少或丧失劳动收入时，能从社会获得经济补偿和物质帮助，保障基本生活。社会保险制度具有强制性、社会性和福利性几个特点。全球的社会保障模式，大致可分为国家福利、国家保险、社会共济和积累储蓄四种，分别以英国、俄罗斯、德国、新加坡为代表。目前我国在建的社会保障制度，属于社会共济模式，即由国家、单位（企业）、个人三方共同为社会保障计划融资，而且这是未来相当长一段时期的改革趋势。个人责任的强化已经成为全球社会保障制度改革的共识。按照我国劳动法的规定，社会保险项目分为养老保险、失业保险、医疗保险、工伤保险和生育保险。社会保险的保障对象是全体劳动者，资金主要来源是用人单位和劳动者个人的缴费，政府给予资助。依法享受社会保险是劳动者的基本权利。

二、社会保险与社会救济

社会救济，是指国家和社会对生活在贫困线以下的低收入者或者遭受灾害的生活困难者提供无偿物质帮助的一种社会保障制度。

从历史发展看，社会救济先于社会保险。早在 1536 年，法国就通过立法要求在教区进行贫民登记，以维持贫民的基本生活需求。1601 年，英国制定了济贫法，规定对贫民进行救济。中国古代的“义仓”也是一种救济制度。

上述这些都是初级形式的社会救济制度。维持最低水平的基本生活是社会救济制度的基本特征。社会救济经费的主要来源是政府财政支出和社会捐赠。

三、社会保险中的“五险一金”

“五险一金”是指五种保险，包括养老保险、医疗保险、失业保险、工伤保险和生育保险；“一金”指的是住房公积金。“五险一金”的征缴范围包括：国家机关、国有企业、城镇集体企业、外商投资企业、城镇私营企业和其他城镇企业及其职工，实行企业化管理的事业单位及其职工，民办非企业单位及其职工等。养老保险、医疗保险和失业保险、住房公积金是由企业和个人按一定的比例共同承担；工伤保险和生育保险完全是由企业承担的，个人不需缴纳。生育保险是不能转移的。同时不能转移的保险还包括失业保险及工伤保险。但是养老保险可以跨省转移，医疗保险可以转划，住房公积金可以一次性转移账户全部余额。

因各地的经济发展状况不同，全国各地“五险一金”的缴纳比例有所不同，目前四川省缴纳比例如下：

养老保险缴费比例：单位20%，个人8%；医疗保险缴费比例：单位7.5%，个人2%；失业保险缴费比例：单位2%，个人1%。工伤保险费：根据用人单位从事生产经营安全风险程度，用人单位缴纳费用在工资总额0.6%－2%之间确定，职工本人不缴纳。生育保险费：用人单位按职工工资总额0.6%缴纳，职工本人不缴纳。非城镇户籍从业人员综合社会保险费：用人单位按职工工资总额14.5%缴纳；职工按本人工资总额5.5%缴纳，由用人单位在职工工资收入中代扣代缴。住房公积金的缴纳比例：单位与职工个人应同比例缴存，缴存比例不得低于5%，财政拨款单位、国有企业和国有控股企业缴存比例不得高于12%，其他单位缴存比例超过12%的部分，应按国家税收政策规定纳税，个体工商户、自由职业者其单位应缴存部分和个人应缴存部分均由个人承担，缴存比例不得低于10%；缴存比例超过24%的部分按国家税收政策规定纳税。

上述缴纳比例，各地市、州会有一定的差异。

四、可否减免“五险一金”

对于“五险一金”，缴费单位和个人应当以货币形式按时足额缴纳，个人应缴纳部分，由所在单位从本人工资中代扣。“五险一金”按规定不得减免，对于住房公积金缴存有困难的单位，经本单位职工代表大会或者工会讨论通过，经管理中心审核并报管委会批准后可以缓缴。单位经济效益好转后应立即补缴。

职工在试用期内，单位和职工也应按照有关规定缴纳“五险一金”。另外，企业给员工缴纳社会保险是一个法定的义务，不取决于当事人的意思或自愿与否，即使员工表示不需要交保险也不行。

缴费单位未按规定缴纳和代扣代缴社会保险费的，除责令限期缴纳外，可能按日加收千分之二的滞纳金，甚至强制征缴。缴费单位未按照规定办理社会保险登记、变更登记或者注销登记，情节严重的，直接负责的主管人员和其他直接责任人员可能被处1000元以上5000元以下的罚款；情节特别严重的，直接负责的主管人员和其他直接责任人员可能被处5000元以上10000元以下的罚款。按照有关规定，企业不交生育保险费的，应补缴所欠金额及利息，并按日加收2‰的滞纳金。单位不办理住房公积金缴纳手续的，可能被处1万元以上5万元以下的罚款。

第二节　社会保险法原理

一、社会保险制度的历史沿革

社会保险是指国家通过立法强制建立社会保险基金，对参加劳动关系的劳动者在丧失劳动能力或失业时给予必要的特质帮助的制度。社会保险不以营利为目的。

世界第一部社会保险法是德国 1883 年制定的《疾病保险法》。我国，1951 年 2 月政务院公布了《劳动保护条例》，标志着新中国的社会保险体系的建立，其保障对象是企业职工，保险项目包括疾病、负伤、生育、医疗、退休、死亡和待业等。国家机关工作人员的退休办法遵循的是 1952 年 12 月公布的《国家机关工作人员退休处理暂行办法》。从 20 世纪 50 年代初到 1966 年期间，社会保障制度有基金、有管理、有监督，基金的收集、管理和监督是分立的，在人口老龄结构轻且经济发展较快的情况下，这一制度运行良好。1966 年后，社会保险制度转变成企业保险制度。从保险理论的角度看，这一改变是一种退步，因为它违背了保险大数法则的前提。

1984 年，中国的社会保障制度进入到改革阶段。中国社会保险制度改革首先是从项目开始的，当以企业为单位的公费医疗制度日益成为企业的负担时，20 世纪 90 年代初，开始了对医疗保险制度改革的尝试。中国从 1992 年开始也进入社会保障制度的重大改革，其中的重点是社会保险制度的改革。经过 20 年的努力，中国建立起了以城镇职工为保障对象的社会保险制度体系。主要项目有社会统筹与个人账户制度相结合的养老社会保险（以下简称统账制度）、社会统筹与个人账户制度相结合的医疗社会保险、失业保险、工伤保险、生育保险。

二、社会保险的基本属性

社会保险制度是国家通过立法强制实行兼有补偿性质和物质帮助性质的法律制度。社会保险的对象范围是法定的，一般为从事职业劳动的劳动者，不包括其他社会成员，内容范围限于劳动风险中的各险种，不包括此外的财产、经济等风险，社会保险待遇支付的依据是基于客观原因导致的暂时或永久丧失劳动能力或失去工作岗位，不包括主观因素所致的此类损害。

社会保险的基本属性有：保障性，这是实施社会保险的根本目的，就是保障劳动者在其失去劳动能力之后的基本生活，从而维护社会稳定。法定性，是国家立法，强制实施。保险待遇的享受者及其所在单位，双方都必须按照规定参加并依法缴纳社会保险基金，不能自愿。稳定性，是实现社会保险的组织保证，目的在于保障劳动者因暂时或永久丧失劳动能力以及失业时获得生活保障，安定社会秩序。互济性，是指社会保险按照社会共担风险原则进行组织的。社会保险费由国家、企业、个人三方负担，建立社会保险基金。社会保险机构要用互助互济的办法统一调剂基金，支付保险金和提供服务，实行收入再分配，使参加社会保险的劳动者生活得到保障。福利性，社会保险不以盈利为目的的，它以最少的花费，解决最大的社会保障问题，属于社会福利性质。普遍性，社会保险实施范围广，一般在所有职工及其供老的直系亲属中实行。

缴纳社会保险费，单位必须缴费而且占大头，个人只是缴小额部分，部分项目不缴费，同时还建立了个人账户，个人缴费额是全部记入个人账户的，单位缴费还要划出一部分入个人账户。而社会保险待遇每年还随社会平均工资进行调整，如社会平均工资负增长，社会保险待遇则不变，即只升高不降低。

三、社会保险与商业保险的主要区别

商业保险是指通过订立保险合同运营，以营利为目的的保险形式，由专门的保险企业经营；商业保险关系是由当事人自愿缔结的合同关系，投保人根据合同约定，向保险公司支付保险费，保险公司根据合同约定的可能发生的事故因其发生所造成的财产损失承担赔偿保险金责任，或者当被保险人死亡、伤残、疾病或达到约定的年龄、期限时承担给付保险金责任。①

社会保险与商业人身保险在属性、保障对象、受益对象、费用负担、实施原则、保险关系确立的依据、保障水平、经营方式等都存在重大差异，具体而言：

实施目的不同。社会保险是为社会成员提供基本保障，不以营利为目的；商业保险则是保险公司的商业化运作，以利润为目的。

实施方式不同。社会保险是根据国家立法强制实施；商业保险是遵循“契约自由”原则，由企业和个人自愿投保。

实施主体和对象不同。社会保险由国家成立的专门性机构进行基金的筹集、管理及发放，其对象是法定范围内的社会成员；商业保险是保险公司来经营管理的，被保险人可以是符合承保条件的任何人。

保障水平不同。社会保险为被保险人提供的保障是最基本的，其水平高于社会贫困线，低于社会平均工资的50%，保障程度较低；商业保险提供的保障水平完全取决于保险双方当事人的约定和投保人所缴保费的多少，只要符合投保条件并有一定的缴费能力，被保险人可以获得高水平的保障。

四、社会保险结构

现阶段，我国采取国家基本保险、用人单位补充保险和劳动者个人储蓄保险相结合的多层次社会保险结构。

国家基本保险即由国家通过立法强制实施，根据支付费用实际需要与用人单位和劳动者的承担能力，按照以支定收、略有结余，留有部分积累的原则筹集基金，费用由国家、用人单位和职工三者合理分担，并实行社会统筹的社会保险制度。

用人单位补充保险即在国家法定基本社会保险的基础上，根据用人单位自己的经济实力，为提高社会保险的水平，自主地为劳动者建立起来的，旨在使本单位劳动者在已有基本生活保障的基础上，进一步获得物质帮助的一种补充保险制度。

养老保险 又称“年金保险”，是指劳动者因年老退出劳动岗位后，从国家和社会获得物质帮助的一种社会保险制度。

五、社会保险待遇的计算依据

社会保险待遇的计算依据主要包括工资、工龄、保险费、特殊贡献和经济社会政策等。

（1）工资。工资是确定社会保险待遇的重要依据。据以计算社会保险待遇数额的工

---

① 李民、刘连生：《保险原理与实务》，中国人民大学出版社，2013年。

资主要有三种，即职工个人月工资（据以确定保险待遇数额的工资）、本单位月平均工资（计算各种保险待遇数额的基础）和社会月平均工资（主要用来作为计算某项社会保险待遇如丧葬费、抚恤金等的基数），可根据不同的情形进行确定。

(2) 工龄。工龄在严格意义上是指劳动者从事法定社会职业以获取工资收入作为生活主要来源的年限。工龄在法律上有一般工龄、连续工龄、缴费工龄等，以工龄作为据以计算保险待遇的一种因素，是对劳动者的资历和过去的劳动的确认。不同的情况下，连续工龄的计算是不同的。

(3) 保险费。缴纳保险费是同享受保险待遇相对应的义务，交费数额和年限与保险待遇水平成正比。

(4) 特殊贡献。为了鼓励职工多做贡献和给予有特殊贡献的职工以一定的补偿，国家把职工的个人特殊贡献作为职工享受社会保险的一种重要依据。

(5) 经济社会政策。社会保险作为一种国民收入再分配的一种形式，受到国家经济、社会政策的巨大影响，社会保险待遇的计算符合经济社会政策的需要。

第三节 养老保险

一、养老保险的概念

养老保险（Endowment Insurance），也称年金保险，是国家依据相关法律法规规定，为解决劳动者在达到国家规定的解除劳动义务的劳动年龄界限或因年老丧失劳动能力而退出劳动岗位后建立的一种保障其基本生活的社会保险制度。目的是以社会保险为手段来保障老年人的基本生活需求，为其提供稳定可靠的生活来源。

养老保险是在法定范围内的老年人“完全”或“基本”退出社会劳动生活后才自动发生作用的。所谓完全，是以劳动者与生产资料的脱离为特征；所谓基本，指的是参加生产活动已不成为主要社会生活内容。其中法定的年龄界限才是切实可行的衡量标准。

二、养老保险的享受条件

职工按月领取养老金必须是达到法定退休年龄，并且已经办理退休手续。中国的企业职工法定退休年龄为：男职工 60 岁；从事管理和科研工作的女干部 55 岁，女职工 50 岁。

所在单位和个人依法参加了养老保险并履行了养老保险的缴费义务。基本养老金由基础养老金和个人账户养老金组成，单位缴费费率确定为 20%，个人缴费费率确定为 8%。个体工商户及其雇工，灵活就业人员及以个人形式参保的其他各类人员，根据缴费年限实行的是差别费率。参加基本养老保险的个人劳动者，缴费基数在规定范围内可高可低，多交多受益。

个人缴费至少满 15 年。

达到上述条件的，基础养老金月标准为省（自治区、直辖市）或市（地）上年度职工月平均工资的 20%。个人账户养老金由个人账户基金支付，月发放标准根据本人账户储存额除以 120。个人账户基金用完后，由社会统筹基金支付。

三、养老保险层次

我国的养老保险由四个层次（或部分）组成。第一层次是基本养老保险，第二层次是企业补充养老保险，第三层次是个人储蓄性养老保险，第四层次是商业养老保险。在这种多层次养老保险体系中，基本养老保险可称为第一层次，也是最高层次。

1. 基本养老保险

基本养老保险（亦称国家基本养老保险），它是国家和社会根据一定的法律和法规，为解决劳动者在达到国家的解除劳动义务的劳动年龄界限，或因年老丧失劳动能力退出劳动岗位后的基本生活而建立的一种社会保险制度。基本养老保险以保障离退休人员的基本生活为原则。它具有强制性、互济性和社会性。它的强制性体现在由国家立法并强制实行，企业和个人都必须参加而不得违背；互济性体现在养老保险费用来源，一般由国家、企业和个人三方共同负担，统一使用、支付，使企业职工得到生活保障并实现广泛的社会互济；社会性体现在养老保险影响很大，享受人多且时间较长，费用支出庞大。

2. 企业补充养老保险

它是由国家宏观调控、企业内部决策执行的企业补充养老保险，又称企业年金，它是指由企业根据自身经济承受能力，在参加基本养老保险基础上，企业为提高职工的养老保险待遇水平而自愿为本企业职工所建立的一种辅助性的养老保险。企业补充养老保险是一种企业行为，效益好的企业可以多投保，效益差的、亏损企业可以不投保。实行企业年金，可以使年老退出劳动岗位的职工在领取基本养老金水平上再提高一步，有利于稳定职工队伍，发展企业生产。

3. 个人储蓄性养老保险

职工个人储蓄性养老保险是我国多层次养老保险体系的一个组成部分，是由职工自愿参加、自愿选择经办机构的一种补充保险形式。实行职工个人储蓄性养老保险的目的，在于扩大养老保险经费来源，多渠道筹集养老保险基金，减轻国家和企业的负担；有利于消除长期形成的保险费用完全由国家“包下来”的观念，增强职工的自我保障意识和参与社会保险的主动性；同时也能够促进对社会保险工作实行广泛的群众监督。

4. 商业养老保险

这是以获得养老金为主要目的的长期人身险，它是年金保险的一种特殊形式，又称为退休金养老保险，是社会养老保险的补充。商业性养老保险的被保险人，在交纳了一定的保险费以后，就可以从一定的年龄开始领取养老金。这样，尽管被保险人在退休之后收入下降，但由于有养老金的帮助，他仍然能保持退休前的生活水平。商业养老保险，如无特殊条款规定，则投保人缴纳保险费的时间间隔相等、保险费的金额相等、整个缴费期间内的利率不变且计息频率与付款频率相等。

四、延迟退休与养老保险

党的十八届三中全会决定提出，要“研究制定渐进式延迟退休年龄政策”。“研究制定渐进式延迟退休年龄政策”，是党中央从我国经济社会发展全局性、长期性、战略性角度出发，做出的一项重要决策。

第一，我国劳动力将逐步进入供给总量减少。我国总的就业形势依然是劳动力供大于求，但2012年首次出现劳动力资源总量绝对下降的现象，比上年减少345万人，劳动年龄人口占总人口比重下降0.6个百分点。这是一个重要的信号，预示着未来我国劳动力将逐步进入供给总量减少时期。经济发展是需要一定数量的人力资源供给做支撑的，因此我们必须改变过去滥用青壮年劳动力的粗放方式，更充分发挥人力资源的效能。加强技能培训、适当延迟退休年龄等都是增加扩大劳动力供给量、保证经济可持续发展的必要举措。

第二，我国人口老龄化高峰加速到来。从全国劳动力资源与老年人口的比值看，2007年为6.85∶1，5年后急剧降到4.83∶1。城镇企业职工基本养老保险制度目前的抚养比（缴费者与领取待遇者之间的比例）为3.03∶1。据预测，2030年前后，养老保险抚养比将提高到2∶1以下。

第三，延迟退休是养老金增收措施之一。保证养老保险基金收支总体平衡、制度可持续发展，需要采取多种增收减支措施，如扩大覆盖面、增加财政投入、多渠道筹资、提高结余资金收益率等。但适当延迟退休年龄、减缓抚养比迅速提高的趋势，也是重要举措之一。

第四，许多专业技术岗位早退休是巨大浪费。随着我国教育事业的发展，劳动者受教育年限不断延长并形成起始工作年龄普遍推后的格局，如果退休年龄仍维持较低水平，将限制中老年人力资源特别是女性人力资源充分利用，并影响人才强国战略的实施。从目前实际情况看，许多专业技术岗位（医生、教师、科研人员等），五六十岁正是经验丰富、技艺纯熟的阶段，而且这种高端人力资源的替代弹性较低。如果早早退休，是人力资源的巨大浪费。

第五，世界多个国家也提高退休年龄。目前世界上170个国家和地区中，正常退休年龄，男性集中在60岁和65岁，女性集中在60岁。1989年至2009年的20年间，有65个国家提高了退休年龄；男性平均退休年龄由60.01岁提升至61.01岁；女性由57.87岁提升至59.38岁。凡是已进入人口老龄化的国家，都已实施或准备实施延迟退休年龄政策；虽然也有不同意见，但看来已成普遍趋势。

五、“渐进式”延迟退休年龄的步骤

首先，要提前若干年预告。不能今年宣布明年就实施，而要让公众特别是相关群体有必要的准备期。

其次，要分步走。比如先从退休年龄最低的群体开始，从人力资源替代弹性系数低的群体开始，逐步扩展到各类群体。

再次，要迈小步。比如每年只延迟几个月，小步徐趋，用较长的一段时间完成平滑过渡。

最后，延退同时，严控提前退休。要多措并举，在延迟退休的同时，严格控制提前退休，进一步强化养老保险长缴多得的激励机制，调整产业结构、开发更多适合中老年人又不与青年人争夺工作机会的岗位，加强中老年人技能培训，并研究支持中老年人就业的扶持政策等等，以最大限度降低对相关群体的不利影响。

对于延迟退休，应该先搞清楚是什么人赞成延迟，又是哪些人反对，“在劳动一线

的人没有想延迟退休的，想延迟退休的都不在体力劳动一线上”。理性的分析，退休制度的改革，要本着人性化路子开展，根据不同的地缘、人员、工种、生计等加以区别待之，不仅有逐步延期者，而且有缩短年限者；一概而论、不讲实际、以偏概全，都不是正确的选择。

六、社会保险“双轨制”的终结

我国机关事业单位与城镇企业职工的养老保险金制度在设计与运行上差异颇大，企业职工养老保险制度是统账结合模式下的多支柱养老保险体系，而机关事业单位的是改革相对落后的现收现付制模式，出现了目前的“双轨制”现象。20 世纪 90 年代，城镇企业职工养老保险初步建立了社会统筹和个人账户相结合的部分积累制，即当代人养老费用由两部分组成：一部分是社会统筹即代际转移支付，另一部分由当代人工资的一定百分比部分储蓄支付。而机关事业单位的养老保险制度仍保持着现收现付制模式，即用年轻在职一代人的收入来支付当代退休人员的养老费用（代际转移）。由于制度的不统一，双轨制也造成了在城镇企事业与机关事业单位两部分人员在参保义务及待遇水平上不平衡，引发了社会矛盾。更有专家表示，社会保险的双轨制是社会不安定的主要因素。①

国务院第 40 次常务会议通过的《事业单位人事管理条例》自 2014 年 7 月 1 日起施行，其中，第 35 条规定：“事业单位及其工作人员依法参加社会保险，工作人员依法享受社会保险待遇。”事业单位工作人员也将参加社保的规定，是剔除特权、维护社会公平的表现。但是事业单位人员加入社保的期限、地方的公共财政是否能够支撑这样的改革、改革的适用标准、人员身份的转换等等诸多问题，必将是下一步改革必须解决的问题。

第四节　医疗保险

一、医疗保险概述

医疗保险，是指保障劳动者及其供养亲属非因工负伤后在医疗上获得物质帮助的一种社会保险制度。传统意义上就是指由特定的组织或机构经办，通过带强制执行的政策法规或自愿缔结的契约，在一定区域的一定参保人群中筹集医疗保险基金。

医疗保险起源于西欧，可追溯到中世纪。随着资产阶级革命的成功，家庭作坊被大工业所取代，出现了近代产业队伍。由于工作环境的恶劣，流行疾病、工伤事故的发生使工人要求相应的医疗照顾。可是他们的工资较低，个人难以支付医疗费用。于是许多地方的工人便自发地组织起来，筹集一部分资金，用于生病时的开支。但这种形式并不是很稳定，而且是小范围的，抵御风险的能力很低。18 世纪末 19 世纪初，民间保险在西欧发展起来，并成为国家筹集医疗经费的重要途径。

医疗保险具有社会保险的强制性、互济性、社会性等基本特征。因此，医疗保险制

---

① http：//www. baike. com/wiki/养老保险

度通常由国家立法，强制实施，建立基金制度，费用由用人单位和个人共同缴纳，医疗保险金由医疗保险机构支付，以解决劳动者因患病或受伤害带来的医疗风险。

我国目前关于医疗保险的立法相对比较薄弱，主要体现在相关规章中，如《关于建立城镇职工基本医疗保险制度的决定》《关于城镇职工基本医疗保险诊疗项目管理的意见》《城镇职工基本医疗保险用药范围管理暂行办法》等。

二、城镇职工基本医疗保险制度的框架

按照《国务院关于建立城镇职工基本医疗保险制度的决定》（国发［1998］44号）的要求，城镇职工基本医疗保险制度框架包括六个部分：

一是建立合理负担的共同缴费机制。

基本医疗保险费由用人单位和个人共同缴纳，体现国家社会保险的强制特征和权利与义务的统一。医疗保险费由单位和个人共同缴纳，不仅可以扩大医疗保险资金的来源，更重要的是明确了单位和职工的责任，增强个人自我保障意识。这次改革中国家规定了用人单位缴费率和个人缴费率的控制标准：用人单位缴费率控制在职工工资总额的6%左右，具体比例由各地确定，职工缴费率一般为本人工资收入的2%。

二是建立统筹基金与个人账户。

基本医疗保险基金由社会统筹使用的统筹基金和个人专项使用的个人帐户基金组成。个人缴费全部划入个人账户，单位缴费按30%左右划入个人账户，其余部分建立统筹基金。个人账户专项用于本人医疗费用支出，可以结转使用和继承，个人账户的本金和利息归个人所有。

三是建立统帐分开、范围明确的支付机制。

统筹基金和个人账户确定各自的支付范围，统筹基金主要支付大额和住院医疗费用，个人账户主要支付小额和门诊医疗费用。统筹基金要按照“以收定支、收支平衡”的原则，根据各地的实际情况和基金的承受能力，确定起付标准和最高支付限额。

四是建立有效制约的医疗服务管理机制。

基本医疗保险支付范围仅限于规定的基本医疗保险药品目录、诊疗项目和医疗服务设施标准内的医疗费用；对提供基本医疗保险服务的医疗机构和药店实行定点管理；社会保险经办机构与基本医疗保险服务机构（定点医疗机构和定点零售药店）要按协议规定的结算办法进行费用结算。

五是建立统一的社会化管理体制。

基本医疗保险实行一定统筹层次的社会经办，原则上以地级以上行政区（包括地、市、州、盟）为统筹单位，也可以县为统筹单位，由统筹地区的社会保险经办机构负责基金的统一征缴、使用和管理，保证基金的足额征缴、合理使用和及时支付。

六是建立完善有效的监管机制。

基本医疗保险基金实行财政专户管理；社会保险经办机构要建立健全规章制度；统筹地区要设立基本医疗保险社会监督组织，加强社会监督。要进一步建立健全基金的预决算制度、财务会计制度和社会保险经办机构内部审计制度。

三、医疗保险统筹基金与个人账户

按照国家规定，用人单位缴纳的基本医疗保险费分为建立统筹基金和划入个人账户两部分，划入个人账户的比例一般为用人单位缴费的30%左右。基本医疗保险统筹基金有起付标准和最高支付限额。起付标准原则上控制在当地职工平均工资的10%左右。最高支付限额原则上控制在当地职工平均年工资的4倍左右。国有企业下岗职工的基本医疗保险费，包括单位缴费和个人缴费，均由再就业服务中心缴纳，缴纳基数为当地上年度职工平均工资的60%。

个人缴纳基本医疗保险费的程序：首先，各统筹地区要确定一个适合当地职工负担水平的个人基本医疗保险缴费率，一般为工资收入的2%。其次，由个人以本人工资收入为基数，按规定的当地个人缴费率缴纳基本医疗保险费。个人缴费基数应按国家统计局规定的工资收入统计口径为基数，即以全部工资性收入，包括各类奖金、劳动收入和实物收入等所有工资性收入为基数，乘以规定的个人缴费率，即为本人应缴纳的基本医疗保险费。第三，个人缴费一般不需个人到社会保险经办机构去缴纳，而是由单位从工资中代扣代缴。职工个人医疗保险账户的本金和利息均归职工个人所有，可以结转使用和继承。因此，参加基本医疗保险的职工死亡后，其个人医疗账户仍有余额的，可作为遗产，由其亲属按《继承法》规定实施继承。同时，其个人医疗账户台账、《职工医疗社会保险手册》由医疗社会保险机构收回注销。

个人账户的注入资金来自于个人缴费和单位缴费两部分：个人缴费全部记入个人账户，单位缴费的一部分记入个人账户。单位缴费一般按30%左右划入个人账户。但由于每个年龄段职工的医疗消费支出水平存在很大差别，因此在统筹地区确定单位缴费记入每个职工划入账户比例时，要考虑年龄因素，确定不同年龄档次的不同划入比例。确定单位缴费划入个人账户的具体比例，由统筹地区根据个人账户的支付范围和职工年龄等因素确定。

统筹基金的注入资金主要来自单位缴费部分。单位缴费用于划入个人账户后剩余的部分即为统筹基金的资金。

四、医疗保险待遇

参保职工医疗保险待遇包括三方面内容：医疗期待遇，医疗期的长度一般为3～24个月，难以治愈的疾病，最多可以延长6个月；疾病津贴，停止工作满1个月以上的，停发工资，由单位发放不低于当地最低工资标准80%的疾病津贴；医疗待遇，包括项目：规定范围内的药品费用，规定的检查费用和治疗费用，规定的住院费用。

参保职工就医，享受基本医疗保险待遇：

首先，参保人员要在基本医疗保险定点医疗机构就医、购药，也可按处方到定点零售药店处购药品。在非定点医疗机构就医和非定点药店购药发生医疗费用，除符合急诊、转诊等规定条件外，基本医疗保险基金不予支付。

其次，所发生医疗费用必须符合基本医疗保险药品目录、诊疗项目、医疗服务设施标准的范围和给付标准，才能由基本医疗保险基金按规定予以支付。超出部分，基本医疗保险基金将按规定不予支付。

第三，对符合基本医疗保险基金支付范围的医疗费用，要区分是属于统筹基金支付范围还是属于个人账户支付范围。属于统筹基金支付范围的医疗费用，超过起付标准以上的由统筹基金按比例支付，最高支付到“封顶线”为止。个人也要负担部分医疗费用，“封顶额”以上费用则全部由个人支付或通过参加补充医疗保险、商业医疗保险等途径解决。起付标准以下医疗费用由个人账户解决或由个人自付，个人账户有结余的，也可以支付统筹基金支付范围内应由个人支付的部分医疗费用。

五、医疗保险制度改革

从 1998 年中国政府确定了在城镇建立基本医疗保险制度以来，经过近年的改革与推进，中国社会医疗保险制度在全国各地城镇（地区）已经基本建立起来。近年来，医疗保险制度改革主要体现在：（1）普遍实行医疗费用与个人挂钩的办法，劳动者就医适当负担部分医疗费用；（2）离退休人员医疗费用逐步实行社会统筹；（3）劳动者大病医疗费用实行社会统筹；（4）改革公费医疗经费管理办法；（5）改革公费医疗经费管理体制，等等。

1998 年，国务院确定了在城镇建立基本医疗保险制度，即向城镇居民提供法律规定的基本医疗服务项目的保险制度，其费用主要由企业（单位）和个人共同负担，这就是所谓的“低水平、广覆盖、双方负担、统账结合”的四原则。经过近年的改革与推进，中国社会医疗保险制度在全国各城镇（地区）虽然已经基本建立起来，但是暴露出来的问题和矛盾却越来越突出，集中体现在以下三个方面：（1）个人健康需求无限性（表达）与医疗卫生资源的有限性。（2）穷人利用不足与富人过度利用的矛盾。（3）医疗价格（成本）高与制度“广覆盖”目标的矛盾。① 今后的医疗保险制度不光自身需要改革与完善，还必须在坚持公平与效率并举的前提下重塑基本医疗服务体系的基础上，强化制度设计与政府责任机制改革。

第五节 失业保险

一、失业保险概述

失业保险，是劳动者在失业期间，由国家和社会给予一定物质帮助，以保障其基本生活并促进其再就业的一种社会保险制度。失业保险我国过去称为待业保险，是指国家通过立法强制实行的，由社会集中建立基金，对因失业而暂时中断生活来源的劳动者提供物质帮助进而保障失业人员失业期间的基本生活，促进其再就业的制度。

造成失业的原因是多方面的，具体到不同国家或一个国家的不同时期，其主导因素并不完全相同。国际上一般将失业原因分为如下几类：摩擦性失业，由于求职的劳动者与需要提供的岗位之间存在着时间上的差异而导致的失业，如新生劳动力找不到工作，工人想转换工作岗位时出现的工作中断等；季节性失业，由于某些行业生产条件或产品受气候条件、社会风俗或购买习惯的影响，使生产对劳动力的需求出现季节性变化而导

---

① http://china.findlaw.cn/info/baozhangfa/ylbx/ybzd/93466.html#p1“中国基本医疗保险制度改革”

致的失业；技术性失业，由于使用新机器设备和材料，采用新的生产工艺和新的生产管理方式，出现社会局部劳动力过剩而导致的失业；结构性失业，由于经济、产业结构变化以及生产形式、规模的变化，促使劳动力结构进行相应调整而导致的失业；周期性失业，市场经济国家由于经济的周期性萎缩而导致的失业。

失业保险是社会保险制度中的重要组成部分。失业保险除了具有社会保险的一般特征外，还具有以下特点：一是普遍性。它主要是为了保障有工资收入的劳动者失业后的基本生活而建立的，其覆盖范围包括劳动力队伍中的大部分成员。因此，在确定适用范围时，参保单位应不分部门和行业，不分所有制性质，其职工应不分用工形式，不分家居城镇、农村，解除或终止劳动关系后，只要本人符合条件，都有享受失业保险待遇的权利。分析我国失业保险适用范围的变化情况，呈逐步扩大的趋势，从国有企业的四种人到国有企业的七类九种人和企业化管理的事业单位职工，再到《失业保险条例》规定的城镇所有企业事业单位及其职工，充分体现了普遍性原则。二是强制性。它是通过国家制定法律、法规来强制实施的。按照规定，在失业保险制度覆盖范围内的单位及其职工必须参加失业保险并履行缴费义务。根据有关规定，不履行缴费义务的单位和个人都应当承担相应的法律责任。三是互济性。失业保险基金的主要来源于社会筹集，由单位、个人和国家三方共同负担，缴费比例、缴费方式相对稳定，筹集的失业保险费，不分来源渠道，不分缴费单位的性质，全部并入失业保险基金，在统筹地区内统一调度使用以发挥互济功能。

二、失业保险基金资金构成与支出

根据《失业保险条例》（国务院令第 258 号）第 5 条规定，我国失业保险基金由下列各项构成：

（1）城镇企业事业单位、城镇企业事业单位职工缴纳的失业保险费。《失业保险条例》对失业保险费缴纳的规定，城镇企业事业单位应按照本单位工资总额的 2%缴纳失业保险费。单位职工按照本人工资的 1%缴纳失业保险费。城镇企业事业单位招用的农民合同制工人本人不缴纳失业保险费。

（2）失业保险基金的利息。征缴的失业保险费按规定存入银行或购买国债，取得的利息收入并入基金，这是保证基金不贬值的重要措施。

（3）财政补贴。发展失业保险事业是国家的一项重要职责，一方面政府要组织好失业保险费的征缴和管理工作，另一方面在失业保险费不能满足需要时，也有责任通过财政补贴的形式保证基金支出的需要。

（4）依法纳入失业保险基金的其他资金。其他资金是指按规定加收的滞纳金及应当纳入失业保险基金的其他资金。罚款不在此列。

根据我国《失业保险条例》第 10 条规定，我国失业保险基金主要支出项目为：

（1）失业保险金。失业保险金是指失业保险机构按规定支付给符合条件的失业人员的基本生活费用，它是最主要的失业保险待遇。

（2）领取失业保险金期间的医疗补助金。

（3）领取失业保险金期间死亡的失业人员的丧葬补助金和其供养的配偶、直系亲属的抚恤金。

(4) 领取失业保险金期间接受职业培训、职业介绍的补贴。

(5) 国务院规定或者批准的与失业保险有关的其他费用。

三、失业保险待遇的享受条件与待遇

我国《失业保险条例》第14条规定，失业人员领取失业保险金的条件为：

(1) 按照规定参加失业保险，所在单位和本人已按照规定履行缴费义务满1年的。这是最主要的条件。按照规定参加失业保险，是指失业人员原来已经参加工作，并非新生劳动力。所在单位和本人已按照规定履行缴费义务1年。

(2) 非因本人意愿中断就业的。失业有自愿与非自愿之分。享受失业保险待遇必须是非自愿失业的职工。

(3) 已办理失业登记，并有求职要求的。

待遇内容主要涉及以下几个方面：

(1) 按月领取的失业保险金，即失业保险经办机构按照规定支付给符合条件的失业人员的基本生活费用。《失业保险条例》规定，失业人员失业前所在单位和本人按照规定累计缴费时间满1年不足5年的，领取失业保险金的期限最长为12个月。失业人员失业前所在单位和本人按照规定累计缴费时间满5年不足10年的，领取失业保险金的期限最长为18个月。失业人员失业前所在单位和本人按照规定累计缴费10年以上的，领取失业保险金的期限最长为24个月。重新就业后再次失业的，缴费时间合并计算。

(2) 领取失业保险金期间的医疗补助金，即支付给失业人员领取失业保险金期间发生的医疗费用的补助。

(3) 失业人员在领取失业保险金期间死亡的丧葬补助金和供养其配偶直系亲属的抚恤金。

(4) 为失业人员在领取失业保险金期间开展职业培训、介绍的机构或接受职业培训、介绍的本人给予补偿，帮助其再就业。

四、停止享受失业保险待遇的情形

在领取失业保险金期间，出现下列情形应终止失业保险待遇：

(1) 重新就业。失业人员在领取失业保险金期间，重新就业并已办理了就业手续的。

(2) 应征服兵役的。

(3) 移居境外的。

(4) 享受基本养老保险待遇的。失业人员在领取失业保险金期间达到法定退休年龄时，由其档案代管机构，为其申请办理退休手续，未委托档案代理的，由失业保险经办机构为其申报，按规定享受基本养老保险待遇。

(5) 被判刑收监执行或者劳动教养的。

(6) 无正当理由两次不接受当地人民政府指定的部门或者机构介绍的工作的。

(7) 有法律、行政法规规定的其他情形。

第六节 工伤保险

一、工伤保险概述

工伤保险，又称职业伤害保险或职业伤害赔偿保险，是指职工因工而致伤、病、残、死亡，依法获得经济赔偿和物质帮助的一种社会保险制度。中华人民共和国境内的企业、事业单位、社会团体、民办非企业单位、基金会、律师事务所、会计师事务所等组织和有雇工的个体工商户（以下称用人单位）应当依照本条例规定参加工伤保险，为本单位全部职工或者雇工（以下称职工）缴纳工伤保险费。

大体来说，工伤保险具有以下特点：工伤保险对象的范围是在生产劳动过程中的劳动者；工伤保险的责任具有赔偿性；工伤保险实行无过错责任原则。无论工伤事故的责任归于用人单位还是职工个人或第三人，用人单位均应承担保险责任；工伤保险不同于养老保险等险种，劳动者不缴纳保险费，全部费用由用人单位负担。即工伤保险的投保人为用人单位；工伤保险待遇相对优厚，标准较高，但因工伤事故的不同而有所差别。

工伤保险制度产生以来，其作用表现在以下几个方面：（1）保证受伤和患职业病的劳动者得到及时医治；（2）补偿损失，维持生活；（3）减轻企业负担，稳定保险待遇支持；（4）预防职业危害，减少职业伤害和疾病。

二、工伤保险费率

工伤保险基金的统筹奉行一个普遍原则，即个人不缴纳原则。工伤保险费主要由用人单位承担。各国确定工伤保险费率的方式主要有三种：

（1）统一费率制，即按工伤统筹范围内的预测开支需求，与相同范围内企业的工资总额相比较，求出一个总的工伤保险费率，所有的企业均按这一比例缴。

（2）差别费率制，即对单个用人单位或行业单独确定工伤保险费的缴纳比例，主要根据各行各业或企业单位一定时期内的伤亡事故与职业病统计，以及工伤费用的预测而确定。

（3）浮动费率制，这是在差别费率的基础上，每年对各行业或各企业的安全卫生状况和工伤保险费用支出状况进行分析评估，根据评估结果，由主管部门决定该行业或企业工伤保险费率的上浮或下浮。

世界上多数国家采用差别费率制和浮动费率制。根据中国《工伤保险条例》的有关规定，工伤保险费根据以支定收、收支平衡的原则征收。也就是说，按照工伤保险基金的实际支出数额来确定征收额度，做到收支平衡。国家根据行业的工伤风险程度确定行业的差别费率，并根据工伤保险费使用、工伤发生率等情况在每个行业内确定若干费率档次。

三、工伤认定

工伤，是指职工在劳动过程中因执行职务（业务）而受到的急性伤害。一般来说，认定工伤应该结合多个标准综合判定，主要包括：时间标准、空间标准、职业（业务）

标准、主观过错标准、法定特殊标准等等。

法律规定，下列情形应当认定为工伤：在工作时间和工作场所内，因工作原因受到事故伤害的；工作时间前后在工作场所内，从事与工作有关的预备性或者收尾性工作受到事故伤害的；在工作时间和工作场所内，因履行工作职责受到暴力等意外伤害的；患职业病的；因工外出期间，由于工作原因受到伤害或者发生事故下落不明的；在上下班途中，受到非本人主要责任的交通事故或者城市轨道交通、客运轮渡、火车事故伤害的；法律、行政法规规定应当认定为工伤的其他情形。下列情形视为工伤：在工作时间和工作岗位，突发疾病死亡或者在48小时之内经抢救无效死亡的。在抢险救灾等维护国家利益、公共利益活动中受到伤害的。职工原在军队服役，因战、因公负伤致残，已取得革命伤残军人证，到用人单位后旧伤复发的。

《工伤保险条例》第16条规定，职工符合本条例第十四条、第十五条的规定，但是有下列情形之一的，不得认定为工伤或者视同工伤：(1) 因为犯罪或者违反治安管理伤亡的；(2) 醉酒或者吸毒的；(3) 自残或者自杀的。

四、工伤程度及待遇

工伤致残程度共分十级，其中一至四级为生活完全不能自理（全部丧失劳动能力）；五至六级为生活大部分不能自理（大部分丧失劳动能力）；七至十级为生活部分不能自理（部分丧失劳动能力）。另外还有因工死亡，是指因工伤事故和职业中毒直接导致死亡、工伤或职业医疗期间死亡、工伤旧伤复发或职业病旧病复发死亡，以及因公致残（一级至四级）享受伤残抚恤期间死亡。

1. 工伤医疗期间待遇

工伤医疗期，是指职工因工负伤或患职业病而停工治疗并领取工伤津贴的期限。按照轻伤和重伤的不同情况一般为12个月，严重工伤和职业病需要延长，最长不超过12个月。医疗期由指定治疗工伤医疗机构提出意见，经劳动行政鉴定委员会进行确认。职工治疗工伤应当在签订服务协议的医疗机构就医，情况紧急时可以先到就近的医疗机构急救。治疗工伤所需费用符合工伤保险诊疗项目目录、工伤保险药品目录、工伤保险住院服务标准的，从工伤保险基金支付。职工住院治疗工伤的，由所在单位按照本单位因公出差伙食补助标准的70%发给住院伙食补助费；经医疗机构出具证明，报经办机构同意，工伤职工到统筹地区以外就医的，所需交通、食宿费用由所在单位按照本单位职工因公出差标准报销。工伤职工治疗非工伤引发的疾病，不享受工伤医疗待遇，按照基本医疗保险办法处理。工伤职工到签订服务协议的医疗机构进行康复性治疗的费用，符合规定的，从工伤保险基金支付。

职工因工伤需要暂停工作接受工伤医疗的，在停工留薪期内，原工资福利待遇不变，由所在单位按月支付。停工留薪期一般不超过12个月。伤情严重或者情况特殊，经设区的市级劳动能力鉴定委员会确认，可以适当延长，但延长不得超过12个月。工伤职工评定伤残等级后，停发原待遇，按照本章的有关规定享受伤残待遇。工伤职工在停工留薪期满后仍需治疗的，继续享受工伤医疗待遇。生活不能自理的工伤职工在停工留薪期需要护理的，由所在单位负责。

2. 工伤致残待遇

工伤职工已经评定伤残等级并经劳动能力鉴定委员会确认需要生活护理的，从工伤保险基金按月支付生活护理费。生活护理费按照生活完全不能自理、生活大部分不能自理或者生活部分不能自理3个不同等级支付，其标准分别为统筹地区上年度职工月平均工资的50%、40%或者30%。

被鉴定为一级至四级伤残的，保留劳动关系，退出工作岗位。从工伤保险基金按伤残等级支付一次性伤残补助金，标准为：一级伤残为24个月的本人工资，二级伤残为22个月的本人工资，三级伤残为20个月的本人工资，四级伤残为18个月的本人工资；从工伤保险基金按月支付伤残津贴，标准为：一级伤残为本人工资的90%，二级伤残为本人工资的85%，三级伤残为本人工资的80%，四级伤残为本人工资的75%。伤残津贴实际金额低于当地最低工资标准的，由工伤保险基金补足差额；工伤职工达到退休年龄并办理退休手续后，停发伤残津贴，享受基本养老保险待遇。基本养老保险待遇低于伤残津贴的，由工伤保险基金补足差额。职工因工致残被鉴定为一级至四级伤残的，由用人单位和职工个人以伤残津贴为基数，缴纳基本医疗保险费。

被鉴定为五级、六级伤残的，享受以下待遇：从工伤保险基金按伤残等级支付一次性伤残补助金，标准为：五级伤残为16个月的本人工资，六级伤残为14个月的本人工资；保留与用人单位的劳动关系，由用人单位安排适当工作。难以安排工作的，由用人单位按月发给伤残津贴，标准为：五级伤残为本人工资的70%，六级伤残为本人工资的60%，并由用人单位按照规定为其缴纳应缴纳的各项社会保险费。伤残津贴实际金额低于当地最低工资标准的，由用人单位补足差额。经工伤职工本人提出，该职工可以与用人单位解除或者终止劳动关系，由用人单位支付一次性工伤医疗补助金和伤残就业补助金。具体标准由省、自治区、直辖市人民政府规定。

被鉴定为七级至十级伤残的，享受以下待遇：从工伤保险基金按伤残等级支付一次性伤残补助金，标准为：七级伤残为12个月的本人工资，八级伤残为10个月的本人工资，九级伤残为8个月的本人工资，十级伤残为6个月的本人工资；劳动合同期满终止劳动关系，或者职工本人提出解除劳动合同的，由用人单位支付一次性工伤医疗补助金和伤残就业补助金。具体标准由省、自治区、直辖市人民政府规定。

3. 因工死亡待遇

其直系亲属按照下列规定从工伤保险基金领取丧葬补助金、供养亲属抚恤金和一次性工亡补助金：丧葬补助金为6个月的统筹地区上年度职工月平均工资；供养亲属抚恤金按照职工本人工资的一定比例发给由因工死亡职工生前提供主要生活来源、无劳动能力的亲属。标准为：配偶每月40%，其他亲属每人每月30%，孤寡老人或者孤儿每人每月在上述标准的基础上增加10%。核定的各供养亲属的抚恤金之和不应高于因工死亡职工生前的工资。供养亲属的具体范围由国务院劳动保障行政部门规定；一次性工亡补助金标准为48个月至60个月的统筹地区上年度职工月平均工资。具体标准由统筹地区的人民政府根据当地经济、社会发展状况规定，报省、自治区、直辖市人民政府备案。伤残职工在停工留薪期内因工伤导致死亡的，其直系亲属享受本条第一款规定的待遇。一级至四级伤残职工在停工留薪期满后死亡的，其直系亲属可以享受本条第一款第（一）项、第（二）项规定的待遇。

4. 关于工伤保险待遇的给付

以下情形停止享受工伤保险待遇：丧失享受待遇条件的；拒不接受劳动能力鉴定的；拒绝治疗的；被判刑正在收监执行的。

第七节 生育保险

一、生育保险概述

生育保险是国家通过立法，在怀孕和分娩的妇女劳动者暂时中断劳动时，由国家和社会提供医疗服务、生育津贴和产假的一种社会保险制度，国家或社会对生育的职工给予必要的经济补偿和医疗保健的社会保险制度。生育保险提供的生活保障和物质帮助通常由现金补助和实物供给两部分组成。我国生育保险待遇主要包括两项：一是生育津贴，二是生育医疗待遇。其宗旨在于通过向职业妇女提供生育津贴、医疗服务和产假，帮助他们恢复劳动能力，重返工作岗位。

实行生育保险制度有利于保障生育女职工和婴儿的身体健康，促进优生优育，有助于妇女解放，实行男女平等，同时也是对妇女生育价值的认可。

我国生育保险的现状是实行两种制度并存：第一种是由女职工所在单位负担生育女职工的产假工资和生育医疗费。根据国务院《女职工劳动保护规定》以及劳动部《关于女职工生育待遇若干问题的通知》，女职工怀孕期间的检查费、接生费、手术费、住院费和药费由所在单位负担。产假期间工资照发。第二种是生育社会保险。根据劳动部《企业职工生育保险试行办法》规定，参加生育保险社会统筹的用人单位，应向当地社会保险经办机构缴纳生育保险费；生育保险费的缴费比例由当地人民政府根据计划内生育女职工的生育津贴、生育医疗费支出情况等确定，最高不得超过工资总额的1%，职工个人不缴费。参保单位女职工生育或流产后，其生育津贴和生育医疗费由生育保险基金支付。生育津贴按照本企业上年度职工月平均工资计发；生育医疗费包括女职工生育或流产的检查费、接生费、手术费、住院费和药费（超出规定的医疗服务费和药费由职工个人负担）以及女职工生育出院后，因生育引起疾病的医疗费。[①]

二、生育保险特点

（1）享受生育保险的对象主要是女职工，因而待遇享受人群相对比较窄。随着社会进步和经济发展，有些地区允许在女职工生育后，给予配偶一定假期以照顾妻子，并发给假期工资；还有些地区为男职工的配偶提供经济补助。

（2）待遇享受条件各国不一致。有些国家要求享受者有参保记录、工作年限、本国公民身份等方面的要求。我国生育保险要求享受对象必须是合法婚姻者，即必须符合法定结婚年龄、按婚姻法规定办理了合法手续，并符合国家计划生育政策等。

（3）无论女职工妊娠结果如何，均可以按照规定得到补偿。也就是说无论胎儿存活

---

① 参见百度百科生育保险条目，http：//baike．baidu．com/view/101839．htm？fr=aladdin，2014年11月14日访问。

与否，产妇均可享受有关待遇，并包括流产、引产以及胎儿和产妇发生意外等情况，都能享受生育保险待遇。

(4) 生育期间的医疗服务主要以保健、咨询、检查为主，与医疗保险提供的医疗服务以治疗为主有所不同。生育期间的医疗服务侧重于指导孕妇处理好工作与修养、保健与锻炼的关系，使她们能够顺利地度过生育期。产前检查以及分娩时的接生和助产，则是通过医疗手段帮助产妇顺利生产。分娩属于自然现象，正常情况下不需要特殊治疗。

(5) 产假有固定要求。产假要根据生育期安排，分产前和产后。产前假期不能提前或推迟使用。产假也必须在生育期间享受，不能积攒到其他时间享用。各国规定的产假期限不同。我国规定的正常产假为 90 天，其中产前假期为 15 天，产后假期为 75 天。

(6) 生育保险待遇有一定的福利色彩。生育期间的经济补偿高于养老、医疗等保险。生育保险提供的生育津贴，一般为生育女职工的原工资水平，也高于其他保险项目。另外，在我国，职工个人不缴纳生育保险费，而是由参保单位按照其工资总额的一定比例缴纳。

三、生育保险基金与享受条件

生育保险基金主要作用是为生育而暂时离开工作岗位的女职工支付医疗费用和生育津贴。生育保险基金的来源是由参加统筹的单位缴纳，职工个人不缴纳生育保险费。生育保险基金实行社会统筹，按照“以支定收、收支平衡”的原则筹集资金。生育保险和国家计划生育政策相关联，因此，预见性强，风险不大。生育保险基金以收支基本平衡为目标，一般不留有大量结余。基金管理机构在基金测算过程中，以当地职工计划生育指标数、工资标准、生育医疗费用支付情况等为参考依据，估算生育保险基金的筹资比例，统筹规划该地区的生育保险基金运作流程。生育保险基金由各地社会保险经办机构负责管理，同级财政、审计以及社会保险监督机构负责监督。生育保险基金的来源是由参加统筹的单位按照工资总额的一定比例（不超过 1%）缴纳，凡是与用人单位建立了劳动关系的职工，包括男职工①，都应当参加生育保险。

职工享受生育保险待遇，应当同时具备下列条件：(1) 用人单位为职工累计缴费满 1 年以上，并且继续为其缴费；(2) 符合国家和省人口与计划生育规定。

四、生育保险待遇

1. 生育医疗费

女职工生育的检查费、接生费、手术费、住院费和药费由生育保险基金支付。超出规定的医疗业务费和药费（含自费药品和营养药品的药费）由职工个人负担。女职工生育出院后，因生育引起疾病的医疗费，由生育保险基金支付；其他疾病的医疗费，按照医疗保险待遇的规定办理。女职工产假期满后，因病需要休息治疗的，按照有关病假待遇和医疗保险待遇规定办理。确认生育就医身份后就医的医疗费用，由市劳动和社会保障局同医院定额结算（超过 1 万元以上的部分按核定数结算）。

---

① 职工未就业配偶按照国家规定享受生育医疗费用待遇。领取《独生子女优待证》的男配偶享受 10 天假期，以孩子出生当月本单位人平缴费工资计发。男配偶假期工资 = 当月单位人平缴费工资 ÷ 30（天）× 10（天）。

2. 生育津贴

女职工依法享受产假期间的生育津贴，生育津贴为女职工产假期间的工资，生育津贴低于本人工资标准的，差额部分由企业补足。生育津贴按照女职工本人生育当月的缴费基数除以 30 再乘以产假天数计算。参加生育保险累计满一年的职工，在生育（流产）时仍在参保的，按有关规定享受生育保险待遇。生育保险待遇生育津贴发放标准，以职工所在用人单位上年度职工月平均工资为基数按规定假期计发。

3. 产假

① 正常产假 90 天（包括产前检查 15 天）；② 独生子女假增加 35 天；③ 晚育假增加 15 天；④ 难产假。剖腹产、Ⅲ度会阴破裂增加 30 天；吸引产、钳产、臀位产增加 15 天；⑤ 多胞胎生育假，每多生育一个婴儿增加 15 天；⑥ 流产假：怀孕不满 2 个月 15 天；怀孕不满 4 个月 30 天；满 4 个月以上（含 4 个月）至 7 个月以下 42 天；7 个月以上遇死胎、死产和早产不成活 75 天。

第十七章　职工福利制度

第一节　职工福利的概念和立法

一、职工福利概述

职工福利制度是指企业职工在职期间应在卫生保健、房租价格补贴、生活困难补助、集体福利设施，以及不列入工资发放范围的各项物价补贴等方面享受的待遇和权益，这是根据国家规定，为满足企业职工的共同需要和特殊需要而建立的制度。职工福利是企业在工资、社会保险之外，根据国家有关规定，所采取的补贴措施和建立的各种服务设施，对职工提供直接的和间接的物质帮助，以补充、满足其基本的、经常的或特殊的生活需要。职工福利的资金来源，主要是从企业提留的职工福利费和住房补助基金。

福利本质上是职工全部报酬的一部分，这一制度有利于协助吸引员工；协助保持员工；提高企业在员工和其他企业心目中的形象；提高员工对职务的满意度。与员工的收入不同，福利一般不需纳税。由于这一原因，相对于等量的现金支付，福利在某种意义上来说，对员工就具有更大的价值。具体来说，职工福利制度的作用表现在：(1) 职工福利为职工提供了生活方便，减轻了职工的生活负担，能使职工更好地投入生产和工作，有利于提高劳动生产率。(2) 职工福利可以为职工解决自己难以解决的困难。(3) 职工福利可以活跃职工的文化娱乐生活，提高劳动生产率。(4) 职工福利可以增强单位集体的凝聚力。(5) 吸引、激励员工。良好的福利会使员工产生由衷的工作满意感，进而激发员工自觉为组织目标而奋斗的动力。(6) 提高企业经济效益。良好的福利一方面可以使员工得到更多的实惠，另一方面用在员工身上的投资会产生更多的回报。

区别于奖金，福利适用所有的员工，而奖金则只适用于高绩效员工。当前的趋势是福利的整个报酬体系中的比重越来越大。对于其进行规范化尤显必要，对此我国职工福利立法的任务主要包括：确定职工福利的地位、水平，优化职工福利的结构，设计职工福利的举办方式等。

二、职工工资与福利的关系

职工福利是职工除了工资和社会保险之外所享受到的物质利益。在社会主义国家，一般指企业、事业单位和国家机关为职工举办的集体福利事业和建立的某些补助和补贴制度。它的具体内容、方式和水平，决定于社会主义不同时期的生产水平与职工的消费水平，以及单位经营成果的大小。

从本质上讲，工资与福利费是一致的，并无本质上的差异。福利费是传统计划经济的产物，是我国旧的分配体制的一部分，其本质是小范围的社会再分配。在计划经济时期，分配趋向平均化，但由于各地各人情况差异较大，这种平均化分配实际上是无法实现的，因此需要一种分配制度予以调整，这就形成了现在的福利制度。在目前市场经济的情况下，已经没有必要再区分工资与福利费。

三、职工福利的分类

福利的内容很多，各个企业也为员工提供不同形式的福利，一般把各种福利分为以下几类：补充性工资福利、保险福利、退休福利、员工服务福利。另外，最常见的分类还有：

1. 广义福利与狭义福利

广义的福利泛指在支付工资、奖金之外的所有待遇，包括社会保险在内。狭义的福利是指企业根据劳动者的劳动在工资、奖金，以及社会保险之外的其他待遇。

2. 法定福利与补充福利

法定福利亦称基本福利，是指按照国家法律法规和政策规定必须发生的福利项目，其特点是只要企业建立并存在，就有义务、有责任且必须按照国家统一规定的福利项目和支付标准支付，不受企业所有制性质、经济效益和支付能力的影响。法定福利包括：① 社会保险。包括生育保险、养老保险、医疗保险、工伤保险、失业保险以及疾病、伤残、遗属三种津贴。② 法定节假日。按照 1999 年国务院令 270 号颁布的《全国年节及纪念日放假办法》，全年法定节假日为 10 天。③ 特殊情况下的工资支付。是指除属于社会保险，如病假工资或疾病救济费（疾病津贴）、产假工资（生育津贴）之外的特殊情况下的工资支付。如婚丧假工资、探亲假工资。④工资性津贴，包括上下班交通费补贴、洗理费、书报费等。⑤ 工资总额外补贴项目：A. 计划生育独生子女补贴；B. 冬季取暖补贴。

补充福利是指在国家法定的基本福利之外，由企业自定的福利项目。企业补充福利项目的多少、标准的高低，在很大程度上要受到企业经济效益和支付能力的影响以及企业出于自身某种目的的考虑。补充福利的项目五花八门，可以见到的有：交通补贴、房租补助、免费住房、工作午餐、女工卫生费、通讯补助、互助会、职工生活困难补助、财产保险、人寿保险、法律顾问、心理咨询、贷款担保、内部优惠商品、搬家补助、子女医疗费补助等。

3. 集体福利与个人福利

集体福利主要是指全部职工可以享受的公共福利设施。如职工集体生活设施，包括职工食堂、托儿所、幼儿园等；集体文化体育设施，包括图书馆、阅览室、健身室、浴池、体育场（馆）；医疗设施，如医院、医疗室等。

个人福利是指在个人具备国家及所在企业规定的条件时可以享受的福利。如探亲假、冬季取暖补贴、子女医疗补助、生活困难补助、房租补贴等。

4. 经济性福利与非经济性福利

(1) 经济性福利

A. 住房性福利：以成本价向员工出售住房，房租补贴等。

B. 交通性福利：为员工免费购买公共汽车月票或地铁月票，用班车接送员工上下班。

C. 饮食性福利：免费供应午餐、慰问性的水果等。

D. 教育培训性福利：员工的脱产进修、短期培训等。

E. 医疗保健性福利：免费为员工进行例行体检，或者打预防针等。

F. 有薪节假：节日、假日以及事假、探亲假、带薪休假等。

G. 文化旅游性福利：为员工过生日而举办的活动，集体的旅游，体育设施的购置。

H. 金融性福利：为员工购买住房提供的低息贷款。

I. 其他生活性福利：直接提供的工作服。

J. 企业补充保险与商业保险：

补充保险包括补充养老保险、补充医疗保险等。

商业保险包括：

A. 安全与健康保险：包括人寿保险、意外死亡与肢体残伤保险、医疗保险、病假职业病疗养、特殊工作津贴等；

B. 养老保险金计划；

C. 家庭财产保险等。

(2) 非经济性福利

企业提供的非经济性福利，基本的目的在于全面改善员工的“工作生活质量”。这类福利形式包括：

A. 咨询性服务：比如免费提供法律咨询和员工心理健康咨询等。

B. 保护性服务：平等就业权利保护（反性别、年龄歧视等）、隐私权保护等。

C. 工作环境保护：比如实行弹性工作时间，缩短工作时间，员工参与民主化管理等。

第二节 职工福利机构和基金

一、职工福利机构和基金

现行职工福利制度更多的体现为单位的社会责任与道德义务，设立、发放、举办、水平等主动权都在单位。职工福利机构也就表现为非法定的必设机构，其组成人员包括：企业主管部门代表、福利事业工作人员、单位行政代表。

职工福利基金是指按照结余的一定比例提取以及按照其他规定提取转入，用于单位职工的集体福利设施、集体福利待遇等的资金。职工福利基金的来源包括：一是按结余的一定比例提取的职工福利基金；二是按人员定额从事业支出或经营支出中列支提取的工作人员福利费都在专用基金中核算。但两者有差别：职工福利基金主要用于集体福利的开支，如用于集体福利设施的支出，对后勤服务部门的补助，对单位食堂的补助，以及单位职工公费医疗支出超支部分按规定由单位负担的费用，按照国家规定可以由职工福利基金开支的其他支出。按规定标准提取的福利费主要用于职工个人方面的开支，用于单位职工基本福利支出，如职工生活困难补助等。在有些具体支出项目上，福利基金和福利费也可以合并使用。

而职工福利基金的提取比例，目前是按照财政部 1999 年颁发的《关于职工福利基金提取比例的通知》中规定的，按职工工资总额的 4%提取，在成本中列支。按国家规定，企业从税后利润中提取的公益金也主要用于职工的集体福利。

二、职工福利经费来源

中国职工福利事业的经费来源主要有以下几方面：

（1）国家提供给各单位的基本建设费用中，与职工基本生活有关的必要的非生产性建设投资费用。

（2）国家为解决职工生活福利问题专门建立的一项基金，即企业的职工福利基金、国家机关和事业单位的职工福利费。企业的职工福利基金，按照国家规定的比例从企业利润中提取。国家机关和事业单位的职工福利费，有的按职工人数提取，有的是按工资总额的一定比例提取。

（3）机关的行政经费、企业的管理费和事业单位的事业费中的一部分。

（4）工会经费的一部分。

（5）福利设施本身的收入，如电影、溜冰和某些文艺演出、体育竞赛活动所得的收入。

三、职工福利费的支出

1. 职工福利费的开支范围

（1）职工医药费。

（2）职工的生活困难补助。这是指对生活困难的职工实际支付的定期补助和临时性补助。包括因公或非因工负伤、残废需要的生活补助。

（3）职工及其供养直系亲属的死亡待遇。

（4）集体福利的补贴。包括职工浴室、理发室、洗衣房，哺乳室、托儿所等集体福利设施支出与收入相抵后的差额的补助，以及未设托儿所的托儿费补助和发给职工的修理费等。

（5）其他福利待遇。主要是指上下班交通补贴、计划生育补助、住院伙食费等方面的福利费开支。

2. 不属于职工福利费的开支

（1）退休职工的费用。

（2）被辞退职工的补偿金。

（3）职工劳动保护费。

（4）职工在病假、生育假、探亲假期间领取的补助。

（5）职工的学习费。

(6) 职工的伙食补助费（包括职工在企业的午餐补助和出差期间的伙食补助）。

(7) 医疗和工伤等保险费用。目前社会保险各地规定不统一，请查询各地有关文件。

四、职工福利费支出的税务问题

针对职工福利费支出是否免缴企业所得税的问题，纳税服务司介绍，根据我国企业所得税法实施条例，企业发生的职工福利费支出，不超过工资、薪金总额14%的部分，准予税前扣除。我国对企业职工福利费的范围也作了相关规定，包括：

尚未实行分离办社会职能的企业，其内设福利部门所发生的设备、设施和人员费用。

为职工卫生保健、生活、住房、交通等所发放的各项补贴和非货币性福利，包括企业向职工发放的因公外地就医费用、未实行医疗统筹企业职工医疗费用、职工供养直系亲属医疗补贴、供暖费补贴、职工防暑降温费、职工困难补贴、救济费、职工食堂经费补贴、职工交通补贴等。

按照其他规定发生的其他职工福利费，包括丧葬补助费、抚恤费、安家费、探亲假路费等。

第三节 职工福利的内容

福利的内容很多，现行职工福利的内容大体可以分为4个部分：

(1) 为减轻职工生活负担和保证职工基本生活而建立的各种补贴制度。如职工生活困难补贴、冬季职工宿舍取暖补贴、独生子女费、托儿费、探亲假路费、婚丧嫁待遇、职工丧葬补助费、供养直系亲属抚恤费、职工病伤假期间救济费、职工住房补贴等。

(2) 为职工生活提供方便而建立的集体福利设施。如职工食堂、托儿所、理发室、浴室等。

(3) 为活跃职工文化生活而建立的各种文化、体育设施。如图书馆、阅览室、体育活动场所等。

(4) 兴建职工宿舍等。

2009年11月12日财政部发布《关于企业加强职工福利费财务管理的通知》，对职工福利做了具体规定：

职工基本医疗保险费、补充医疗和补充养老保险费，已经按工资总额的一定比例缴纳或提取，直接列入成本费用，不再列作职工福利费管理。

其他属于福利费开支范围的传统项目，继续保留作为职工福利费管理。比如，企业向职工发放的因公外地就医费用、暂未实行医疗统筹企业职工医疗费用、职工供养直系亲属医疗补贴、自办职工食堂经费补贴、丧葬补助费、抚恤费、职工异地安家费、独生子女费、探亲假路费、职工困难补助、福利部门人工费用等。离退休人员统筹外费用、职工疗养费用、防暑降温费、企业尚未分离的内设福利部门设备设施的折旧及维修保养费用、符合国家有关财务规定的供暖费补贴，调整纳入职工福利费范围。企业为职工提供的交通、住房、通讯待遇，过去未明确纳入职工福利费范围，《通知》印发后，已经实行货币化改革的，作为“各种津贴和补贴”，明确纳入职工工资总额管理，如按月按标准发放或支付的住房补贴、交通补贴或者车改补贴、通讯补贴；尚未实行货币化改革的，相关支出则调整纳入职工福利费管理。

对于企业给职工发放的节日补助、未统一供餐而按月发放的午餐费补贴，明确纳入工资总额管理。对企业负责人福利，通知规定，已实行年薪制等薪酬制度改革的企业，应当将符合国家规定的各项福利性货币补贴纳入薪酬体系统筹管理，发放或支付的福利性货币补贴从其个人应发薪酬中列支。国家出资的电信、电力、交通、热力、供水、燃气等企业，将本企业产品和服务作为职工福利的，应当按商业化原则实行公平交易，不得直接供职工及其亲属免费或者低价使用。

2014 年 7 月 3 日，中华全国总工会出台的《关于加强基层工会经费收支管理的通知》提到，“由工会组织的职工集体福利等方面的支出。主要用于工会组织逢年过节向全体会员发放少量的节日慰问品，会员个人和家庭发生困难情况的补助，以及会员本人过生日的慰问等”。但对于购买购物卡、代金券等、请客送礼等活动，总工会予以明令禁止。

虽然目前尚未见到相关法律法规对职工的“福利”一词做出清晰界定，但财政部、国税局等部门下发的相关文件，对职工应享受到的福利做出了直接或间接的描述。中国现今的问题不在于是否全面取消职工福利的问题，而是在于必须进一步厘清企业职工福利费与工资及其他成本费用的边界；同时采取有效措施解决部分企业职工福利费发放或支付不合理，缩小社会收入分配差距。

第十八章　其他社会保障制度

第一节　最低生活保障制度

一、最低生活保障

最低生活保障是指国家对家庭人均收入低于当地政府公告的最低生活标准的人口给予一定现金资助，以保证该家庭成员基本生活所需的社会保障制度。最低生活保障线也即贫困线，是对达到贫困线的人口给予相应补助以保证其基本生活的做法。最低生活保障是保证居民家庭基本生活的生活费用补贴，为贫困人口提供的一种救济方式，具有临时性，即原先享受最低生活保障的人口或家庭，如果收入有所增加，超过了规定的救济标准，则不再享受最低生活保障救济。

1993年上海市在全国率先建立最低生活保障制度，至1996年在全国范围内铺开。1999年9月，《城市居民生活最低保障条例》经国务院审定并于同年10月1日在全国施行，意味着城市居民最低生活保障制度在全国范围内全面推行，也是我国社会救助工作发展的一个重要标志。①

城市居民最低生活保障标准是指国家为保障城市居民达到最低生活水平而制定的一种社会救济标准。标准确定的合理与否，事关制度能否顺利实施。标准定得太高，一则加重国家和地方的财政负担，二则助长了人们的依赖思想，产生负面效应；标准定得太低，不能保障贫困居民的基本生活，有悖此举的初衷。

农村居民最低生活保障是对农村家庭人均纯收入低于当地最低生活保障标准的家庭，按当地最低生活保障标准给予救助的制度，是在农村特困群众定期定量生活救济制度的基础上逐步发展和完善的一项社会救助制度。我国农村最低生活保障制度的建立是从沿海发达地区起步逐步向中西部地区开展的。低保资金主要由地方财政负担，其中县级财政也负担一部分。进一步加强农村居民最低生活保障主要体现在：首先，加大补助。从当前情况看，一个地区财政能力的强弱，决定着这个地区农村低保覆盖范围的大小、补助水平的高低。要巩固完善农村最低生活保障制度，必须加大中央财政和省级财政的补助力度；其次，应保尽保。农村最低生活保障制度是针对农村生活困难群众建立的，其出发点就是要把所有由于各种原因而不能保障基本生活的农村居民全都覆盖，使

---

① 人民网 http：//baike. baidu. com/redirect/6e221DBtJLbB8lk7mWTBjI4Q6lTRLiZGcVyv144Xdw9y4faRC%2F%2FEYCrlJC1t7h8dwBkeRkc%2FZIVuBHGHJnRRVmWnRVVCUOlJxCaBJqbyuf94Io6ULlBa]

他们能够得到维持基本生活所需的费用。最后，提高水平。随着各地经济发展水平的不断提高和财政实力的不断增强，必须不断提高当地农村最低生活的保障标准和补助水平，以便使更多的农村生活困难群众享受低保。这既是贯彻落实科学发展观、构建社会主义和谐社会的必然要求，也是做到发展为了人民、发展依靠人民、发展成果由人民共享的有效举措。特别是一些经济较发达地区，更应该根据当地经济发展水平和财政承受能力，确定较高的合适的农村最低生活保障标准，以确保当地生活较困难的农民群众能够较多地享受到经济社会发展成果。①

我国在最低生活保障方面虽然取得了令人瞩目的成就。但是，我国应逐步弥合这一制度在城乡之间、地区之间存在的差距。

二、申请对象

根据劳动和社会保障部、民政部、财政部发布的《关于做好国有企业下岗职工基本生活保障和城市居民最低生活保障制度衔接工作通知》（劳社部发〔1999〕13 号）的规定，下岗职工、失业人员、企业离退休人员和在职职工，在领取基本生活费、失业保险金、养老金、职工工资期间，家庭人均收入低于当地最低生活保障标准的，可以申请城市居民最低生活保障金。各地劳动保障部门要定期将本地国有企业下岗职工基本生活费、失业保险金、离退休人员养老金发放情况通报同级民政部门。民政部门要将本地职工家庭享受城市居民最低生活保障情况，以及因未按时足额领取工资（最低工资）、基本生活费、失业保险金或养老金而造成家庭人均收入低于当地城市居民最低生活保障标准的情况，及时反馈给劳动和社会保障部以及财政部。

下列三类人员可以申请城市居民最低生活保障金：

（1）无生活来源、无劳动能力、无法定赡养人或抚养人的居民；

（2）领取失业救济金期间或失业救济期满仍未能重新就业，家庭人均收入低于最低生活保障标准的居民；

（3）在职人员和下岗人员在领取工资或最低工资、基本生活费后以及退休人员领取退休金后，其家庭人均收入仍低于最低生活保障标准的居民。

三、确定因素

最低生活保障标准的确定应考虑以下因素：该地区社会人均生活水平；维持最低生活水平所必需的费用；经济发展水平和财政状况；该时段的物价指数。

最低生活保障标准的确定与发布：

（1）最低生活保障标准，按照当地维持居民、村民基本生活所必需的费用确定。

（2）设区的市的最低生活保障标准，由市人民政府民政部门会同财政、统计物价等部门拟定，报本级人民政府批准并公布执行；县（市）最低生活保障标准由县（市）人民政府民政部门会同财政、统计，物价等部门拟定，报本级人民政府批准并报上一级人

---

① 立综合的最低生活保障制度. 中国社会科学院社会学研究所 http：//baike. baidu. com/redirect/347eiADiEz% 2Fy78twTilIFQUf2JvN48q5mgo3CKSWFgFuqD8fyDB6AOSk3tJqf301k8RVgOGlngS% 2FC87%2BDnzKbbqEBMs3SZqvCxX%2FBrzAIrEA1AtLzAL9Yambp3bucw9kF4A61Q

民政府备案后公布执行。

当地人民政府可以根据城乡差别，分别确定、执行不同的最低生活保障标准。当地人民政府应当根据经济、社会的发展，对最低生活保障标准适时调整。

第二节 残疾人劳动保障

一、残疾人就业权保障

残疾人是指在心理、生理、人体结构上，某种组织、功能丧失或者不正常，全部或者部分丧失以正常方式从事某种活动能力的人。残疾人包括视力残疾、听力残疾、言语残疾、肢体残疾、智力残疾、精神残疾、多重残疾和其他残疾的人。

国家保障残疾人劳动的权利。各级人民政府应当对残疾人劳动就业统筹规划，为残疾人创造劳动就业条件。残疾人劳动就业，实行集中与分散相结合的方针，采取优惠政策和扶持保护措施，通过多渠道、多层次、多种形式，使残疾人劳动就业逐步普及、稳定、合理。政府和社会举办残疾人福利企业、盲人按摩机构和其他福利性单位，集中安排残疾人就业。国家实行按比例安排残疾人就业制度。国家机关、社会团体、企业事业单位、民办非企业单位应当按照规定的比例安排残疾人就业，并为其选择适当的工种和岗位。达不到规定比例的，按照国家有关规定履行保障残疾人就业义务。国家鼓励用人单位超过规定比例安排残疾人就业。残疾人就业的具体办法由国务院规定。

国家鼓励和扶持残疾人自主择业、自主创业。地方各级人民政府和农村基层组织，应当组织和扶持农村残疾人从事种植业、养殖业、手工业和其他形式的生产劳动。国家对安排残疾人就业达到、超过规定比例或者集中安排残疾人就业的用人单位和从事个体经营的残疾人，依法给予税收优惠，并在生产、经营、技术、资金、物资、场地等方面给予扶持。国家对从事个体经营的残疾人，免除行政事业性收费。县级以上地方人民政府及其有关部门应当确定适合残疾人生产、经营的产品、项目，优先安排残疾人福利性单位生产或者经营，并根据残疾人福利性单位的生产特点确定某些产品由其专产。政府采购，在同等条件下应当优先购买残疾人福利性单位的产品或者服务。地方各级人民政府应当开发适合残疾人就业的公益性岗位。对申请从事个体经营的残疾人，有关部门应当优先核发营业执照。对从事各类生产劳动的农村残疾人，有关部门应当在生产服务、技术指导、农用物资供应、农副产品购销和信贷等方面，给予帮助。政府有关部门设立的公共就业服务机构，应当为残疾人免费提供就业服务。举办的残疾人就业服务机构，应当组织开展免费的职业指导、职业介绍和职业培训，为残疾人就业和用人单位招用残疾人提供服务和帮助。

国家保护残疾人福利性单位的财产所有权和经营自主权，其合法权益不受侵犯。在职工的招用、转正、晋级、职称评定、劳动报酬、生活福利、休息休假、社会保险等方面，不得歧视残疾人。残疾职工所在单位应当根据残疾职工的特点，提供适当的劳动条件和劳动保护，并根据实际需要对劳动场所、劳动设备和生活设施进行改造。国家采取措施，保障盲人保健和医疗按摩人员从业的合法权益。

残疾职工所在单位应当对残疾职工进行岗位技术培训，提高其劳动技能和技术水平。任何单位和个人不得以暴力、威胁或者非法限制人身自由的手段强迫残疾人劳动。

二、残疾人就业保障金

残疾人就业保障金简称残保金，是指在实施分散按比例安排残疾人就业的地区，凡安排残疾人达不到省、自治区、直辖市人民政府规定比例的机关、团体、企业、事业单位和城乡集体经济组织，根据地方有关法规的规定，按照年度差额人数和上年度本地区职工年平均工资计算交纳用于残疾人就业的专项资金。

凡安排残疾人就业达不到规定比例的用人单位，按其差额人数全额征收保障金；差额不足一人的，按差额比例计算缴纳。用人单位安排一名盲人按 2 人计算。

应缴纳的保障金=［单位上年度在职职工总数×1.5%（上海市为 1.6%）－已安排残疾职工人数］×本地区上年度职工年平均工资。

在职职工总数，按用人单位年平均职工人数核定，也可参照人事、劳动、统计等政府相关职能部门提供的人数核定。

安排残疾人就业必须是单位正式职工或与单位依法签订 1 年（含 1 年）以上劳动合同，按国家规定由所在单位为其缴纳社会保险费并持有《中华人民共和国残疾人证》的职工。已安排的残疾军人和因工致残人员，经鉴定符合国务院规定的残疾标准，并办理有《中华人民共和国残疾人证》，方可计入安置比例。

本地区上年度职工年平均工资以当地统计行政部门公布的数据为准。

三、残疾人社会保障

残疾人及其所在单位应当按照国家有关规定参加社会保险，残疾人所在城乡基层群众性自治组织、残疾人家庭，应当鼓励、帮助残疾人参加社会保险。对生活确有困难的残疾人，按照国家有关规定给予社会保险补贴。

各级人民政府对生活确有困难的残疾人，通过多种渠道给予生活、教育、住房和其他社会救助。县级以上地方人民政府对享受最低生活保障待遇后生活仍有特别困难的残疾人家庭，应当采取其他措施保障其基本生活。各级人民政府对贫困残疾人的基本医疗、康复服务、必要的辅助器具的配置和更换，应当按照规定给予救助。对生活不能自理的残疾人，地方各级人民政府应当根据情况给予护理补贴。

第三节　各种优抚人员社会保障制度

一、优抚安置概述

社会优抚是针对军人及其家属所建立的社会保障制度，是指国家和社会对军人及其家属所提供的各种优待、抚恤、养老、就业安置等待遇和服务的一项社会保障制度。在我国，优抚安置的对象主要是烈军属、复员退伍军人、残疾军人及其家属；优抚安置的内容主要包括提供抚恤金、优待金、补助金，举办军人疗养院、光荣院，安置复员退伍军人等。

社会优抚是我国社会保障制度的重要组成部分，《宪法》第 45 条规定，“国家和社会保障残废军人的生活，抚恤烈士家属，优待军人家属”。保障优抚对象的生活是国家和社会的责任。社会优抚制度的建立，对于维持社会稳定，保卫国家安全，促进国防和军队现代化建设，推动经济发展的社会进步具有重要的意义。

新中国成立之初，中国颁布了一系列优抚优待的法规，如 1950 年颁布了《革命军人牺牲病故褒恤暂行条例》《民兵兵工伤亡褒恤暂行条例》《革命残废军人优待抚恤暂行条例》第 5 个规定，建立起了以军人及其家属为对象的优抚制度。当时的规定主要涉及优待和抚恤问题，后来逐步扩展到安置、养老等措施和服务上。1981 年和 1982 年国务院和中央军委分别颁布了《关于军队干部退休的暂行规定》和《关于军队干部离职休养的暂行规定》，对军队干部离退休问题做了具体的规定。1984 年第六届全国人大二次会议上通过了《中华人民共和国兵役法》，其中对军人的抚恤、优待、退休养老、退役安置等问题做了具体规定，同时废除了 20 世纪 50 年代颁布的 5 个条例，建立了国家、社会、群众三结合的抚恤优待制度。

优抚安置不同于社会互助。社会互助是指在政府鼓励和支持下，社会团体和社会成员自愿组织和参与的扶弱济困活动。社会互助具有自愿和非营利的特征，其资金主要来源于社会捐赠和成员自愿交费，政府往往从税收等方面给予支持。社会互助主要形式包括：工会、妇联等群众团体组织的群众性互助互济；民间公益事业团体组织的慈善救助；城乡居民自发组成的各种形式的互助组织等。

二、优抚的对象和特点

1. 优抚对象

中国人民解放军现役军人和武警官兵；革命伤残军人；复员退伍军人；革命烈士家属；因公牺牲军人家属；病故军人家属；现役军人家属等。

据有关资料统计，目前中国有优抚对象 4000 多万人，其中享有国家抚恤补助的各类优抚对象为 450 万人。

2. 优抚的特点

(1) 优抚对象具有特定性。优抚的对象是为革命事业和保卫国家安全做出牺牲和贡献的特殊社会群体，由国家对他们的牺牲和贡献给予补偿和褒扬。

(2) 优抚保障的标准较高。由于优抚具有补偿和褒扬性质，因此，优抚待遇高于一般的社会保障标准，优抚对象能够优先优惠地享受国家和社会提供的各种优待、抚恤、服务和政策扶持。

(3) 优抚优待的资金主要由国家财政支出。优抚工作是政府的一项重要行为，优抚优待的资金久要由国家财政投人，还有一部分由社会承担，只有在医疗保险和合作医疗等方面由个人缴纳一部分费用。

(4) 优抚内容具有综合性的特点。社会优抚与社会保险、社会救助和社会福利不同，它是特别针对某一特殊身份的人所设立的，内容涉及社会保险、社会救助和社会福利等，包括抚恤、优待、养老、就业安置等多方面的内容，是一种综合性的项目。

三、优待制度

根据《军人抚恤优待条例》的规定，军人享受的优待措施主要有：

(1) 义务兵入伍前是农业户口的，他们在农村承包的责任田和分得的自留地（山、林）等继续保留；入伍前是企业事业单位职工的，其家属继续享受原有的劳动保险福利待遇。

(2) 医疗待遇。二等乙级以上（含二等乙级）革命伤残军人，享受公费医疗待遇。三等革命伤残军人不享受公费医疗待遇的，伤口复发所需医疗费由当地民政部门解决；革命烈士、因公牺牲军人、病故军人、现役军人的家属以及带病回乡的复员退伍军人，不享受公费医疗待遇的，因病医疗无力支付医疗费，由当地卫生部门酌情给予减免。

(3) 伤残优抚。在国家机关、社会团体、企业事业单位工作的因战、因公致残的革命伤残军人，享受与所在单位因公（工）伤残职工相同的生活福利待遇。革命伤残军人因伤残需要配制的假肢、代步三轮车等辅助器械，由民政部门审批并负责解决。

(4) 优抚对象在与其他群众同等条件下，享有就业、入学、救济、贷款、分配住房的优先权。农村的革命烈士家属符合招工条件的，当地人民政府应安排其中一个就业。革命烈士、因公牺牲军人、病故军人的子女、弟妹，自愿参军又符合征兵条件的，在征兵期间可优先批准一人入伍。复员军人未工作，因年老体弱、生活困难的，按照规定的条件，由当地民政部门给予定期定量补助，并逐步改革他们的生活待遇等。

四、抚恤制度

抚恤制度包括现役军人的死亡抚恤和伤残抚恤两种。

1. 死亡抚恤

死亡抚恤又分为以下几种：

(1) 一次性抚恤金。现役军人死亡，根据死亡性质和本人死亡时的工资收入，由民政部门发给家属一次性抚恤金。立功和获得荣誉称号的现役军人死亡，根据其立功和荣誉称号的不同，可增发5%～35%的抚恤金。

(2) 定期抚恤金。革命烈士、因公牺牲军人、病故军人的家属按照规定的条件享受定期抚恤金。享受定期抚恤金的人员死亡时，加发半年的定期抚恤金，作为丧葬补助费。

(3) 特别抚恤金。在国防和军队建设、科研职业或者作战中做出牺牲贡献的现役军人死亡，除上述抚恤金外，可由国防部发给特别抚恤金。

2. 伤残抚恤

伤残抚恤包括以下内容：

(1) 伤残等级。革命伤残军人的伤残等级，根据丧失劳动能力及影响生活能力的程度确定。因战、因公致残的伤残等级，分为特等、一等、二等甲级、二等乙级、三等甲级、三等乙级；因病致残的伤残等级，由军队规定的审批机关在医疗终结后负责评定伤残等级，发给《革命伤残军人证》。

(2) 伤残抚属待遇。退出现役后没有参加工作的革命伤残军人，由民政部门发给伤残抚恤金；退出现役后参加工厂工作，或者享受离休、退休待遇的革命伤残军人，由民政部门发给伤残保健金。继续在部队服役的革命伤残军人，由所在部队发给伤残保健金。伤残抚恤金的标准，根据伤残性质和伤残等级，参照一般职工的工资收入确定。退出现役的特等、一等革命伤残军人，由国家供养终身。因战致残的革命伤残军人在评残发证后，一年内因伤口复发死亡的，按照革命烈士的抚恤规定，发给其家属一次性抚恤金和定期抚恤金；一年后因伤口复发致残的，按照因公牺牲军人的抚恤规定，发给其家属一次性抚恤金或定期抚恤金。因战、因公致残的特等、一等革命伤残军人因病致残死亡后，其家属按照病故军人家属的抚恤规定享受定期抚恤金。

五、退役安置

退役安置是指国家和社会为退出现役的军人提供资金和服务，以帮助其重新就业的一项优抚保障制度。安置的对象包括转业的军官、复员志愿兵和退伍义务兵。退役安置主要从资金和服务两方面对退役军人提供保障。资金保障方面包括提供安置费、各级临时性生活津贴和生产性贷款；服务保障包括就业安置、就学安置、落户安置、职业培训、技术培训等。

随着社会主义市场经济体制的建立，企业、机关的用工制度发生了很大的变化，军人退役安置问题也出现了很多新情况，过去采取的通过指令性计划来安置退役军人的做法已不能再适用了。由于企业有用工自主权，而国家机关也面临着机构调整，同时退役军人本身所具备的技能和综合素质与单位招工的要求有一定距离，这使得退役军人的安置更加困难。要解决这些问题，必须采取新的措施和办法，要对原有的退役军人安置制度进行改革，以适应新形势的变化。

从 2010 年 10 月 1 日起，残疾军人（含伤残人民警察、伤残国家机关工作人员、伤残民兵民工）残疾抚恤金标准，烈属（含因公牺牲军人遗属、病故军人遗属）定期抚恤金标准、在乡退伍红军老战士生活补助标准，在现行基础上分别提高 10%，在乡老复员军人定期定量补助在现行基础上每人每年提高 480 元，以上提标经费由中央财政承担。同时，带病回乡退伍军人、参战参试人员的生活补助标准由现行每人每月 200 元提高至 220 元，中央财政和地方财政按比例承担经费。

调整后，一级因战、因公、因病残疾军人抚恤金标准为每人每年 28690 元、27780 元、26870 元，分别比 2009 年提高了 2610 元、2530 元、2440 元，一级因战残疾抚恤金标准达到了 2009 年全国职工平均工资的 89%。

居住在城镇的烈属定期抚恤金标准提高到每人每年 8730 元，达到 2009 年全国城镇居民人均可支配收入的 51%；居住在农村的烈属提高到每人每年 5240 元，达到 2009 年全国农民人均纯收入的 102%。在乡退伍红军老战士及在乡西路军红军老战士和红军失散人员生活补助标准，分别提高到每人每年 19890 元、19890 元和 8600 元。

第六编 劳动与社会保障纠纷处置法探究

第十九章 劳动监督检查与劳动争议处理制度

第一节 概述

一、劳动监督检查制度概述

（一）劳动监督检查的概念

劳动监督检查，是指依法有监督检查权的机构，对企业、事业、机关、团体、个体组织等用人单位及劳动服务主体执行劳动法律、法规、规章等情况进行监督和检查，并对违法行为进行处理和处罚的过程。劳动监督检查在其内容和主体上都有广义和狭义之分。

从内容上来讲，狭义的劳动监督检查仅指依据《劳动法》进行的监督检查，即对是否有违反劳动法行为进行的检查。广义的劳动监督检查是指依据整个法律体系的各项劳动法律制度进行的检查，包括依据宪法、法律、法规、规章及地方性法规等各种法律规范进行检查。

从检查主体上来讲，狭义的劳动监督检查仅指劳动保障行政主管部门实施的劳动监督检查，属于行政执法的范畴。广义的劳动监督检查包括以下三方面的内容：一是劳动行政部门的监督检查。根据《劳动法》的规定，县级以上各级人民政府劳动行政部门可以依法对用人单位遵守劳动法律、法规的情况进行监督检查，对违反劳动法律法规的行为，有权制止，可责令改正。可以对违法行为予以处罚，任何单位和劳动者均有权对违反劳动法律的行为向劳动监察机构举报。县和县级以上劳动行政主管部门的劳动监察机构个体负责监察工作。二是有关国家机关的监督检查。三是社会监督检查，包括工会监督、其他组织和个人监督等形式。

（二）劳动监督检查的特征

1. 劳动监督检查以劳动行政管理部门的监督检查为中心

劳动行政部门不仅有监督权，还有检查权；相关行政部门和各级工会组织虽然都享有监督权，但相关行政部门只在与自己职权相关的某一方面进行检查，各级工会组织没有检查权。其他组织和个人则只能通过行使检举、控告权来进行监督。

2. 劳动监督检查的目的是为了实现劳动法律、法规的内容，重点是保护劳动者的合法权益

在健全劳动法制方面，既要有法可依，更要有法必依。尤其是当前，后者比前者显得更为重要。我国的劳动法就其本身而言，是一部劳动者权益的保护法，因此，对这部法律贯彻执行情况的监督检查，重点就在于保护劳动者的权益。

3. 劳动监督检查的对象为用人单位

劳动监督检查主要是监督劳动关系的双方当事人中的用人单位，而不包括劳动者。这是因为：劳动者在实现劳动的过程中，始终处在用人单位所制定的规章制度监督约束中；而用人单位是否严格执行劳动法律，则缺少客观的监督和制约。因此，有必要对其实施监督检查。

4. 劳动监督检查的内容是用人单位执行劳动法律、法规的情况

劳动监督检查并非是对用人单位的一切行为都进行监督，而是仅对其贯彻、执行劳动法过程中的行为进行监督检查。

（三）劳动监督检查的意义

1. 有助于劳动法的实施

劳动法律、法规内容的顺利实现，一靠劳动关系当事人自觉遵守；二靠劳动监督检查来制止和纠正违法行为；三靠国家强制力的保证。劳动监督检查是保证劳动法正确实施的重要手段，对于克服贯彻执行劳动法中出现的问题，保证劳动法律、法规的正确实施具有极为重要的意义。

2. 有助于用人单位改善经营管理

目前，用人单位的劳动法律意识普遍不强，片面强调用人单位的利益、侵犯劳动者合法权益的现象时有发生。劳动监督检查可以发现用人单位执行劳动法律、法规中的问题，及时制止、纠正用人单位违反劳动法的行为，促进用人单位增强劳动法律意识，提高依法管理劳动者的水平。

3. 有助于保护劳动者的合法权益

在劳动法律关系中，劳动者一方处于弱势地位，在各方面都无法与用人单位相抗衡。用人单位往往利用自己所处的优势地位，侵犯劳动者的合法权益；而劳动者也往往囿于财力、时间、精力以及其他顾虑，不敢理直气壮地与用人单位的违法行为进行斗争。大量的用人单位的违法行为是通过国家机关主动进行检查时才得以发现的。

4. 有助于激发劳动者的积极性

国家不仅将劳动监督检查权赋予有关的国家机关和组织，同时也把这一权利赋予广大劳动者，使劳动者真正感受到自己的国家主人翁地位，自觉地关心劳动法的实施，从而激发劳动者参加生产和与劳动违法行为做斗争的积极性。

二、劳动争议制度概述

（一）劳动争议的概念

劳动争议，又称劳动纠纷、劳资纠纷、劳资争议，是指用人单位和劳动者在执行劳动方面的法律、法规和劳动合同、集体合同的过程中，就劳动的权利义务发生分歧而引

起的争议。[①]劳动争议有广义和狭义之分。广义的劳动争议是指以劳动关系为中心所发生的一切争议，涉及劳方、资方及政府三方；而狭义的劳动争议仅以雇用人和受雇人或其团体间所发生的争议为限，即仅涉及劳资双方。

（二）劳动争议的分类

1. 根据争议标的的不同，劳动争议可分为权利争议和利益争议

权利争议，是指"既存劳动契约之履行所生之争议，属于法律问题，故有法律上争议之称。为其关于现存契约之解释，故有权利争议之名"。[②]个人劳动争议即属于此类，具有法律上的可衡量性和可诉性。

利益争议，是指"非为现在权利之争议乃为团体协约订立之要求或其变更所生之纠纷。故争议之目的，在于有利的劳动条件的获得，即一种利益争议也"。[③]即双方所主张的权利义务在事先未确定，是一种将期待中的权利上升为合同上权利的行为，例如工资、奖金、津贴增加、工时减少等争议。团体劳动争议大多数属于此类争议。

2. 根据争议主体的不同，劳动争议可分为个别争议和团体争议

个别争议，是指"因劳动契约关系所生之各个雇用人与受雇人间之争议及关于权利发生效力及消灭之问题"；"团体争议与个别争议不同，非为劳动契约上权利之争，乃为团体的利益之争"。[④]个别争议的主体是劳动者和雇主，争议的内容一般都为劳动合同所约定的权利和义务。团体争议是集体合同双方当事人之间因签订、履行合同而发生的争议，其中一方是工会、职工代表或人数众多的职工，另外一方是用人单位。

（三）劳动争议的受案范围

1. 一般性规定

《劳动争议调解仲裁法》第2条对劳动争议的范围作了规定："中华人民共和国境内的用人单位与劳动者发生的下列劳动争议，适用本法：（一）因确认劳动关系发生的争议；（二）因订立、履行、变更、解除和终止劳动合同发生的争议；（三）因除名、辞退和辞职、离职发生的争议；（四）因工作时间、休息休假、社会保险、福利、培训以及劳动保护发生的争议；（五）因劳动报酬、工伤医疗费、经济补偿或者赔偿金等发生的争议；（六）法律、法规规定的其他劳动争议。"

《最高人民法院关于审理劳动争议案件适用法律若干问题的解释（二）》第4条~第6条又增加了法院受理劳动争议的范围：（1）用人单位和劳动者因劳动关系是否已经解除或者终止，以及应否支付解除或终止劳动关系经济补偿金产生的争议，经劳动争议仲裁委员会仲裁后，当事人依法起诉的，人民法院应予受理；（2）劳动者与用人单位解除或者终止劳动关系后，请求用人单位返还其收取的劳动合同定金、保证金、抵押金、抵押物产生的争议，或者办理劳动者的人事档案、社会保险关系等移转手续产生的争议，经劳动争议仲裁委员会仲裁后，当事人依法起诉的，人民法院应予受理；（3）劳动者因为工伤、职业病，请求用人单位依法承担给予工伤保险待遇的争议，经劳动争议仲裁委

① 沈义祥、刘文敏主编：《劳动法与社会保障法》，冶金工业出版社，2011年，第121页。
② 史尚宽：《劳动法原论》，正大印书馆，1978年，第285页。
③ 史尚宽：《劳动法原论》，正大印书馆，1978年，第248页。
④ 史尚宽：《劳动法原论》，正大印书馆，1978年，第241、248页。

员会仲裁后，当事人依法起诉的，人民法院应予受理。

《最高人民法院关于审理劳动争议案件适用法律若干问题的解释（三）》再次扩大了法院受理劳动争议的受案范围：（1）劳动者以用人单位未为其办理社会保险手续，且社会保险经办机构不能补办导致其无法享受社会保险待遇为由，要求用人单位赔偿损失而发生争议的，人民法院应予受理；（2）因企业自主进行改制引发的争议，人民法院应予受理；（3）劳动者依据劳动合同法第八十五条规定，向人民法院提起诉讼，要求用人单位支付加付赔偿金的，人民法院应予受理；（4）用人单位与其招用的已经依法享受养老保险待遇或领取退休金的人员发生用工争议，向人民法院提起诉讼的，人民法院应当按劳务关系处理；（5）企业停薪留职人员、未达到法定退休年龄的内退人员、下岗待岗人员以及企业经营性停产放长假人员，因与新的用人单位发生用工争议，依法向人民法院提起诉讼的，人民法院应当按劳动关系处理。

从这些规定可以看出，我国法律法规扩大劳动争议的受理范围，更有利于劳动者的保护和劳动关系的协调运行，维护社会的稳定和谐。

2. 排除式规定

《最高人民法院关于审理劳动争议案件适用法律若干问题的解释（二）》第7条对不属于劳动争议的案件作了界定：（1）劳动者请求社会保险经办机构发放社会保险金的纠纷；（2）劳动者与用人单位因住房制度改革产生的公有住房转让纠纷；（3）劳动者对劳动能力鉴定委员会的伤残等级鉴定结论或者对职业病诊断鉴定委员会的职业病诊断鉴定结论的异议纠纷；（4）家庭或者个人与家政服务人员之间的纠纷；（5）个体工匠与帮工、学徒之间的纠纷；（6）农村承包经营户与受雇人之间的纠纷。

三、劳动监督检查与劳动争议处理的关系

劳动监督检查制度与劳动争议处理制度都是劳动者和用人单位权益受到侵害或发生纠纷时最基本的法律救济途径。它们在保护受侵害者一方的权益方面是共同的，对于促进和谐稳定的劳动关系，维护社会稳定都具有重要的意义。但劳动监督检查处理程序和劳动争议处理程序在性质、法律地位、程序、法律效力和时效等方面都有所不同。当劳动者认为他的权益受到侵害时，可以向劳动部门求助，请求劳动保障部门介入处理，也可启动劳动争议司法处理程序，如仲裁、诉讼等。根据我国现行的相关法律法规的规定，劳动监督检查制度与劳动争议处理机制在处理内容上存在一定的交叉与重复，这需要我们的立法进一步进行规范。但从我国现行法律的发展趋势演变，可以看出我国对于劳动监督检查制度和劳动争议处理制度的态度变化，即逐渐希望用更迅速、更高效、处罚力度更强的劳动监督检查制度来处理劳动争议，起到定纷止争的作用。

2004年的《劳动保障监察条例》第21条规定："用人单位违反劳动保障法律、法规或者规章，对劳动者造成损害的，依法承担赔偿责任。劳动者与用人单位就赔偿发生争议的，依照国家有关劳动争议处理的规定处理。对应当通过劳动争议处理程序解决的事项或者已经按照劳动争议处理程序申请调解、仲裁或者已经提起诉讼的事项，劳动保障行政部门应当告知投诉人依照劳动争议处理或者诉讼的程序办理。"说明劳动者与用人单位就赔偿发生争议的，用劳动争议的处理程序来处理。随后颁布的《关于实施〈劳动保障监察条例〉若干规定》第16条明确了具体使用劳动争议处理程序来处理的事项，

包括：（1）因用人单位制定的劳动规章制度违反法律、法规规定，对劳动者造成损害的；（2）因用人单位违反对女职工和未成年工的保护规定，对女职工和未成年工造成损害的；（3）因用人单位原因订立无效合同，对劳动者造成损害的；（4）因用人单位违法解除劳动合同或者故意拖延不订立劳动合同，对劳动者造成损害的；（5）法律、法规和规章规定的其他因用人单位违反劳动保障法律的行为，对劳动者造成损害的。而2007年的《劳动合同法》第77条规定："劳动者合法权益受到侵害的，有权要求有关部门依法处理，或者依法申请仲裁、提起诉讼。"《劳动争议调解仲裁法》第9条也规定："用人单位违反国家规定，拖欠或者未足额支付劳动报酬，或者拖欠工伤医疗费、经济补偿或者赔偿金的，劳动者可以向劳动行政部门投诉，劳动行政部门应当依法处理。"由此可以看出，劳动者享有启动劳动监督检查程序和劳动争议处理程序的选择权。

为什么会有这样的一个变化呢？主要是因为随着维权意识的提高，现在的劳动争议数量越来越多，劳动争议处理机制面临着巨大的压力，亟须改革，以提高效率。因此，立法者希望通过劳动监督检查制度分流一部分劳动争议解决的压力，也为更高效地处理纠纷，以适应社会的快速发展及高效理念。

第二节 劳动与社会保障监察制度的基本内容

一、劳动监察的主体

（一）劳动监察机构

劳动监察机构，是指依法享有监察权并代表国家对用人单位执行劳动法的情况实施监督的专门机构。

根据《劳动保障监察条例》的规定，县级以上地方各级人民政府劳动保障行政部门主管本行政区域内的劳动保障监察工作。地方各级劳动监察机构分别受同级劳动行政部门和上级劳动监察机构的业务指导。县级、设区的市级人民政府劳动保障行政部门可以委托符合监察执法条件的组织实施劳动保障监察。此外，我国还设置有专业性劳动监察部门，如劳动部和省级劳动部门设立的锅炉压力容器安全监察和矿山安全监察等监察部门。

根据《劳动法》《劳动合同法》及《劳动保障监察条例》的相关规定，劳动监察机构在履行劳动监察职责时，具有如下权力：①检查权。有权进入用人单位的劳动场所进行检查，就调查、检查事项询问有关人员，要求用人单位提供与调查、检查事项相关的文件资料，并作出解释和说明，必要时可以发出调查询问书等。②建议权。在监督检查过程中，对发现事故隐患等轻微违法行为，有提出修改建议的权利，防范、补救可能出现的问题和造成的损失。③处罚权。劳动监察机构对用人单位违反劳动法律、法规的行为有权制止，并责令改正。严重时可予以罚款、没收违法所得、吊销许可证等行政处罚。

（二）劳动监察员

劳动监察员是劳动行政部门从事劳动监察工作，代表国家行使劳动监察权力的行政执法人员。根据我国现行相关法律法规的规定，县级以上劳动行政部门应配备专职监察员和兼职监察员。其中，专职监察员是劳动行政部门专门从事劳动监察的人员，监察员主要负责与其业务有关的单项监察。兼职监察员在行使行政处罚权时，应会同专职监察员进行。专职监察员和兼职监察员都应当经过相应的考核或考试录用。

二、劳动监察的范围

《劳动保障监察条例》第 11 条明确规定了劳动保障行政部门实施劳动保障监察的事项："（一）用人单位制定内部劳动保障规章制度的情况；（二）用人单位与劳动者订立劳动合同的情况；（三）用人单位遵守禁止使用童工规定的情况；（四）用人单位遵守女职工和未成年工特殊劳动保护规定的情况；（五）用人单位遵守工作时间和休息休假规定的情况；（六）用人单位支付劳动者工资和执行最低工资标准的情况；（七）用人单位参加各项社会保险和缴纳社会保险费的情况；（八）职业介绍机构、职业技能培训机构和职业技能考核鉴定机构遵守国家有关职业介绍、职业技能培训和职业技能考核鉴定的规定的情况；（九）法律、法规规定的其他劳动保障监察事项。"

《劳动合同法》第 74 条规定了具体的监察范围："县级以上地方人民政府劳动行政部门依法对下列实施劳动合同制度的情况进行监督检查：（一）用人单位制定直接涉及劳动者切身利益的规章制度及其执行的情况；（二）用人单位与劳动者订立和解除劳动合同的情况；（三）劳务派遣单位和用工单位遵守劳务派遣有关规定的情况；（四）用人单位遵守国家关于劳动者工作时间和休息休假规定的情况；（五）用人单位支付劳动合同约定的劳动报酬和执行最低工资标准的情况；（六）用人单位参加各项社会保险和缴纳社会保险费的情况；（七）法律、法规规定的其他劳动监察事项。"

由此可以看出，被监察的主体仅限于用人单位，不包括劳动者。劳动者处于弱势地位，因此我国《劳动法》对劳动者实行权利本位主义，对用人单位实行义务本位主义。由此，通过劳动监察，督促用人单位依照法律或约定认真履行义务，才能切实保障劳动者的合法权益。

三、劳动监察的程序

遵守劳动监察的法定程序是劳动监察机关依法行政的必然要求。大致可以分为以下三大程序。

（一）劳动执法监察程序

劳动执法监察程序是整个劳动监察程序的重要组成部分。大致可分为如下四个阶段。(1) 准备阶段，即做好执法检查的准备工作，确定实施检查的人员，制定检查实施方案。(2) 实施阶段，是对用人单位是否遵守劳动法情况的实际调查了解的重要阶段，也是整个监察活动中的关键性阶段。《劳动保障监察条例》第 15 条对此有详细的说明。(3) 终结处理阶段。这是根据调查了解得到的事实和材料，依法作出处理的阶段。(4) 写总结报告阶段。应当对监察的基本情况、基本过程、发现的问题以及对问题产生原因的分析、出具的处理意见（监察决定或监察建议）等内容形成书面的材料总结。

（二）案件受理程序

根据《劳动监察规定》第 13 条的规定，劳动监察机构对用人单位的违法行为，依照下列程序进行处理。

(1) 登记立案。对发现的违法行为，经过审查，认为有违法事实、需要依法追究的，应当登记立案。

(2) 调查取证。对已立案的案件，应当及时组织调查取证。

(3) 处理。在调查取证后，对需要追究法律责任的案件，劳动行政主管部门应当作出处理决定。处理决定作出前，劳动行政主管部门应当听取当事人申辩。

(4) 制作处理决定书。劳动行政主管部门作出处理决定，应当制作处理决定书。处理决定书应当加盖劳动行政主管部门印章，并载明：①当事人姓名、住址等基本情况；②劳动行政主管部门认定的违法事实；③适用的法律、法规、规章或规范性文件；④处理结论；⑤处理决定的履行日期或者期限；⑥当事人依法享有的申请行政复议或者提起行政诉讼的权利；⑦作出处理决定的行政机关名称；⑧作出处理决定的日期。

(5) 送达。劳动监察机构在处理决定作出之日起七日内，应当将处理决定送达当事人。处理决定书自送达当事人之日起生效。

(三) 行政复议或行政诉讼

用人单位对劳动监察机构作出的处理决定不服的，可按照《行政诉讼法》《行政复议条例》的规定申请复议或诉讼。复议和诉讼期间，不影响原决定的执行。逾期不申请复议、不起诉又不执行处理决定的，劳动监察机构可以申请人民法院强制执行。

第三节 劳动争议的处理机构及基本原则

一、劳动争议的处理机构

(一) 劳动争议调解组织

《劳动争议调解仲裁法》第10条规定："发生劳动争议，当事人可以到下列调解组织申请调解：(一) 企业劳动争议调解委员会；(二) 依法设立的基层人民调解组织；(三) 在乡镇、街道设立的具有劳动争议调解职能的组织。"

1. 企业劳动争议调解委员会

根据《劳动争议调解仲裁法》第10条第2款的规定，企业劳动争议调解委员会由职工代表和企业代表组成。职工代表由工会成员担任或者由全体职工推举产生，企业代表由企业负责人指定。企业劳动争议调解委员会主任由工会成员或者双方推举的人员担任。

2. 依法设立的基层人民调解组织

基层人民调解组织指人民调解委员会。根据《人民调解委员会组织条例》第2条的规定："人民调解委员会是村民委员会和居民委员会下设的调解民间纠纷的群众性组织，在基层人民政府和基层人民法院指导下进行工作。"基层人民政府及其派出机关指导人民调解委员会的日常工作由司法助理员负责。第3条规定了组成人民调解委员会的成员及选换方式。人民调解委员会由委员3至9人组成，设主任1人，必要时可以设副主任。人民调解委员会委员除由村民委员会成员或者居民委员会成员兼任的以外由群众选举产生，每三年改选一次，可以连选连任。人民调解委员会的委员由为人公正，联系群众，热心人民调解工作，并有一定法律知识和政策水平的成年公民担任。

3. 在乡镇、街道设立的具有劳动争议调解职能的组织

根据《劳动争议调解仲裁法》第 11 条的规定，劳动争议调解组织的调解员应当由公道正派、联系群众、热心调解工作，并具有一定法律知识、政策水平和文化水平的成年公民担任，与担任人民调解委员会的委员要求基本一致。

（二）劳动争议仲裁委员会

劳动争议仲裁委员会按照统筹规划、合理布局和适应实际需要的原则设立。省、自治区人民政府可以决定在市、县设立；直辖市人民政府可以决定在区、县设立。直辖市、设区的市也可以设立一个或者若干个劳动争议仲裁委员会。劳动争议仲裁委员会不按行政区划层层设立。省、自治区、直辖市人民政府劳动行政部门对本行政区域的劳动争议仲裁工作进行指导。

劳动争议仲裁委员会由劳动行政部门代表、工会代表和企业方面代表组成。其依法履行下列职责：①聘任、解聘专职或者兼职仲裁员；②受理劳动争议案件；③讨论重大或者疑难的劳动争议案件；④对仲裁活动进行监督。

劳动争议仲裁委员会下设办事机构，负责办理劳动争议仲裁委员会的日常工作。

二、劳动争议的基本原则

《劳动法》第 78 条规定："解决劳动争议，应当根据合法、公正、及时处理的原则，依法维护劳动争议当事人的合法权益。"

（一）合法原则

合法原则，指劳动争议处理机构在争议处理过程中要依据法律、法规、规章等劳动实体法律和程序法律来解决争议。

（二）公正原则

公正原则，是指在争议处理过程中，要以事实为依据，法律为准绳，忠于争议的客观事实，依法秉公处理。

（三）及时原则

及时原则，是指在处理劳动争议时，在不违反程序性规定的条件下，尽快、及时、高效地处理劳动争议。劳动争议处理不同于一般民事争议处理的及时处理原则，体现了对劳动关系双方最基本的保护，尽快解决纠纷，尽早确定、稳定双方关系，对维护正常社会秩序具有很重要的意义。

（四）调解原则

调解原则，是指在处理劳动争议时，在尊重当事人自愿的前提下，以说服劝导的方式，依法劝说当事人在互谅互让的基础上，通过协商，达成协议，从而解决纠纷。

第四节　劳动争议协商

一、劳动争议协商的概念和特点

劳动争议协商，是指发生劳动争议的双方当事人在没有第三人的参与下，通过双方平等对话、互谅互让并作出必要的妥协而达成和解的处理方式。

劳动争议协商作为解决劳动争议的一种方式，具有如下特征：

第一，双方性。劳动争议协商是劳动争议的双方当事人自行协商解决争议，无第三者介入。调解、仲裁、诉讼都依靠第三者介入并居中发挥重要作用甚至是关键作用。在劳动争议协商中，即使劳动者请工会或者第三方共同与用人单位协商时，工会或者第三方也是站在劳动者的立场上参与协商的，代表的是劳动者的利益，其本身并不是劳动争议当事人之外的独立第三方。

第二，自愿性。劳动争议双方是基于自愿进行协商，任何人不得强迫。

第三，选择性。劳动争议当事人可以选择通过协商方式来解决争议，也可以不选择协商方式而直接选择调解或仲裁方式解决争议。

第四，便捷性。劳动争议协商无法定程序，可以随时随地进行协商，简便、快捷、灵活，成本低廉，和解协议也易于执行。

二、劳动争议协商的形式

《劳动争议调解仲裁法》第 4 条规定："发生劳动争议，劳动者可以与用人单位协商，也可以请工会或者第三方共同与用人单位协商，达成和解协议。"可见，劳动争议协商有三种形式。

第一，劳动者独自与用人单位协商。这属于当事人自行协商，通常为当事人解决劳动争议的首选方式。它是指劳动者和用人单位发生劳动争议后，在没有其他任何第三方人员参加的情况下，双方当事人就解决争议、化解矛盾自行协商，以求达到和解的行为。

第二，工会参与协商，即劳动者邀请工会组织共同与用人单位协商。此时，工会组织是在帮助劳动者维权，其身份不是中立的。这里所指的"工会"，既包括职工当事人所在用人单位的工会，也包括用人单位以外的其他各级工会。

第三，第三方参与协商，即劳动者邀请工会之外的第三方共同与用人单位协商。这里所称的第三方，是指独立于劳动争议当事人双方之外，与其没有任何利害关系，可以接受其请求或委托参与劳动争议协商，依法为其提供帮助的有关组织或个人。第三方包括律师、专家、法律援助机构等。第三方参与协商，是在利用自己的专业知识和经验帮助劳动者实现其利益，其地位也不是中立的。

三、劳动争议协商的效力

《最高人民法院关于审理劳动争议案件适用法律若干问题的解释（三）》第 10 条确认了劳动者和用人单位自行达成的协议的法律效力："劳动者与用人单位就解除或者终止劳动合同办理相关手续、支付工资报酬、加班费、经济补偿或者赔偿金等达成的协议，不违反法律、行政法规的强制性规定，且不存在欺诈、胁迫或者乘人之危情形的，应当认定有效。前款协议存在重大误解或者显失公平情形，当事人请求撤销的，人民法院应予支持。"

第五节　劳动争议调解

一、劳动争议调解的概念

劳动争议调解是指基层群众调解组织对用人单位与劳动者发生的劳动争议，以国家的劳动法律、法规为准绳，以协商的方式，使双方当事人达成协议，消除纷争。劳动争议调解的重要法律依据有《中华人民共和国劳动争议调解仲裁法》《企业劳动争议协商调解规定》等法律法规。

劳动争议调解属于民间调解，其特点主要有：①其调解机构是社会组织，而不是国家机关；②其调解活动具有任意性，基本上不受固定程序和形式的约束，也可将道德规范、社会习惯作为调解的依据；③调解书仅具有合同性质，不具有强制执行的效力。

二、劳动争议调解机构

劳动争议调解机构是专门处理劳动争议的群众性组织。我国《劳动争议调解仲裁法》将劳动争议调解组织不再局限于企业调解委员会，而是整合了现在社会上已经成立的各种劳动调解组织来参与劳动争议，包括基层人民调解组织，在乡镇、街道设立的具有劳动争议调解职能的一些组织，把矛盾、纠纷化解在基层，有利于促进劳动关系的和谐稳定。

三、劳动争议调解的程序

（一）当事人申请

劳动争议发生后，任何一方当事人都可以自知道或应当知道其权利被侵害之日起30日内，以口头或书面形式向本单位劳动争议调解委员会或其他调解机构申请调解，并填写《劳动争议调解申请书》。口头申请的，调解组织应当当场记录申请人基本情况、申请调解的争议事项、理由和时间。

（二）受理

调解委员会接到调解申请后，应对调解申请书进行审查，看其是否符合受理条件和范围。调解委员会应在接到《劳动争议调解申请书》4日内作出受理与否的决定。对不予受理的，应向申请人说明理由。经审查决定受理的，应征询对方当事人意见，对方当事人愿意调解的，将调解地点、要求等以口头或书面形式通知对方当事人；对方不愿调解的，应做好记录，在3日内以书面形式通知申请人。对调解委员会无法决定是否受理的案件，由调解委员会主任决定是否受理。

（三）调查核实

调解委员会对决定受理的案件，应及时指派1—2名调解人员对争议事项进行全面调查核实。调查应作笔录，并由调查人员签名或盖章。

（四）调解

调解方式分为简易调解方式和会议调解方式。对于争议事实清楚，情节较简单，双方分歧不大的劳动争议，可采取简易调解方式，由劳动争议调解委员会指定一至二名调解委员进行调解。除简单劳动争议外，其他劳动争议应采用会议调解方式进行，由调解委员会主任主持召开，有关单位和个人也可以参加调解会议协助调解。对于案情复杂、影响大、涉及面广或对用人单位和劳动者有教育意义的劳动争议，在征得当事人同意后，调解会议可以公开进行，允许一些群众旁听调解，必要时还可聘请有关部门和人员参加会议协助调解。调解劳动争议，应当充分听取双方当事人对事实和理由的陈述，耐心疏导，帮助其达成协议。

（五）达成调解协议

经调解，双方当事人自愿达成调解协议的，由调解委员会制作调解协议书。调解协议书由双方当事人签名或盖章，经调解员签名并加盖调解组织印章后生效，对双方当事人具有约束力，当事人应当履行。若调解不成，应制作笔录，填写调解意见书。

四、调解协议的效力

根据《劳动争议调解仲裁法》第 14 条的规定，调解协议书对双方当事人具有约束力，当事人应当履行。2006 年颁布的《最高人民法院关于审理劳动争议案件适用法律若干问题的解释（二）》第 17 条也明确规定："劳动争议调解协议具有劳动合同的约束力。"

（一）申请司法确认调解协议

根据《民事诉讼法》第 194 条、第 195 条的规定，当事人可申请司法确认调解协议，由双方当事人依照人民调解法等法律，自调解协议生效之日起 30 日内，共同向调解组织所在地基层人民法院提出。人民法院受理申请后，经审查，符合法律规定的，裁定调解协议有效，一方当事人拒绝履行或者未全部履行的，对方当事人可以向人民法院申请执行；不符合法律规定的，裁定驳回申请，当事人可以通过调解方式变更原调解协议或者达成新的调解协议，也可以向人民法院提起诉讼。

（二）调解协议无效或可撤销的情形

1. 无效调解协议

下列调解协议无效：（1）损害国家、集体或者第三人利益；（2）以合法形式掩盖非法目的；（3）损害社会公共利益；（4）违反法律、行政法规的强制性规定。（5）人民调解委员会强制调解的，调解协议无效。

2. 可变更、可撤销的调解协议

下列调解协议，当事人一方有权请求人民法院变更或撤销：（1）因重大误解订立的；（2）在订立协议时显失公平的；（3）一方以欺诈、胁迫的手段或者乘人之危，使对方在违背真实意思的情况下订立的调解协议。

（三）申请仲裁

自劳动争议调解组织收到调解申请之日起十五日内未达成调解协议的，当事人可以依法申请仲裁；达成调解协议后，一方当事人在协议约定期限内不履行调解协议的，另一方当事人可以依法申请仲裁。

（四）申请支付令

支付令是法院根据债权人的申请，督促债务人履行债务的程序。申请支付令的程序和执行，按照民事诉讼法的有关规定执行。因支付拖欠劳动报酬、工伤医疗费、经济补偿或者赔偿金事项达成调解协议，用人单位在协议约定期限内不履行的，劳动者可以持调解协议书依法向人民法院申请支付令。人民法院应当依法发出支付令。

第六节　劳动争议仲裁

一、仲裁的概念

劳动争议仲裁是指劳动争议仲裁机构根据劳动争议当事人的请求，对劳动争议的事实和责任依法做出判断和裁决，并对当事人具有法律约束力的一种劳动争议处理方式。根据《劳动法》第 79 条的规定，劳动争议仲裁是提起劳动争议诉讼的前置程序，是为了更快、更便捷、更有效地解决劳动争议。

与劳动争议调解相比，劳动争议仲裁具有如下特点：（1）仲裁机构是一种依法组成的半官方机构，而非民间机构；2、仲裁申请可由任何一方当事人提起，无须双方达成合意；3、仲裁机构在调解不成的情况下可作出裁决，仲裁调解或仲裁裁决依法生效后具有强制执行的效力。

与劳动争议诉讼相比，劳动争议仲裁具有如下特点：1、仲裁机构不属于司法机构，无采取强制措施的权力；（2）仲裁程序较诉讼程序简便，重在提高解决劳动争议的效率；（3）仲裁调解或仲裁裁决不具有最终解决争议的效力，但“一裁终局”的案件除外；（4）对生效的仲裁调解或仲裁裁决，仲裁机构不能强制执行，当事人须得申请法院执行。

二、劳动争议仲裁机构

（一）劳动争议仲裁委员会办事机构

劳动争议仲裁委员会是经国家授权，依法设立，独立仲裁处理劳动争议案件的专门机构。劳动争议仲裁委员会设置不按照县、市、区的行政区划进行。仲裁委员会由下列人员组成：劳动行政主管部门的代表；工会的代表；政府指定的经济综合管理部门的代表。仲裁委员会委员的确认或更换，须报同级人民政府批准。

（二）劳动争议仲裁委员会

劳动争议仲裁委员会下设办事机构，负责办理劳动争议仲裁委员会的日常工作。

根据《劳动争议仲裁委员会组织规则》第 12 条的规定，仲裁委员会办事机构在仲裁委员会领导下，负责劳动争议处理的日常工作，主要职责是：（1）承办处理劳动争议案件的日常工作；（2）根据仲裁委员会的授权，负责管理仲裁员，组织仲裁庭；（3）管理仲裁委员会的文书、档案、印鉴；（4）负责劳动争议及其处理方面的法律、法规及政策咨询；（5）向仲裁委员会汇报、请示工作；（6）办理仲裁委员会授权或交办的其他事项。

（三）劳动争议仲裁庭和仲裁员

劳动争议仲裁庭在仲裁委员会领导下处理劳动争议案件，实行一案一庭制。仲裁庭由一名首席仲裁员、二名仲裁员组成。简单案件，仲裁委员会可以指定一名仲裁员独任处理。仲裁庭的首席仲裁员由仲裁委员会负责人或授权其办事机构负责人指定，另两名仲裁员由仲裁委员会授权其办事机构负责人指定或由当事人各选一名，具体办法由省、自治区、直辖市自行确定。

仲裁员包括专职仲裁员和兼职仲裁员。二者须经省级以上劳动行政主管部门考核认定，取得仲裁员资格后，方可担任专职或兼职仲裁员。专职仲裁员由仲裁委员会从劳动行政主管部门专门从事劳动争议处理工作的人员中聘任。兼职仲裁员由仲裁委员会从劳动行政主管部门或其他行政部门的人员、工会工作者、专家、学者和律师中聘任。

仲裁庭是在仲裁委员会的授权和指导下，以仲裁委员会的名义独立仲裁劳动案件，向仲裁委员会负责的专门机构。仲裁庭对重大或疑难案件的处理，应当提交劳动争议仲裁委员会讨论决定。对于仲裁委员会的决定，仲裁庭必须执行。

三、劳动争议仲裁的管辖

劳动争议仲裁委员会负责管辖本区域内发生的劳动争议。劳动争议由劳动合同履行地或者用人单位所在地的劳动争议仲裁委员会管辖。双方当事人分别向劳动合同履行地和用人单位所在地的劳动争议仲裁委员会申请仲裁的，由劳动合同履行地的劳动争议仲裁委员会管辖。

四、劳动争议仲裁的程序

（一）申请

劳动争议发生后，当事人不愿自行协商解决或协商不成的，或者不愿申请调解或调解不成的，在仲裁时效期间内，当事人均可向有管辖权的仲裁委员会提出申请。根据《劳动争议调解仲裁法》第 27 条第 1 款的规定，劳动争议申请仲裁的时效期间为 1 年，仲裁时效期间从当事人知道或者应当知道其权利被侵害之日起计算。这个规定延长了《劳动法》第 82 条规定的 60 天，使得劳动争议当事人有充足的时间来申请仲裁。此外，《劳动争议调解仲裁法》第 27 条第 4 款还规定了在劳动关系存续期间，因拖欠劳动报酬发生争议的，劳动者申请仲裁不受本条第 1 款规定的仲裁时效期间的限制；但劳动关系终止的，应当自劳动关系终止之日起 1 年内提出。

（二）受理

劳动争议仲裁委员会收到仲裁申请之日起 5 日内，认为符合受理条件的，应当受理，并通知申请人；认为不符合受理条件的，应当书面通知申请人不予受理，并说明理由。对劳动争议仲裁委员会不予受理或者逾期未作出决定的，申请人可以就该劳动争议事项向人民法院提起诉讼。

劳动争议仲裁委员会受理仲裁申请后，应当在 5 日内将仲裁申请书副本送达被申请人。被申请人收到仲裁申请书副本后，应当在 10 日内向劳动争议仲裁委员会提交答辩书。劳动争议仲裁委员会收到答辩书后，应当在 5 日内将答辩书副本送达申请人。被申请人未提交答辩书的，不影响仲裁程序的进行。

（三）仲裁准备

劳动争议仲裁委员会对决定受理的案件，应当在受理仲裁申请之日起 5 日内将仲裁庭的组成情况书面通知当事人。符合回避条件的仲裁员应当回避，当事人也可申请相关人员回避。仲裁委员会对回避申请应当及时作出决定。

仲裁庭应当在开庭5日前，将开庭日期、地点书面通知双方当事人。当事人有正当理由的，可以在开庭3日前请求延期开庭。是否延期，由劳动争议仲裁委员会决定。

（四）开庭审理

开庭审理是指在当事人和其他参与人的参加下，仲裁庭或仲裁员依照法律规定的程序在庭上对案件进行全面审查并作出裁决的活动。当事人在仲裁过程中有权进行质证和辩论。当事人提供的证据经查证属实的，仲裁庭应当将其作为认定事实的根据。劳动者无法提供由用人单位掌握管理的与仲裁请求有关的证据，仲裁庭可以要求用人单位在指定期限内提供。用人单位在指定期限内不提供的，应当承担不利后果。

（五）和解和调解

当事人申请劳动争议仲裁后，可以自行和解。达成和解协议的，可以撤回仲裁申请。

仲裁庭在作出裁决前，应当先行调解。调解达成协议的，仲裁庭应当制作调解书。调解书应当写明仲裁请求和当事人协议的结果。调解书由仲裁员签名，加盖劳动争议仲裁委员会印章，送达双方当事人。调解书经双方当事人签收后，发生法律效力。调解不成或者调解书送达前，一方当事人反悔的，仲裁庭应当及时作出裁决。

（六）裁决

仲裁庭裁决劳动争议案件，应当自劳动争议仲裁委员会受理仲裁申请之日起45日内结束。案情复杂需要延期的，经劳动争议仲裁委员会主任批准，可以延期并书面通知当事人，但是延长期限不得超过15日。逾期未作出仲裁裁决的，当事人可以就该劳动争议事项向人民法院提起诉讼。仲裁庭裁决劳动争议案件时，其中一部分事实已经清楚，可以就该部分先行裁决。

裁决应当按照多数仲裁员的意见作出，少数仲裁员的不同意见应当记入笔录。仲裁庭不能形成多数意见时，裁决应当按照首席仲裁员的意见作出。裁决书应当载明仲裁请求、争议事实、裁决理由、裁决结果和裁决日期。裁决书由仲裁员签名，加盖劳动争议仲裁委员会印章。对裁决持不同意见的仲裁员，可以签名，也可以不签名。

（七）仲裁执行

1. 先予执行

仲裁的先予执行，是指在仲裁裁决之前，为了不影响劳动者的生活，对某些当事人之间权利义务关系明确的案件，仲裁庭根据当事人的申请，在仲裁裁决之前作出先予执行的裁决，并及时移送法院执行的制度。

仲裁庭对追索劳动报酬、工伤医疗费、经济补偿或者赔偿金的案件，根据当事人的申请，可以裁决先予执行，移送人民法院执行。

仲裁庭裁决先予执行的，应当符合下列条件：①当事人之间权利义务关系明确；②不先予执行将严重影响申请人的生活。劳动者申请先予执行的，可以不提供担保。

2. 强制执行

当事人对发生法律效力的调解书、裁决书，应当依照规定的期限履行。一方当事人逾期不履行的，另一方当事人可以依照民事诉讼法的有关规定向人民法院申请执行。受理申请的人民法院应当依法执行。

五、劳动争议仲裁的效力

对于一般的劳动争议仲裁，当事人对仲裁裁决不服的，可以自收到仲裁裁决书之日起 15 日内向人民法院提起诉讼；期满不起诉的，裁决书发生法律效力。

下列劳动争议，仲裁裁决为终局裁决，裁决书自作出之日起发生法律效力：(一）追索劳动报酬、工伤医疗费、经济补偿或者赔偿金，不超过当地月最低工资标准十二个月金额的争议；（二）因执行国家的劳动标准在工作时间、休息休假、社会保险等方面发生的争议。

《最高人民法院关于审理劳动争议案件适用法律若干问题的解释（三)》第 13 条规定："劳动者依据调解仲裁法第四十七条第（一）项规定，追索劳动报酬、工伤医疗费、经济补偿或者赔偿金，如果仲裁裁决涉及数项，每项确定的数额均不超过当地月最低工资标准十二个月金额的，应当按照终局裁决处理。"

一裁终局制度是劳动争议经仲裁庭裁决后即行终结的制度。由该规定可以看出，适用一裁终局的劳动争议仲裁案件有两类：一是小额仲裁案件；二是标准明确的仲裁案件。这两类案件在全部劳动争议案件总数中所占比例较大，也正因为如此，"一裁终局"可以解决多数劳动争议案件处理周期长的问题。

当然，上述规定案件的终局裁决也不是绝对的。如果劳动者对该仲裁裁决不服的，可以自收到仲裁裁决书之日起 15 日内向人民法院提起诉讼。如果用人单位对该仲裁裁决不服，有证据证明有下列情形之一，可自收到仲裁裁决书之日起 30 日内向劳动争议仲裁委员会所在地的中级人民法院申请撤销裁决：①适用法律、法规确有错误的；②劳动争议仲裁委员会无管辖权的；③违反法定程序的；④裁决所根据的证据是伪造的；⑤对方当事人隐瞒了足以影响公正裁决的证据的；⑥仲裁员在仲裁该案时有索贿受贿、徇私舞弊、枉法裁决行为的。依据用人单位提交的上述证据，人民法院经组成合议庭审查核实确有发生的，应当裁定撤销仲裁裁决。仲裁裁决被人民法院裁定撤销的，当事人可以自收到裁定书之日起 15 日内就该劳动争议事项向人民法院提起诉讼。

第七节 劳动争议诉讼

一、劳动争议诉讼的概念和受案范围

（一）劳动争议诉讼的概念

劳动争议诉讼，是指劳动争议当事人不服劳动争议仲裁委员会的裁决，在规定的期限内向人民法院起诉，人民法院依法受理后，依法对劳动争议案件进行审理的活动。这种诉讼形式是解决劳动争议的最后程序，也是对劳动争议的最终处理。

（二）劳动争议诉讼的受案范围

劳动争议诉讼的受案范围，是指法院受理劳动争议案件的范围，也称法院的主管范围，即法院受理哪些劳动争议案件。劳动者和用人单位之间发生的关于《劳动争议调解仲裁法》第 2 条所规定的劳动争议，当事人不服仲裁裁决，有权在收到裁决书 15 日内向法院起诉；仲裁机构以超过仲裁时效等为由决定不受理的，当事人也有权在收到不予受理的书面通知或决定之日起 15 日内起诉。仲裁以当事人撤回申诉或达成调解协议而结案的，当事人无权向法院起诉。这是法院受理劳动争议案件的一般范围。同时，法院还受理一些特殊情形下的劳动争议案件：①劳动争议仲裁委员会以当事人申请仲裁的事项不属于劳动争议为由，作出不予受理的书面裁决、决定或者通知，当事人不服，依法向人民法院起诉的，属于劳动争议案件的，应当受理；虽不属于劳动争议案件，但属于人民法院主管的其他案件，也应当依法受理。②劳动争议仲裁委员会以当事人的仲裁申请超过仲裁时效为由，作出不予受理的书面裁决、决定或者通知，当事人不服，依法向人民法院起诉的，人民法院应当受理；对确已超过仲裁申请期限，又无不可抗力或者其他正当理由的，依法驳回其诉讼请求。③劳动争议仲裁委员会以申请仲裁的主体不适格为由，作出不予受理的书面裁决、决定或者通知，当事人不服，依法向人民法院起诉的，经审查，确属主体不适格的，裁定不予受理或者驳回起诉。④劳动争议仲裁委员会为纠正原仲裁裁决错误重新作出裁决，当事人不服，依法向人民法院起诉的，人民法院应当受理。⑤劳动争议仲裁委员会仲裁的事项不属于人民法院受理的案件范围，当事人不服，依法向人民法院起诉的，裁定不予受理或者驳回起诉。

二、劳动争议诉讼的管辖

劳动争议案件由用人单位所在地或者劳动合同履行地的基层人民法院管辖。劳动合同履行地不明确的，由用人单位所在地的基层人民法院管辖。如果当事人双方就同一仲裁裁决分别向有管辖权的人民法院起诉的，后受理的人民法院应当将案件移送给先受理的人民法院。

三、劳动争议案件的审判程序

人民法院在审理劳动争议案件时，依照《民事诉讼法》的相关程序来进行审理，同样遵循司法审判中的一般诉讼原则，如以事实为根据，以法律为准绳的原则；独立行使审判权的原则；回避原则等。

（一）起诉和受理

当事人对仲裁裁决不服的，可在接到仲裁裁决书 15 日内向人民法院起诉，由人民法院民事审判庭审理。对于符合起诉条件的，人民法院应当受理；人民法院决定受理的案件，应当自当事人起诉之日起 7 日内立案。认为不符合受理条件的，应当在 7 日内裁定不予受理，原告对裁定不服的，可以提起上诉。

（二）审理前的准备和调查

人民法院应当在立案之日起 5 日内将起诉状副本发送被告，被告应当在收到之日起 15 日内提出答辩状。人民法院应当在收到答辩状之日起 5 日内将答辩状副本发送原告。

人民法院对决定受理的案件，应当在受理案件通知书和应诉通知书中向当事人告知有关的诉讼权利义务，或者口头告知。合议庭组成人员确定后，应当在 3 日内告知当事人。

审判人员须认真审核诉讼材料，调查收集必要的证据，这是审理前准备工作的一项重要内容。必要时，还可委托外地人民法院进行调查。此外，对于必须共同进行诉讼的当事人没有参加诉讼的，人民法院应当通知其参加诉讼。

（三）调节和审判

审理劳动争议案件，一般应先行调解，若当事人不同意调解，则开庭审理；当事人同意调解的，适用普通程序审理的案件，由合议庭进行调解。

开庭审理包括法庭调查、法庭辩论、评议宣判等阶段。开庭审理的主要任务在于审查、核实证据，查明案件事实，分清是非责任，正确适用法律，确认当事人之间的权利义务关系，保护当事人的合法权益。

法庭调查按照下列顺序进行：①当事人陈述；②告知证人的权利义务，证人作证，宣读未到庭的证人证言；③出示书证、物证、视听资料和电子数据；④宣读鉴定意见；⑤宣读勘验笔录。

法庭辩论按照下列顺序进行：①原告及其诉讼代理人发言；②被告及其诉讼代理人答辩；③第三人及其诉讼代理人发言或者答辩；④互相辩论。法庭辩论终结，由审判长按照原告、被告、第三人的先后顺序征询各方最后意见。

法庭辩论终结后，即进入评议宣判阶段，应当依法作出判决。判决前能够调解的，还可以进行调解，调解不成的，应当及时判决。能够当庭宣判的，可以当庭宣判，不能当庭宣判的，应定期宣判。当庭宣判的，应当在10日内将判决书发给当事人；定期宣判的，宣判后应立即将判决书发给当事人。

（四）第二审程序

对判决或裁定不服的，可向上级法院提起上诉。根据《民事诉讼法》的规定，实行两审终审制。

第八节 改革我国劳动争议处理制度的建议

一、劳动争议处理的现状及弊端

我国1995年实施的《劳动法》第79条规定："劳动争议发生后，当事人可以向本单位劳动争议调解委员会申请调解；调解不成，当事人一方要求仲裁的，可以向劳动争议仲裁委员会申请仲裁。当事人一方也可以直接向劳动争议仲裁委员会申请仲裁。对仲裁裁决不服的，可以向人民法院提起诉讼。"

2001年4月30日起施行的《最高人民法院关于审理劳动争议案件适用法律若干问题的解释》第1条规定，劳动者与用人单位之间发生的劳动争议，当事人不服劳动争议仲裁委员会作出的裁决，依法向人民法院起诉的，人民法院应当受理。

2007年颁布的《劳动争议仲裁调解法》第5条规定："发生劳动争议，当事人不愿协商、协商不成或者达成和解协议后不履行的，可以向调解组织申请调解；不愿调解、调解不成或者达成调解协议后不履行的，可以向劳动争议仲裁委员会申请仲裁；对仲裁裁决不服的，除本法另有规定的外，可以向人民法院提起诉讼。"这里的"除本法另有规定的外"指的是该法第47条规定的仲裁"一裁终局"的特殊情形。

从上述规定我们可以看出，在我国，劳动争议仲裁是劳动争议处理必经的前置程序。劳动争议发生后，当事人可根据意思自治原则进行协商或调解。协商或调解不成的可进入仲裁程序，然而，仲裁是强制的，只有对仲裁裁决不服的，才可以提起诉讼。诉讼程序一般还分为一审和二审两个阶段。因此，绝大多数劳动争议的处理便形成了“先裁后审，一裁两审”的劳动争议处理机制，即单轨制。如果再加上前期当事人自行选择的调解程序，我国目前劳动争议实行的是“一调一裁两审”的劳动争议处理制度。

我国实行这种劳动争议处理模式的最大特点在于试图将调解、仲裁、诉讼三者结合，形成以“仲裁”为中心的互补关系。在《劳动法》实施之初，这种“先裁后审”的模式对缓解法院工作压力有一定作用。但随着劳动争议案件数量的持续上升和争议内容的复杂化，以及法院民事审判程序的规范化，该机制存在的诸多问题与弊病日渐突出。

“一裁两审”的程序安排，环节过多，程序过于复杂，导致周期长、效率低、成本高，这是当前劳动争议处理最大的弊端所在。过长的程序，不利于矛盾的迅速解决，还会增加处理劳动争议的成本，尤其是加重劳动者的负担。据有关专家测算，按照现行法律规定的时限推算，如果一起劳动争议案件走完全部“一裁两审”程序，时间可长达一年甚至更长。而工伤案件的处理时间就更长，因为仅认定工伤就可能花费两三年的时间，如果一些环节上有延长，会到四五年的时间。一些企业就利用这一点恶意诉讼，试图拖垮职工。

因此，如何改革和完善我国的劳动争议处理机制，是社会结构转型面临的当务之急。

二、改革我国劳动争议处理机制的建议

（一）劳动争议处理实行“双轨制”

对于劳动争议的处理，学界提出了“单轨制”和“双轨制”。所谓单轨制，是指“调、裁、审”依次进行的体制，是指当事人未能达成和解的劳动争议，当调解机构调解不成或者当事人不愿调解时，应当先由仲裁机构仲裁处理，只有当事人不服仲裁裁决的情况下，才由法院审理。也就是现行的劳动争议处理体制。所谓双轨制，是指由劳动合同关系的双方通过合同事先约定或在争议发生后协商确定争议的解决程序，有约定则按约定，没有约定或协商不成时则由当事人自由选择，或者申请劳动仲裁，或者向法院起诉。两者只取其一，申请仲裁的不得再提起诉讼，且一裁终局。已提起诉讼的不得再申请仲裁，诉讼实行“两审终审”。也就是“裁审分轨、各自终局”。所谓裁审分轨，是指劳动争议发生后，当事人既可以向劳动仲裁机构申诉，也可以向法院起诉。当事人向仲裁机构申诉的，不得就同一案件再诉至法院。当事人向法院起诉的，不得就同一案件再诉至劳动仲裁机构。“各自终局”指的是选择仲裁的，就以仲裁结案；选择诉讼的，就以诉讼结案。笔者倾向于实行“双轨制”。

实行“双轨制”有以下优势：

（1）可以充分保障当事人的诉权。关于劳动争议案件仲裁前置的规定不仅有碍于人民法院的司法管辖权的行使，也是对当事人诉权的不合理限制，尤其是在仲裁机关怠于行使职能时，往往将劳动者置于告状无门的危险境地，实行双轨制后，当事人可以自由选择争议处理机关，从而可以及时地维护劳动者的合法权益。

（2）缩短争议处理周期，合理配置审判资源。按现行的仲裁程序，仲裁机关必须在受理后60日内作出裁决，这一规定看似周期较短，但如一方当事人不服诉至法院，法院则要按一般审理程序对双方的争议从头审起，即使适用简易程序也要一个月以上才能

完成，因此适用经劳动仲裁再诉讼的单轨制往往并不能收到及时解决纷争的效果。假设在争议发生后即向法院起诉，一般情况下法院应在法定审理期限内审结。从法院方面来说，由于可以直接受理案件，避免了重复劳动，对于当事人直接向法院起诉的案件可以合理分配审判力量集中精力进行审理，以追求审判效益和效率的最大化。

（3）提高劳动争议案件的仲裁或判决质量。如果施行双轨制，法院直接分流案件数量，劳动仲裁机构受理案件数量急剧下降，仲裁人员就会有充足的时间和精力裁决案件。加之当事人自愿选择“一裁终局”，当事人对仲裁机构和人员的信任和服从，当然提高劳动争议仲裁的权威性，仲裁人员为此而更加作出公正的裁决。对于法院来说，必然会有各类劳动争议案件不断涌入，各种新类型案件也会层出不穷，加之劳动争议案件政策性较强，这就对法官的综合素质提出了更高的要求，不仅要掌握专业法律知识，还要注意掌握和了解国家及省、本地区对于相关问题的政策性规定，并进行系统的培训，随着办案数量和经验的积累，法官的办案水平将会有所提高，劳动争议案件判决质量随之提高。

（二）在法院单独设立劳动审判庭

在当下学界，对劳动法的定性有不同的观点。但通说认为劳动法属于社会法，不能简单地归为民法一类。劳动法调整的法律关系涉及多个法律部门。例如，在广义的劳动争议中，有一部分属于宪法案件，如涉及劳动者组织参加工会的事务等；有一部分是属于行政案件，如涉及社会保险管理的事务等；另外还有一大部分发生在劳动者和用人单位之间，这部分争议目前归为民法案件。其实，劳动者在与用人单位的关系处理中，几乎都处于弱势，因此，劳动关系这种貌似平等、实质不平等特点，决定了劳动立法对劳动者应当予以必要的倾斜。所以，劳动关系并不是完全平等的关系，因此成立专门的劳动审判庭来审理劳动争议案件是有必要的。

（三）建立“一裁一审”模式，设立劳动争议特别诉讼程序

由于我国的劳动仲裁裁决不具有终局效力，任何一方当事人都可以提起诉讼，到了诉讼阶段，劳动争议案件的审理一切又得重新开始，这就造成了仲裁和审判的实际脱节，加大了双方当事人的诉讼成本，不利于劳动争议急迫性特点的解决，也浪费了仲裁资源。

因此，我国可以借鉴美国、法国、日本的模式，建立“一裁一审”模式，即劳动争议案件最多经过一次仲裁或一次诉讼就终结，这样可以大大节省时间，提高效率。在这种模式中，需赋予仲裁活动和裁决一定的效力，使得诉讼程序实际上成为仲裁的上诉程序，使两者具有一定的续审关系。

同时，设立特别诉讼程序，专门针对劳动争议的特殊性，设立不同于一般民事诉讼程序的特别诉讼程序，以适应解决劳动争议的特别需要。

第二十章　违反劳动法和社保法的法律责任

第一节　概述

一、违反劳动法的法律责任的含义

法律责任，是指法律关系主体违反了法律规范所必须承担的一定的法律后果。劳动法中的法律责任，指用人单位、劳动者等各类劳动主体因违反劳动法而依法应当承担的法律后果。

违反劳动法的法律责任具有以下几个特点：(1) 法律责任的主体是多方面的，违反劳动法的单位和个人，不仅指各类用人单位的领导人员和劳动者，还包括劳动就业、社会保险和劳动法监督检查关系中的相关主体的违法责任。(2) 责任者违反的是劳动法，即国家各级立法机关制定的关于劳动方面的法律法规，不仅包括《劳动法》《劳动合同法》中关于法律责任的规定，还包括其余众多的劳动法律法规。(3) 该类法律责任的构成要件不要求一定发生了损害后果，只要有主观上的故意或者过失，并且具有违法行为，即构成法律责任。(4) 该类法律责任形式是多样的，表现法律责任综合性特征，包括刑事责任、民事责任和行政责任。

二、劳动法律责任的承担条件

法律责任的承担，必须以具备法定条件为前提，即必须满足法律规定的法律责任构成要件，亦称违法行为的构成要件。

(1) 行为人具有法律责任能力，即行为人具有承担法律责任的行为能力，它包含在劳动法主体的法律资格之中。只要是具有劳动法主体资格的单位或个人，就认为具有责任能力。

(2) 行为人的行为，在客观上存在违反法律法规的行为，包括作为和不作为。即行为人已实施违反劳动法规、劳动合同、集体合同或内部劳动规则所规定的义务。

(3) 行为人的违法行为造成或足以造成一定的社会危害。这种危害对象既可能是劳动者或用人单位，也可能是国家、社会，以及劳动关系当事人以外的特定的单位或个人。其危害的表现形式既可能表现为一种现实的财产方面的损害，也可能表现为一种非财产性权利的丧失；既可能是现实的损害，也可能是相对人处于遭受一定损失的危险之中。同时，行为人的社会危害必须达到一定程序，具有可制裁性。

(4) 行为人主观方面有过错，即行为人实施违反劳动法律法规的行为在主观上存在故意或过失的心理状态。只要行为人主观上有过错，除法律另有规定外，行为人都应对其不法行为所造成的损害承担法律责任。

三、法律责任形式

根据《劳动法》第 12 章、《劳动合同法》第 7 章、《就业促进法》第 8 章等对违法主体的违法行为的规定，违反劳动法的法律责任形式包括行政责任、民事责任和刑事责任三种类型。

（一）行政责任

行政责任，是指违法行为人依法应当承担的，由有关行政机关或违法行为人所在单位以行政处罚或纪律处分的方式予以追究的法律责任。分为行政处罚和行政处分。

行政处罚是指由劳动行政部门或其他特定行政部门实施的针对用人单位违反劳动法的行为给予的一种制裁。其主要形式有警告、通报批评、责令改正、查封、吊销许可证、吊销营业执照、罚款、停产整顿等。实施行政处罚时，对有数种违反劳动法行为的，应分别决定处罚，合并执行，不能合并执行的可以从重处罚。

行政处分也称纪律处分，是指国家有关行政机关、用人单位及其他中介机构对其内部工作人员的违法行为给予的处罚措施。它的形式主要有警告、记过、记大过、降级、降职、撤职、留用察看、开除以及除名、强制辞退、罚款、扣发工资、停发奖金等。

（二）民事责任

民事责任，指行为人违反劳动法律法规而依法应当承担的，旨在补偿受害人的损失的法律责任形式。民事责任的承担方式有赔偿损失、经济补偿、强制履行合同、补发工资、补缴保险费、提供安全卫生条件等。责任主体不仅包括用人单位，还包括劳动者，特殊情况下还包括国家有关行政机关。

（三）刑事责任

刑事责任是指行为人违反劳动法律法规的规定，造成严重后果的，触犯我国刑法，构成犯罪所应承担的法律责任形式。这是违反劳动法的法律责任形式中处罚性最严厉的一种。既包括法人犯罪，也包括自然人犯罪。违反劳动法律法规的主要犯罪有：重大安全事故罪、违章冒险作业罪、危险物品肇事罪、强迫劳动罪、妨碍执行公务罪、滥用职权罪、恶意欠薪犯罪等。

第二节　用人单位的法律责任

用人单位的法律责任，是指用人单位违反劳动法律、法规所应承担的不利法律后果。由于在劳动法律关系中，用人单位是主体之一，又是管理者，所处的地位优于劳动者，因此，在我国的《劳动法》《劳动合同法》及有关的法律法规中对用人单位违反劳动法的法律责任作了一系列的规定。

一、用人单位违法制定劳动规章制度的行为及处理

我国《劳动法》第 4 条规定："用人单位应当依法建立和完善规章制度，保障劳动者享有劳动权利和履行劳动义务。"因此，制定和完善劳动规章制度既是用人单位的权

利又是义务。用人单位在制定、修改或者决定有关劳动报酬、工作时间、休息休假、劳动安全卫生、保险福利、职工培训、劳动纪律以及劳动定额管理等直接涉及劳动者切身利益的规章制度或者重大事项时，应当经职工代表大会或者全体职工讨论，提出方案和意见，与工会或者职工代表平等协商确定。在规章制度和重大事项决定实施过程中，工会或者职工认为不适当的，有权向用人单位提出，通过协商予以修改完善。用人单位应当将直接涉及劳动者切身利益的规章制度和重大事项决定公示，或者告知劳动者。

《劳动合同法》第 80 条规定："用人单位直接涉及劳动者切身利益的规章制度违反法律、法规规定的，由劳动行政部门责令改正，给予警告；给劳动者造成损害的，应当承担赔偿责任。"因此，用人单位制定的劳动规章制度违反国家相关法律法规时，损害了劳动者的合法权益的。劳动者可与用人单位解除劳动合同，并由用人单位支付经济补偿金。同时，该规章制度不能作为审理劳动争议案件的依据，由劳动行政部门责令改正，给予警告。给劳动者造成损害的，还应当承担赔偿责任。

二、用人单位违反工时制度的行为及处理

《劳动法》第 90 条规定："用人单位违反本法规定，延长劳动者工作时间的，由劳动行政部门给予警告，责令改正，并可以处以罚款。"《违反〈中华人民共和国劳动法〉行政处罚办法》第 4 条"用人单位未与工会和劳动者协商，强迫劳动者延长工作时间的，应给予警告，责令改正，并可按每名劳动者每延长工作时间一小时罚款一百元以下的标准处罚"和第 5 条"用人单位每日延长劳动者工作时间超过三小时或每月延长工作时间超过三十六小时的，应给予警告，责令改正，并可按每名劳动者每超过工作时间一小时罚款一百元以下的标准处罚"均规定了具体的处罚措施。

《劳动保障监察条例》第 23 条、第 25 条作了如下的规定：用人单位违反劳动保障法律、法规或者规章延长劳动者工作时间的，由劳动保障行政部门给予警告，责令限期改正，并可以按照受侵害的劳动者每人 100 元以上 500 元以下的标准计算，处以罚款。安排怀孕 7 个月以上的女职工夜班劳动或者延长其工作时间的、女职工生育享受产假少于 90 天的、安排女职工在哺乳未满 1 周岁的婴儿期间从事国家规定的第三级体力劳动强度的劳动或者哺乳期禁忌从事的其他劳动，以及延长其工作时间或者安排其夜班劳动的，由劳动保障行政部门责令改正，按照受侵害的劳动者每人 1000 元以上 5000 元以下的标准计算，处以罚款。

三、用人单位违反工资制度的行为及处理

《劳动合同法》第 85 条规定："用人单位有下列情形之一的，由劳动行政部门责令限期支付劳动报酬、加班费或者经济补偿；劳动报酬低于当地最低工资标准的，应当支付其差额部分；逾期不支付的，责令用人单位按应付金额百分之五十以上百分之一百以下的标准向劳动者加付赔偿金：（一）未按照劳动合同的约定或者国家规定及时足额支付劳动者劳动报酬的；（二）低于当地最低工资标准支付劳动者工资的；（三）安排加班不支付加班费的；（四）解除或者终止劳动合同，未依照本法规定向劳动者支付经济补偿的。"

四、用人单位违反劳动安全卫生法的行为及处理

《劳动法》《违反〈中华人民共和国劳动法〉行政处罚办法》《安全生产法》《安全生产许可证条例》《职业病防治法》《企业职工伤亡事故报告和处理规定》、《使用有毒物品作业场所劳动保护条例》等相关法律法规都对违反劳动安全卫生法的法律责任进行了规定。

用人单位违反劳动安全卫生法的法律责任主要包括以下内容：(1) 用人单位劳动卫生条件不合法的法律责任；(2) 用人单位未为劳动者依法提供符合国家标准或行业标准的劳动防护用品的法律责任；(3) 用人单位违法使用特种危险设备的法律责任；(4) 用人单位违反职业病防治规定的法律责任； (5) 用人单位违反规定造成事故的法律责任等。

五、用人单位非法招用童工的法律责任

根据我国《劳动法》《禁止使用童工规定》的规定，除了文艺、体育和特种工艺单位经县级以上劳动部门批准招用未满 16 周岁的文艺工作者、运动员和艺徒外，任何与未满 16 周岁的未成年人发生劳动关系的情况，都属于非法招用童工，都要承担法律责任。

《禁止使用童工规定》第 2 条规定："国家机关、社会团体、企业事业单位、民办非企业单位或者个体工商户（以下统称用人单位）均不得招用不满 16 周岁的未成年人(招用不满 16 周岁的未成年人，以下统称使用童工)。禁止任何单位或者个人为不满 16 周岁的未成年人介绍就业。禁止不满 16 周岁的未成年人开业从事个体经营活动。"第 5 条规定："县级以上各级人民政府劳动保障行政部门负责本规定执行情况的监督检查。县级以上各级人民政府公安、工商行政管理、教育、卫生等行政部门在各自职责范围内对本规定的执行情况进行监督检查，并对劳动保障行政部门的监督检查给予配合。工会、共青团、妇联等群众组织应当依法维护未成年人的合法权益。任何单位或者个人发现使用童工的，均有权向县级以上人民政府劳动保障行政部门举报。"

六、用人单位违反女职工和未成年工特殊保护的法律责任

我国《劳动法》第 95 条规定："用人单位违反本法对女职工和未成年工的保护规定，侵害其合法权益的，由劳动行政部门责令改正，处以罚款；对女职工或者未成年工造成损害的，应当承担赔偿责任。"《违反〈中华人民共和国劳动法〉行政处罚办法》《女职工劳动保护规定》等法律法规都对此作了具体规定。

《违反〈中华人民共和国劳动法〉行政处罚办法》第 12 条规定："用人单位有下列侵害女职工和未成年工合法权益行为之一的，应责令改正，并按每侵害一名女职工或未成年工罚款三千元以下的标准处罚：(一) 安排女职工从事矿山井下、国家规定的第四级体力劳动强度的劳动和其他禁忌从事的劳动；(二) 安排女职工在经期从事高处、低温、冷水作业和国家规定的第三级以上劳动强度的劳动；(三) 安排女职工在哺乳未满一周岁的婴儿期间从事国家规定的第三级以上体力劳动强度的劳动和哺乳期禁忌从事的其他劳动及安排其延长工作时间和夜班劳动的；(四) 安排未成年工从事矿山井下、有

毒有害、国家规定的第四级体力劳动强度的劳动和其他禁忌从事的劳动。”第13条规定：“用人单位安排女职工在怀孕期间从事国家规定的第三级以上体力劳动强度的劳动和孕期禁忌从事的劳动的，应责令改正，并按每侵害一名女职工罚款三千元以下的标准处罚。用人单位安排怀孕七个月以上的女职工延长工作时间和从事夜班劳动的，应责令改正，并按每侵害一名女职工罚款三千元以下的标准处罚。”第14条规定：“用人单位违反女职工保护规定，女职工产假低于九十天的，应责令限期改正；逾期不改的，按每侵害一名女职工罚款三千元以下的标准处罚。”第15条规定：“用人单位未按规定对未成年工定期进行健康检查的，应责令限期改正；逾期不改的，按每侵害一名未成年工罚款三千元以下的标准处罚。”

七、用人单位侵犯劳动者人身权利的行为及处理

《劳动合同法》第88条规定：“用人单位有下列情形之一的，依法给予行政处罚；构成犯罪的，依法追究刑事责任；给劳动者造成损害的，应当承担赔偿责任：（一）以暴力、威胁或者非法限制人身自由的手段强迫劳动的；（二）违章指挥或者强令冒险作业危及劳动者人身安全的；（三）侮辱、体罚、殴打、非法搜查或者拘禁劳动者的；（四）劳动条件恶劣、环境污染严重，给劳动者身心健康造成严重损害的。”

八、用人单位违反劳动合同的法律责任

用人单位必须遵守《劳动合同法》《劳动合同法实施条例》的相关规定，依法订立、履行、变更、解除和终止劳动合同，如有违反，应当承担法律责任。我国劳动法关于用人单位违反劳动合同的行为和处理，主要规定如下：

（一）用人单位提供的劳动合同文本缺乏劳动合同必备条款或不提供劳动合同文本的行为及处理

《劳动合同法》第81条规定：“用人单位提供的劳动合同文本未载明本法规定的劳动合同必备条款或者用人单位未将劳动合同文本交付劳动者的，由劳动行政部门责令改正；给劳动者造成损害的，应当承担赔偿责任。”

（二）用人单位不与劳动者订立书面劳动合同的行为及处理

《劳动合同法》第82条规定：“用人单位自用工之日起超过一个月不满一年未与劳动者订立书面劳动合同的，应当向劳动者每月支付二倍的工资。用人单位违反本法规定不与劳动者订立无固定期限劳动合同的，自应当订立无固定期限劳动合同之日起向劳动者每月支付二倍的工资。”

（三）用人单位违法约定试用期的行为及处理

《劳动合同法》第83条规定：“用人单位违反本法规定与劳动者约定试用期的，由劳动行政部门责令改正；违法约定的试用期已经履行的，由用人单位以劳动者试用期满月工资为标准，按已经履行的超过法定试用期的期间向劳动者支付赔偿金。”

（四）用人单位扣押劳动者身份证等证件的行为及处理

《劳动合同法》第84条规定：“用人单位违反本法规定，扣押劳动者居民身份证等证件的，由劳动行政部门责令限期退还劳动者本人，并依照有关法律规定给予处罚。用人单位违反本法规定，以担保或者其他名义向劳动者收取财物的，由劳动行政部门责令

限期退还劳动者本人，并以每人五百元以上二千元以下的标准处以罚款；给劳动者造成损害的，应当承担赔偿责任。劳动者依法解除或者终止劳动合同，用人单位扣押劳动者档案或者其他物品的，依照前款规定处罚。”

（五）用人单位未依法支付劳动报酬、经济补偿等的行为及处理

《劳动合同法》第 85 条规定：“用人单位有下列情形之一的，由劳动行政部门责令限期支付劳动报酬、加班费或者经济补偿；劳动报酬低于当地最低工资标准的，应当支付其差额部分；逾期不支付的，责令用人单位按应付金额百分之五十以上百分之一百以下的标准向劳动者加付赔偿金：（一）未按照劳动合同的约定或者国家规定及时足额支付劳动者劳动报酬的；（二）低于当地最低工资标准支付劳动者工资的；（三）安排加班不支付加班费的；（四）解除或者终止劳动合同，未依照本法规定向劳动者支付经济补偿的。”

（六）用人单位造成劳动合同无效的行为及处理

《劳动合同法》第 86 条规定：“劳动合同依照本法第二十六条规定被确认无效，给对方造成损害的，有过错的一方应当承担赔偿责任。”

（七）用人单位违法解除或终止劳动合同的行为及处理

《劳动合同法》第 87 条规定：“用人单位违反本法规定解除或者终止劳动合同的，应当依照本法第四十七条规定的经济补偿标准的二倍向劳动者支付赔偿金。”

（八）用人单位不出具解除或终止劳动合同的书面证明的行为及处理

由于解除、终止劳动合同证明是劳动者再就业的基本条件之一，因此，用人单位应依照诚信原则履行这项后合同义务。《劳动合同法》第 89 条规定：“用人单位违反本法规定未向劳动者出具解除或者终止劳动合同的书面证明，由劳动行政部门责令改正；给劳动者造成损害的，应当承担赔偿责任。”

同时，《劳动合同法》也规定了新用人单位招用尚未终结与原用人单位劳动关系造成损失的处理：“用人单位招用与其他用人单位尚未解除或者终止劳动合同的劳动者，给其他用人单位造成损失的，应当承担连带赔偿责任。”

（九）劳务派遣单位的违法行为及处理

《劳动合同法》第 92 条规定：“劳务派遣单位违反本法规定的，由劳动行政部门和其他有关主管部门责令改正；情节严重的，以每人一千元以上五千元以下的标准处以罚款，并由工商行政管理部门吊销营业执照；给被派遣劳动者造成损害的，劳务派遣单位与用工单位承担连带赔偿责任。”

同时，《劳动合同法实施条例》也规定了用人单位违反劳务派遣规定的处理。第 35 条规定：“用工单位违反劳动合同法和本条例有关劳务派遣规定的，由劳动行政部门和其他有关主管部门责令改正；情节严重的，以每位被派遣劳动者 1000 元以上 5000 元以下的标准处以罚款；给被派遣劳动者造成损害的，劳务派遣单位和用工单位承担连带赔偿责任。”

（十）不具备合法经营资格的用人单位的违法行为及处理

《劳动合同法》第 93 条规定：“对不具备合法经营资格的用人单位的违法犯罪行为，依法追究法律责任；劳动者已经付出劳动的，该单位或者其出资人应当依照本法有关规定向劳动者支付劳动报酬、经济补偿、赔偿金；给劳动者造成损害的，应当承担赔偿

责任。”

（十一）个人承包经营的违法行为及处理

《劳动合同法》第94条规定：“个人承包经营违反本法规定招用劳动者，给劳动者造成损害的，发包的组织与个人承包经营者承担连带赔偿责任。”

九、用人单位违反集体合同的行为及处理

我国《劳动合同法》第56条规定：“用人单位违反集体合同，侵犯职工劳动权益的，工会可以依法要求用人单位承担责任；因履行集体合同发生争议，经协商解决不成的，工会可以依法申请仲裁、提起诉讼。”但并没有具体规定进一步明确的措施。《集体合同规定》第56条规定：“用人单位无正当理由拒绝工会或职工代表提出的集体协商要求的，按照〈工会法〉及有关法律、法规的规定处理。”《工会法》第20条规定：“工会代表职工与企业以及实行企业化管理的事业单位进行平等协商，签订集体合同。”同时该法第53条第4款规定，无正当理由拒绝进行平等协商的，由县级以上人民政府责令改正，依法处理。这些规定仅仅规定了行政责任，而没有规定其他的任何责任，因此有待完善。

十、用人单位无理违反劳动监察的行为及处理

《劳动法》第101条规定：“用人单位无理阻挠劳动行政部门、有关部门及其工作人员行使监督检查权，打击报复举报人员的，由劳动行政部门或者有关部门处以罚款；构成犯罪的，对责任人员依法追究刑事责任。”为了使该项规定便于实施，《违反〈中华人民共和国劳动法〉行政处罚办法》第18条对该规定作了细化：“用人单位无理阻挠劳动行政部门及其劳动监察人员行使监督检查权，或者打击报复举报人员的，处以一万元以下罚款。”这些规定对于全面实施劳动法的监督监察制度具有非常重要的意义。

第三节　劳动者的法律责任

劳动关系的特点决定了劳动法的侧重点在于通过规范用人单位的劳动行为来建立和谐劳动关系，所以其重心是规定用人单位的义务和劳动者的权利。但是，如果劳动者违反了劳动法上的规定，也应承担相应的法律责任。劳动者承担的法律责任，其特征主要有几下几点：①以约定责任为主；②违纪责任寓于违约责任之中；③集体合同违约责任通过承担劳动合同违约责任实现；④实行过错责任原则。

一、劳动者不与用人单位订立书面劳动合同的行为及处理

《劳动合同法》强调了用人单位应与劳动者订立劳动合同，但是，有时劳动者也拒绝与用人单位订立劳动合同。因此，《劳动合同法实施条例》规定了劳动者拒绝订立劳动合同的法律后果。其第5条规定：“自用工之日起一个月内，经用人单位书面通知后，劳动者不与用人单位订立书面劳动合同的，用人单位应当书面通知劳动者终止劳动关系，无需向劳动者支付经济补偿，但是应当依法向劳动者支付其实际工作时间的劳动报酬。”同时第6条亦规定，自用工之日起超过一个月不满一年的，劳动者不与用人单位

订立书面劳动合同的，用人单位应当书面通知劳动者终止劳动关系，并依照《劳动合同法》第 47 条的规定支付经济补偿。

二、劳动者造成劳动合同无效的行为及处理

《劳动合同法》第 86 条规定："劳动合同依照本法第二十六条规定被确认无效，给对方造成损害的，有过错的一方应当承担赔偿责任。"因劳动者的过错订立无效劳动合同的情形主要是指第 26 条第 1 款，劳动者以欺诈、胁迫的手段或者乘人之危，使对方在违背真实意思的情况下订立或者变更劳动合同的情形。对于劳动者承担责任，这是《劳动合同法》对劳动法律制度的一个新突破。自从《劳动法》实施以来，劳动者以欺诈手段签订劳动合同导致合同无效的情形也很普遍，因此，规定劳动者也要承担相应的责任，既符合法理，也顺应了劳动关系稳定的需要。

三、劳动者违法解除劳动合同的法律责任

《劳动合同法》第 37 条规定："劳动者提前三十日以书面形式通知用人单位，可以解除劳动合同。劳动者在试用期内提前三日通知用人单位，可以解除劳动合同。"因此，劳动者应遵守劳动合同的解除条件，正确行使法律赋予的劳动合同解除权。若违法或违约解除劳动合同，给用人单位造成损失，则应承担赔偿责任。《违反〈劳动法〉有关劳动合同规定的赔偿办法》第 4 条规定："劳动者违反规定或劳动合同的约定解除劳动合同，对用人单位造成损失的，劳动者应赔偿用人单位下列损失：（一）用人单位招收录用其所支付的费用；（二）用人单位为其支付的培训费用，双方另有约定的按约定办理；（三）对生产、经营和工作造成的直接经济损失；（四）劳动合同约定的其他赔偿费用。"

四、劳动者违反服务期约定的法律责任

《劳动合同法》第 22 条规定："用人单位为劳动者提供专项培训费用，对其进行专业技术培训的，可以与该劳动者订立协议，约定服务期。劳动者违反服务期约定的，应当按照约定向用人单位支付违约金。违约金的数额不得超过用人单位提供的培训费用。用人单位要求劳动者支付的违约金不得超过服务期尚未履行部分所应分摊的培训费用。"

五、劳动者违反保密条款的法律责任

《劳动合同法》第 23 条规定："用人单位与劳动者可以在劳动合同中约定保守用人单位的商业秘密和与知识产权相关的保密事项。"如果劳动者违反协商约定的保密事项，给用人单位造成经济损失的，应承担经济赔偿责任。关于违约泄露或未履行保护商业秘密职责所造成的损失，按《反不正当竞争法》第 20 条的规定赔偿："经营者违反本法规定，给被侵害的经营者造成损害的，应当承担损害赔偿责任，被侵害的经营者的损失难以计算的，赔偿额为侵权人在侵权期间因侵权所获得的利润；并应当承担被侵害的经营者因调查该经营者侵害其合法权益的不正当竞争行为所支付的合理费用。被侵害的经营者的合法权益受到不正当竞争行为损害的，可以向人民法院提起诉讼。"

如果违反保密义务的行为给用人单位造成重大损失或者后果特别严重的，即构成侵犯商业秘密罪，应当依据刑法的有关规定追究其刑事责任。

六、劳动者违反竞业限制的法律责任

《劳动合同法》第23条第2款规定："对负有保密义务的劳动者，用人单位可以在劳动合同或者保密协议中与劳动者约定竞业限制条款，并约定在解除或者终止劳动合同后，在竞业限制期限内按月给予劳动者经济补偿。劳动者违反竞业限制约定的，应当按照约定向用人单位支付违约金。"

七、劳动者非法建立双重劳动关系的法律责任

用人单位招用尚未解除劳动合同的劳动者，对原用人单位造成经济损失的，该劳动者承担直接赔偿责任。赔偿范围包括：(1) 对生产、经营和工作造成的直接经济损失；(2) 因获取商业秘密给原用人单位造成的经济损失。

八、劳动者骗取社会保险待遇的法律责任

以欺诈、伪造证明材料或其他手段骗取社会保险待遇的，由社会保险行政部门责令退回骗取的社会保险金，处骗取金额二倍以上五倍以下的罚款。

第四节　其他主体的法律责任

一、劳动行政部门、有关部门及其工作人员违反劳动法的法律责任

劳动行政部门、其他有关部门（如卫生主管部门、劳动安全主管部门等）负有监督劳动法实施的责任，在履行其职责过程中，也可能出现各种违法行为，法律要制裁此类活动中的各种违法行为，以保障劳动法实施的监督工作的正常秩序。

（一）滥用职权、玩忽职守、徇私舞弊的法律责任

《劳动法》第103条规定："劳动行政部门或者有关部门的工作人员滥用职权、玩忽职守、徇私舞弊，构成犯罪的，依法追究刑事责任；不构成犯罪的，给予行政处分。"《劳动合同法》第95条规定："劳动行政部门和其他有关主管部门及其工作人员玩忽职守、不履行法定职责，或者违法行使职权，给劳动者或者用人单位造成损害的，应当承担赔偿责任；对直接负责的主管人员和其他直接责任人员，依法给予行政处分；构成犯罪的，依法追究刑事责任。"

（二）挪用社会保险基金的法律责任

《劳动法》第104条规定："国家工作人员和社会保险基金经办机构的工作人员挪用社会保险基金，构成犯罪的，依法追究刑事责任。"社会保险基金有"专款专用"的原则性规定，因此，挪用社会保险基金，甚至给国家、人民带来损害的，都应承担强制性的法律责任。

二、劳动服务主体违反劳动法的法律责任

我国《就业促进法》《劳动保障监察条例》《社会保险法》等法律法规对职业介绍机构、职业技能培训机构和职业技能考核鉴定机构、职业中介机构、社会保险经办机构等

服务机构的违法行为及其处罚作了明确的规定。

《劳动保障监察条例》第 28 条规定："职业介绍机构、职业技能培训机构或者职业技能考核鉴定机构违反国家有关职业介绍、职业技能培训或者职业技能考核鉴定的规定的，由劳动保障行政部门责令改正，没收违法所得，并处 1 万元以上 5 万元以下的罚款；情节严重的，吊销许可证。未经劳动保障行政部门许可，从事职业介绍、职业技能培训或者职业技能考核鉴定的组织或者个人，由劳动保障行政部门、工商行政管理部门依照国家有关无照经营查处取缔的规定查处取缔。"

《就业促进法》第 64～66 条规定了职业中介机构违反该法规定的行为及其相应处罚。内容包括：(1) 违反本法规定，未经许可和登记，擅自从事职业中介活动的，由劳动行政部门或者其他主管部门依法予以关闭；有违法所得的，没收违法所得，并处 1 万元以上 5 万元以下的罚款。(2) 违反本法规定，职业中介机构提供虚假就业信息，为无合法证照的用人单位提供职业中介服务，伪造、涂改、转让职业中介许可证的，由劳动行政部门或者其他主管部门责令改正；有违法所得的，没收违法所得，并处一万元以上五万元以下的罚款；情节严重的，吊销职业中介许可证。(3) 违反本法规定，职业中介机构扣押劳动者居民身份证等证件的，由劳动行政部门责令限期退还劳动者，并依照有关法律规定给予处罚。违反本法规定，职业中介机构向劳动者收取押金的，由劳动行政部门责令限期退还劳动者，并以每人五百元以上二千元以下的标准处以罚款。

《社会保险法》第 87 条规定："社会保险经办机构以及医疗机构、药品经营单位等社会保险服务机构以欺诈、伪造证明材料或者其他手段骗取社会保险基金支出的，由社会保险行政部门责令退回骗取的社会保险金，处骗取金额二倍以上五倍以下的罚款；属于社会保险服务机构的，解除服务协议；直接负责的主管人员和其他直接责任人员有执业资格的，依法吊销其执业资格。"

第五节 与劳动和社保相关的行政或刑事责任

一、用人单位违反就业促进法的行为及处理

（一）劳动行政等有关部门及其工作人员违法行为及处理

《就业促进法》第 61 条规定："违反本法规定，劳动行政等有关部门及其工作人员滥用职权、玩忽职守、徇私舞弊的，对直接负责的主管人员和其他直接责任人员依法给予处分。"

（二）实施就业歧视的行为及处理

《就业促进法》第 62 条规定："违反本法规定，实施就业歧视的，劳动者可以向人民法院提起诉讼。"

（三）违法向劳动者收取费用的行为及处理

《就业促进法》第 63 条规定："违反本法规定，地方各级人民政府和有关部门、公共就业服务机构举办经营性的职业中介机构，从事经营性职业中介活动，向劳动者收取费用的，由上级主管机关责令限期改正，将违法收取的费用退还劳动者，并对直接负责的主管人员和其他直接责任人员依法给予处分。"

（四）职业中介活动中的违法行为及处理

擅自从事职业中介活动的行为。《就业促进法》第 64 条规定："违反本法规定，未经许可和登记，擅自从事职业中介活动的，由劳动行政部门或者其他主管部门依法予以关闭；有违法所得的，没收违法所得，并处一万元以上五万元以下的罚款。"

职业中介机构提供虚假就业信息的行为。第 65 条规定："违反本法规定，职业中介机构提供虚假就业信息，为无合法证照的用人单位提供职业中介服务，伪造、涂改、转让职业中介许可证的，由劳动行政部门或者其他主管部门责令改正；有违法所得的，没收违法所得，并处一万元以上五万元以下的罚款；情节严重的，吊销职业中介许可证。"

扣押劳动者居民身份证等证件和违法收取押金的行为。第 66 条规定："违反本法规定，职业中介机构扣押劳动者居民身份证等证件的，由劳动行政部门责令限期退还劳动者，并依照有关法律规定给予处罚。""违反本法规定，职业中介机构向劳动者收取押金的，由劳动行政部门责令限期退还劳动者，并以每人五百元以上二千元以下的标准处以罚款。"

（五）有关企业职工教育经费违法的行为及处理

《就业促进法》第 67 条规定："违反本法规定，企业未按照国家规定提取职工教育经费，或者挪用职工教育经费的，由劳动行政部门责令改正，并依法给予处罚。"

（六）侵害劳动者合法权益的行为及处理

《就业促进法》第 68 条规定："违反本法规定，侵害劳动者合法权益，造成财产损失或者其他损害的，依法承担民事责任；构成犯罪的，依法追究刑事责任。"

二、违反工会法的相关行为及处理

用人单位违反《工会法》规定，有下列行为的，由劳动行政部门责令改正，或由县级以上人民政府责令改正，或追究刑事责任。

第 50 条规定："违反本法第三条、第十一条规定，阻挠职工依法参加和组织工会或者阻挠上级工会帮助、指导职工筹建工会的，由劳动行政部门责令其改正；拒不改正的，由劳动行政部门提请县级以上人民政府处理；以暴力、威胁等手段阻挠造成严重后果，构成犯罪的，依法追究刑事责任。"

第 51 条规定："违反本法规定，对依法履行职责的工会工作人员无正当理由调动工作岗位，进行打击报复的，由劳动行政部门责令改正、恢复原工作；造成损失的，给予赔偿。对依法履行职责的工会工作人员进行侮辱、诽谤或者进行人身伤害，构成犯罪的，依法追究刑事责任；尚未构成犯罪的，由公安机关依照治安管理处罚条例的规定处罚。"

第 52 条规定："违反本法规定，有下列情形之一的，由劳动行政部门责令恢复其工作，并补发被解除劳动合同期间应得的报酬，或者责令给予本人年收入二倍的赔偿：（一）职工因参加工会活动而被解除劳动合同的；（二）工会工作人员因履行本法规定的职责而被解除劳动合同的。"

第 53 条规定："违反本法规定，有下列情形之一的，由县级以上人民政府责令改正，依法处理：（一）妨碍工会组织职工通过职工代表大会和其他形式依法行使民主权利的；（二）非法撤销、合并工会组织的；（三）妨碍工会参加职工因工伤亡事故以及其他侵犯职工合法权益问题的调查处理的；（四）无正当理由拒绝进行平等协商的。”

工会工作人员违反规定，损害职工或者工会权益的，由同级工会或者上级工会责令改正，或者予以处分；情节严重的，依照《中国工会章程》予以罢免；造成损失的，应当承担赔偿责任；构成犯罪的，依法追究刑事责任。

三、违反社会保险法律法规的法律责任

（一）用人单位不办理社会保险登记的行为及处理

《社会保险法》第 84 条规定：“用人单位不办理社会保险登记的，由社会保险行政部门责令限期改正；逾期不改正的，对用人单位处应缴社会保险费数额一倍以上三倍以下的罚款，对其直接负责的主管人员和其他直接责任人员处五百元以上三千元以下的罚款。”

（二）用人单位未按时足额缴纳社会保险费的行为及处理

我国《劳动法》第 100 条规定：“用人单位无故不缴纳社会保险费的，由劳动行政部门责令其限期缴纳，逾期不缴的，可以加收滞纳金。”对于滞纳金的标准，《社会保险法》第 86 条规定：“用人单位未按时足额缴纳社会保险费的，由社会保险费征收机构责令限期缴纳或者补足，并自欠缴之日起，按日加收万分之五的滞纳金；逾期仍不缴纳的，由有关行政部门处欠缴数额一倍以上三倍以下的罚款。”该项制度是为了保证社会保险制度的推行，加收滞纳金不仅有利于直接保护劳动者的合法权益，也有利于我国社会保险制度的实施和完善。

（三）骗取社会保险基金支出、骗取社会保险待遇的行为及处理

《社会保险法》第 87 条规定：“社会保险经办机构以及医疗机构、药品经营单位等社会保险服务机构以欺诈、伪造证明材料或者其他手段骗取社会保险基金支出的，由社会保险行政部门责令退回骗取的社会保险金，处骗取金额二倍以上五倍以下的罚款；属于社会保险服务机构的，解除服务协议；直接负责的主管人员和其他直接责任人员有执业资格的，依法吊销其执业资格。”

《社会保险法》第 88 条规定：“以欺诈、伪造证明材料或者其他手段骗取社会保险待遇的，由社会保险行政部门责令退回骗取的社会保险金，处骗取金额二倍以上五倍以下的罚款。”

（四）社会保险经办机构及其工作人员的违法行为的处理

《社会保险法》第 89 条规定：“社会保险经办机构及其工作人员有下列行为之一的，由社会保险行政部门责令改正；给社会保险基金、用人单位或者个人造成损失的，依法承担赔偿责任；对直接负责的主管人员和其他直接责任人员依法给予处分：（一）未履行社会保险法定职责的；（二）未将社会保险基金存入财政专户的；（三）克扣或者拒不按时支付社会保险待遇的；（四）丢失或者篡改缴费记录、享受社会保险待遇记录等社会保险数据、个人权益记录的；（五）有违反社会保险法律、法规的其他行为的。”

参考文献

参考书目：

（一）论著

1. 关怀主编：高等学校法学教材《劳动法学》，法律出版社 1996 年版。

2. 林嘉主编：《劳动法和社会保障法》，中国人民大学出版社 2014 年版。

3. 蒋月：《劳动法与社会保障法》，浙江大学出版社 2010 年版。

4. 郑尚元主编：《劳动和社会保障法学》，北京师范大学出版社 2010 年版。

5. 关怀、林嘉主编：《劳动法》，中国人民大学出版社 2012 年版。

6. 曹守晔、孔祥俊、李明良主编：《民事合同理论与实务（劳动合同卷）》，人民法院出版社 1997 年版。

7. 董保华：《劳动关系调整的法律机制》，上海交通大学出版社 2001 年版。

8. 任扶善：《世界劳动立法》，中国劳动出版社 1991 年版。

9. 顾肖容、杨鹏飞：《劳动法比较》，福建人民出版社 1999 年版。

10. ［加］A. E. 奥斯特，L. 夏来特著：《雇佣合同》，王南译，中国对外翻译出版公司 1995 年版。

11. 王全兴：《劳动法》第三版，法律出版社 2008 年版。

12. 法学教材编辑部《劳动法学》编写组编写高等学校法学试用教材：劳动法学，法律出版社 1983 年版。

13. 史尚宽：《劳动法原论》，台北正大印书馆，1978 年版。

14. ［美］道格拉斯. L. 莱斯利：《劳动法概要》，张强等译，中国社会科学出版社 1997 年版。

15. 《牛津法律大辞典》中译本，光明日报出版社，1988 年版。

16. ［德］W. 杜茨：《劳动法》（第 5 版），张国文译，法律出版社 2005 年版。

17. ［美］大卫. 桑普斯福特等主编：《劳动经济学前沿问题》，卢昌崇等译，中国税务出版社 2000 年版。

18. 杨素霞主编：《劳动法》，现代出版社 2000 年版。

（二）论文

1. 冯彦君：《民法与劳动法制度的发展与变化》，载《社会科学战线》2001 年第 3 期。

2. 董保华、郑少华：《社会法——对第三法域的探索》，载《华东政法学院学报》1999 年第 1 期。

3. 董保华：《劳动关系变形引起的法学思考》，载《法学》1997 年第 10 期。

4. 杨支柱：《从契约法的角度来看劳工的地位》，载《社会科学论坛》2002 年第 10 期。

5. 王非：《雇用合同与劳动合同之比较》，载《法学》1998 年第 1 期。

6. 曹哲华：《相似而又有别的一对法律关系：雇佣与劳动》，载《律师世界》1998 年第 1 期。

7. 邱骏彦：《劳动契约关系存否之法律上判断标准》，载《政大法律学评论》第 63 期。

8. 黄程贯：《劳动法中关于劳动关系之本质的理论》，载《政大法律学评论》第 59 期。

9. 黎炳成：《是劳务关系还是劳动关系》，载《中国劳动》2001 年第 5 期。

10. 孟文红、张乐祥：《因供销合同引发的劳动争议》，载《中国劳动》2001 年第 2 期。

11. 薛煌：《简析劳务合同、承包合同与劳动合同的差异》，载《中国劳动》2001 年第 7 期。

12. 李元龙：《聘用合同能替代劳动合同吗?》，《中国劳动》2002 年第 9 期。

13. 李元龙：《是劳动争议还是劳务纠纷》，《中国劳动》2002 第 3 期。

14. 董保华：《劳动合同的再认识》，载《法学》2000 年第 5 期。

15. 曹艳春：《劳动合同与民事合同之比较及启示》，载《当代法学》2002 年第 5 期。

16. 郭玲惠：《劳动基准法面面观与扩大其适用范围之必要性》，载《月旦法学》第 13 期。

17. 江平：《制订民法典的几点宏观思考》，载《政法论坛》1997 年第 3 期。

18. 高德健：《租赁企业的劳动关系调整》，载《中国劳动》2003 年第 3 期。

19. 陈永波、赵襄勋、陈永强：《十五种人的劳动关系处理》，载《中国劳动》2003 年第 2、3、4 期。

20. 何晓星：《劳动和社保关系“两分离”形式的经济分析》，载《中国劳动》2003 年第 5 期。

21. 于彩霞、史联庆：《刘某的工伤待遇应由企业承租方承担》，载《中国劳动》2003 年第 5 期。

22. 王新峰：《邮局应为吴某缴纳社会保险费吗?》，载《中国劳动》2003 年第 5 期。

23. 王为农、吴谦：《社会法的基本问题：概念与特征》，人民大学复印资料《劳动法学》2002 年第 11 期。

24. 张俊强：《浅议事实劳动关系的特征及界定》，载《中国劳动》2001 年第 12 期。

25. 袁铁铮：《灵活就业方式的种类及其内涵》，载《中国劳动》2001 年第 11 期。

26. 胡旭东、徐彭德、江启胜：《借调职工应参保 扣发工资当返还》，载《中国劳动》2001 年第 12 期。

27. 斯人:《也谈“人档分离”》，载《中国劳动》2001 年第 11 期。

28. 蔡颖:《双重劳动关系与并轨》，载《中国劳动》2001 年第 10 期。

29. 斯人:《关注“小时工”》，载《中国劳动》2001 年第 9 期。

30. 宋秀云:《是工伤待遇 还是民事赔偿》，载《中国劳动》2001 年第 6 期。

31. 王振麒:《保险公司与保险代理人之间不是劳动关系》，载《中国劳动》2001 年第 5 期。

32. 黄体哉:《聘用教师与私立中学发生劳动争议应受理》，载《中国劳动》2001 年第 3 期。

33. 陈新:《事实劳动关系应如何认定》，载《中国劳动》2001 年第 2 期。

34. 胡继华、孙寅松:《这起纠纷适用何种程序处理》，载《中国劳动》2001 年第 2 期。

35. 用福明:《刍议劳动法与民法在劳动争议案件处理中的交叉》，载《中国劳动》2001 年第 1 期。

36. 邵芬:《双重劳动关系探源及其思考》，载《法学评论》2001 年第 1 期。

（三）外文书籍

1. ［法］Dictionnaire des termes juridiques，Francais，Paris，1988，DE VECCHI POCHE（《法律词典》法国巴黎，维基小词典出版社 1988 年法语版）。

2. ［法］Isabell. Daugalars：Instruction de droit du travail，Edition Universite Montesquieu，1998，（伊莎贝拉. 道格拉斯:《劳动法学导论》，法国孟德斯鸠大学出版社 1998 年法文版。

3.. ［法］Gerard Lyon－Caen，Jean Pelissier：Droit du travail，Edition Dalloz，1992（杰拉德. 里昂. 卡昂，让. 贝雷思耶：劳动法学，法国德洛兹出版社 1992 年法文版）。

4. Laurence Claus，Law´s Evolution and Human Understanding，Oxford University Press，2012。

5. Brentano Lujo，Relation of Labor to the Law of Today，Biblio Life，2009。

6. Hinton，James，Law－Breaker and the Coming of the Law，Biblio Life，2009。

7. Daniel Gardner，Les Cahiers de droit：Droit Chinois，Faculte de droit，Universitelaval，Quebec，Canad，1996.